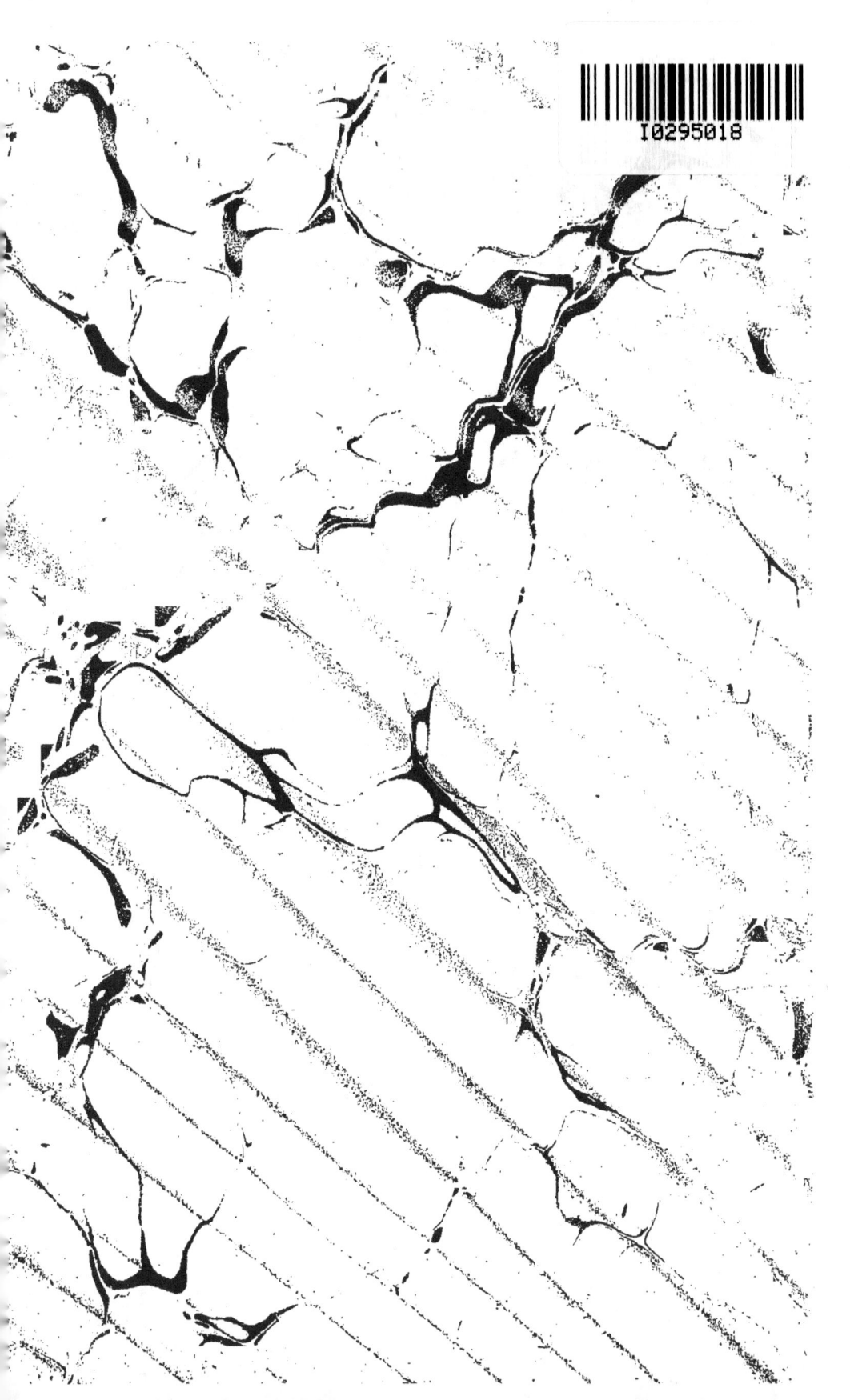

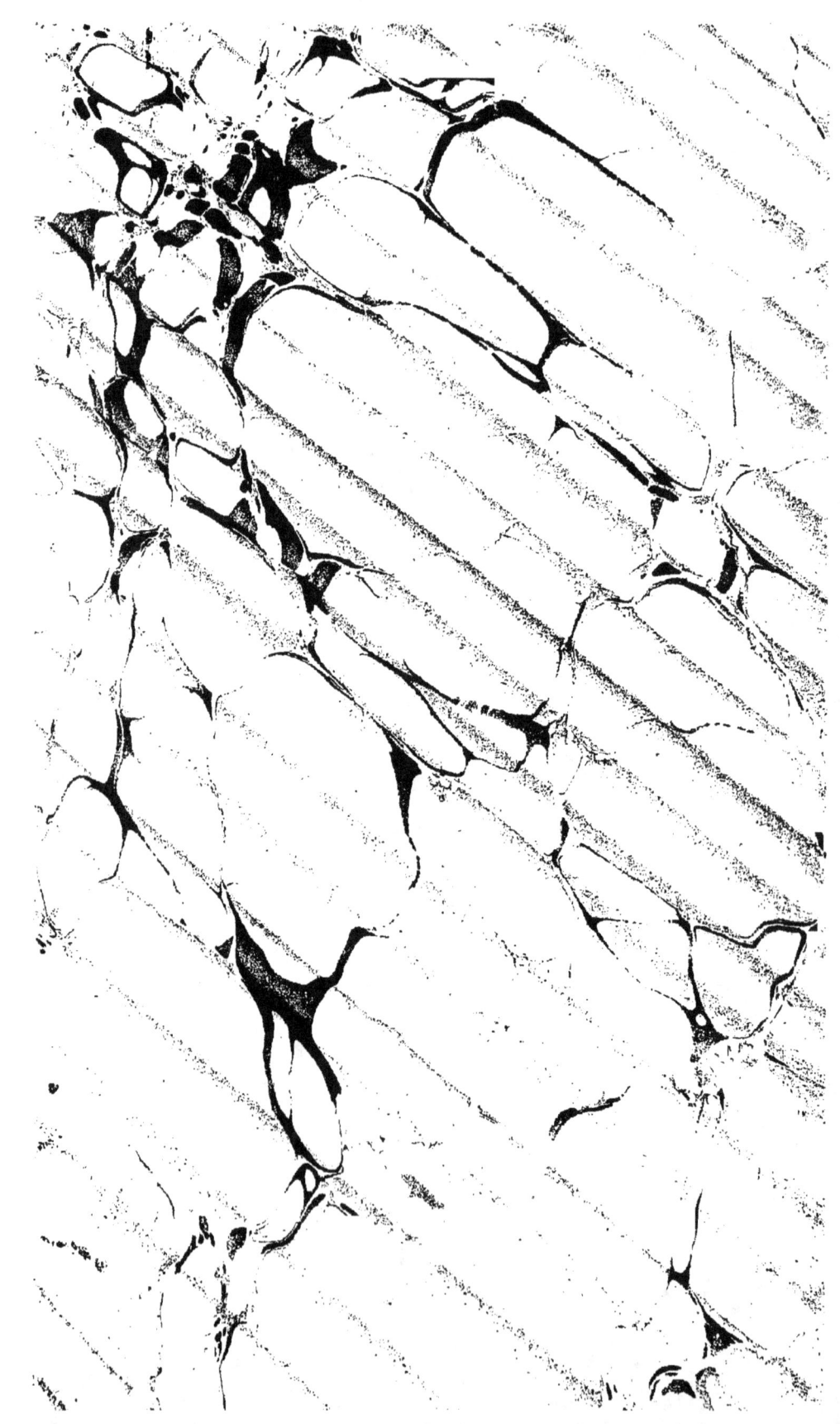

L'HYPNOTISME FRANC

PAR LE

R. P. Marie-Thomas COCONNIER

DES FRÈRES PRÊCHEURS

PROFESSEUR DE THÉOLOGIE DOGMATIQUE A L'UNIVERSITÉ DE FRIBOURG EN SUISSE

ANCIEN PROFESSEUR DE PHILOSOPHIE SCOLASTIQUE

A L'INSTITUT CATHOLIQUE DE TOULOUSE

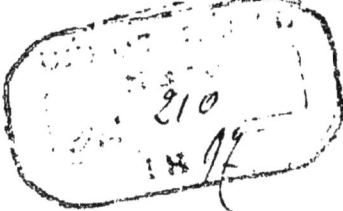

PARIS

LIBRAIRIE VICTOR LECOFFRE

RUE BONAPARTE, 90

1897

L'HYPNOTISME FRANC

DU MÊME AUTEUR :

L'âme humaine, existence et nature. Un volume in-12 . . . . 3.50

L'HYPNOTISME FRANC

PAR

LE R. P. COCONNIER
DOMINICAIN

PROFESSEUR DE DOGME A L'UNIVERSITÉ DE FRIBOURG (SUISSE)

PARIS

LIBRAIRIE VICTOR LECOFFRE

RUE BONAPARTE, 90

1897

APPROBATION

Nous, soussignés, avons lu l'ouvrage intitulé : *L'hypnotisme franc*, par le R. P. Marie-Thomas COCONNIER, et n'y avons rien trouvé qui s'oppose à sa publication.

Fribourg, le 20 mai 1897.

FR. P. MANDONNET,
professeur à l'Université de Fribourg.

P. V. ROSE,
professeur à l'Université de Fribourg.

PRÉFACE

Il y a dix ans, préparant un livre, — qui paraitra si Dieu me donne quelques mois de loisir, et sera intitulé : La liberté et les émotions, ou l'art de se rendre un peu maître de soi et des autres, je lus, dans je ne sais plus quel ouvrage, que « l'hypnotisme venait de faire surgir une nouvelle objection contre la thèse du libre arbitre ». Naturellement je voulus savoir tout de suite quelle était cette objection, et je me renseignai sur l'hypnose. Un peu plus tard, quand parut la *Revue Thomiste*, j'y abordai l'étude de cette question. Aussitôt les encouragements vinrent de toutes parts, et je me vis comme obligé de développer mon travail bien au delà des limites que je m'étais d'abord proposées. Ce travail, revu avec soin, est devenu le présent volume. Et des juges compétents pensent qu'il ne sera pas dépourvu d'actualité.

C'est qu'en effet, parmi les questions agitées à l'heure présente, il en est peu qui préoccupent aussi vivement les esprits que l'hypnotisme. On en parle un peu partout : dans les ateliers comme dans les salons et dans les réunions mondaines, dans les sociétés savantes, dans les écoles, dans la chaire sacrée. L'homme du peuple et l'homme de science, le magistrat, le législateur, le médecin, le prêtre s'y montrent également intéressés ; et il n'y a pas jusqu'aux gouvernements eux-mêmes qui plusieurs fois n'aient cru devoir intervenir, ou n'aient été sollicités de le faire, dans les débats soulevés autour de ce mystérieux phénomène (1).

Car si tous s'occupent de l'hypnotisme, il s'en faut bien que tous soient d'accord sur sa nature et sa valeur. Pour les uns l'hypnotisme doit être compté au nombre des découvertes de notre siècle les plus glorieuses et les plus bienfaisantes : il est destiné à transformer de la façon la plus heureuse la philosophie, la littérature, l'éducation, la méde-

---

(1) Delbœuf, *L'hypnotisme devant les Chambres législatives belges.* — A Washington, le sénateur Midchell, de l'Orégon, proposait, le 30 décembre 1892, un bill portant peine de mort, — « death penalty » — contre quiconque se livre aux pratiques du magnétisme, du mesmérisme, de l'hypnotisme.

cine, la jurisprudence, toute notre vie matérielle et intellectuelle ; il sera sous peu un des facteurs principaux, peut-être le plus grand facteur, du progrès et de la civilisation. D'autres, au contraire, soutiennent que l'hypnotisme, dans son fond, n'est pas une nouveauté ; qu'il n'est pas un bienfait, mais un fléau ; qu'il est essentiellement immoral et malfaisant, l'œuvre non des forces de la nature, mais du démon en personne. Et chacune de ces opinions a ses défenseurs nombreux, ardents, recommandables par le talent, la science et le caractère : des physiologistes, des philosophes, des théologiens, des prêtres, des religieux, des prélats. Et entre les deux flotte indécise l'immense multitude des profanes, étonnés aussi bien des phénomènes qu'ils entendent raconter que de l'interprétation contradictoire qu'on leur en donne.

Que penser de l'hypnotisme et de ses prodiges ? Faut-il croire que nous sommes bernés, et qu'il n'y a eu tout cela que de la supercherie ? Ou bien les faits sont-ils constants et démontrés ? Et supposé qu'ils le soient, à quelle cause doit-on les rapporter ? Est-il permis, est-il avantageux de se faire hypnotiser, et peut-on, sans péril, hypnotiser soi-même ? Les hypnotiseurs sont-ils des thaumaturges, ou bien les thaumaturges d'autrefois n'ont-ils été que des hypnotiseurs ? Voilà des questions qu'on pose de toutes parts en ce moment, et avec d'autant plus d'insistance, qu'il y va des intérêts les plus graves du corps et de l'âme ; que non seulement la civilisation au sens banal du mot, mais la religion, non seulement la science, mais la conscience, se trouvent en jeu. C'est à résoudre ces questions que sera consacrée la présente étude.

Je l'ai intitulée : « L'hypnotisme *franc* », afin de marquer tout de suite que je m'appliquerai à ne parler que de l'hypnotisme, et ferai tous mes efforts pour éviter le vice de méthode où l'on est tombé en groupant sous un même nom des pratiques et des phénomènes disparates, et en embrassant dans un même traité des matières qui demandent à être approfondies séparément.

L'HYPNOTISME FRANC

CHAPITRE PREMIER

COMMENT ON HYPNOTISE.

Nous voulons connaître la nature intime de l'hypnotisme ; mais comment y réussir ? Chacun sait que, dans notre existence actuelle, il n'est chose quelconque dont la nature, la substance, nous soit directement connue. Notre esprit, pas plus que nos yeux, ne peut saisir, par intuition, l'essence intégrale et spécifiquement définie de la moindre réalité [1]. Mais ce que nous ne pouvons atteindre par voie directe, nous l'atteignons par un détour. Partant de ce double principe qu'il doit y avoir une certaine proportion entre les agents qui produisent un être et cet être lui-même, et que les propriétés sont comme le reflet de l'essence d'où elles émanent, nous étudions la genèse des êtres ainsi que leurs qualités et leurs opérations, et notre raison remonte par

---

[1]. Saint Thomas, Opuscul. *De intellectu et intelligibili.*

cette voie jusqu'à leur nature [1], à peu près comme nous jugeons de l'espèce d'un arbre par ses fruits, et pouvons juger d'un fleuve par ses sources. Pour nous rendre compte de la nature de l'hypnotisme, nous avons donc deux choses à faire : 1° rechercher dans quelles conditions, sous quelles influences se produit le sommeil hypnotique; 2° à quels phénomènes il donne naissance. Nous allons accomplir la première partie de cette tâche, en disant d'abord comment on hypnotise.

I

L'hypnotisme s'est rendu fort suspect à plusieurs bons esprits, à raison justement des procédés que l'on emploie pour produire le sommeil : ses adversaires trouvent ici matière à un argument que nous les entendrons plus tard développer avec autant de complaisance que de force. C'est une raison de plus pour que nous exposions avec soin les diverses manières d'endormir. Elles sont très variées, comme on va s'en convaincre, en entendant les opérateurs eux-mêmes raconter comment ils procèdent :

---

1. « Cum quandoque cognoscamus per causas effectus ignotos, quandoque autem e converso. » *Summa theolog.*, p. I, q. 85, a. 4. ad 4. — « Incipit enim cognitio rei ab aliquibus signis exterioribus, quibus pervenitur ad cognoscendum rei diffinitionem. Quo cum perventum fuerit, habetur perfecta cognitio de re. » S. Thomas, *Commentar. in metaphysic. Aristotel.* V, 19.

« Voici venir, nous dit M. Albert Moll, le savant hypnotiste berlinois, un jeune homme de seize ans, qui demande que je l'endorme. Il a déjà été hypnotisé plusieurs fois. Aussitôt, et sans préambule, je lui dis de me regarder fixement dans les yeux. Après qu'il m'a ainsi regardé pendant quelque temps, je le prends par la main et fais quelques pas avec lui. Puis je le lâche, ses yeux restant toujours fixés sur les miens. Je lève alors ma main droite : il lève sa main droite. Je lève ma main gauche : il fait de même... [1] » Le jeune homme dort. Comme on le voit, ce procédé ne diffère pas de celui qu'employaient les magnétiseurs des derniers temps, et que M. Teste décrivait comme il suit : « Vous vous asseyez vis-à-vis de votre sujet. Vous l'engagez à vous regarder le plus fixement qu'il pourra, tandis que de votre côté vous fixez sans interruption vos yeux sur les siens. Quelques profonds soupirs soulèveront d'abord sa poitrine, puis ses paupières clignoteront, s'humecteront de larmes, se contracteront fortement à plusieurs reprises, puis, enfin, se fermeront [2]. »

Mais tout le monde ne s'endort pas aussi facilement que le jeune homme dont nous venons de parler : et c'est une fatigue pour l'hypnotiste de fixer longtemps son sujet. L'on a donc été naturellement amené à rechercher si l'on ne pourrait pas influencer autrement le regard des personnes à endormir. Et effectivement, on a trouvé des moyens.

---

1. *Der Hypnotismus*, Zweite Auflage, p. 16, Versuch III.
2. Dr Cullère, *Magnétisme et hypnotisme*, p. 101.

« J'avais à endormir un jeune homme de vingt ans, nous dit encore M. le docteur Moll. Je le fais asseoir sur une chaise : et je lui mets entre les mains un bouton de verre qu'il doit tenir élevé devant ses yeux, et fixer fortement. Après trois minutes ses paupières se ferment, et je le vois qui fait de vains efforts pour rouvrir ses yeux : en même temps la main qui jusque-là avait tenu élevé le bouton de verre s'abaisse et retombe sur les genoux... [1] » Le jeune homme était endormi.

On peut procéder plus simplement encore, comme je l'ai vu pratiquer moi-même à un médecin hypnotiste; et, au lieu de faire tenir au patient l'objet brillant à une distance plus ou moins grande de ses yeux, le placer entre les yeux mêmes, à la racine du nez. De la sorte, il n'y a plus de fatigue ni pour le sujet ni pour l'opérateur. Ce procédé est en usage à la Salpêtrière [2].

Mais, à l'hôpital de la Charité, M. Luys fait mieux encore : il emploie le miroir à alouettes [3]. « En songeant à l'action spéciale, fascinatrice, que ces miroirs mobiles, éclairés par le soleil, sont susceptibles de déterminer

---

1. Ouvrage cité, p. 15, Versuch I.
2. Cullère, p. 103.
3. Comme les miroirs à alouettes ne sont pas les plus connus, nos lecteurs seront peut-être heureux de lire la description suivante qu'en a donnée M. le Dr Foveau de Courmelles : « Ce sont des miroirs à facettes, tournant automatiquement, grâce à un mouvement d'horlogerie. Ces miroirs, formés de morceaux de bois prismatiques, renferment enchâssés des fragments de glace ; ils sont généralement doubles et disposés en croix. Ils servent aux chasseurs à attirer les alouettes, par un beau soleil, dont ils réfléchissent les rayons dans tous les sens et vers tous les points de l'horizon. » *L'hypnotisme*, p. 52.

chez ces oiseaux, je me suis demandé si, par analogie, ces mêmes instruments ne seraient pas aptes à produire chez l'homme, du moins chez certains sujets névrotiques, prédisposés, des actions similaires, et à développer ainsi, mécaniquement, leurs aptitudes latentes à l'hypnotisation [1]. » L'expérience réussit à souhait.

« Une fois le sujet placé devant un de ces appareils en mouvement, l'appareil étant lui-même disposé de manière à réfléchir convenablement la lumière, une fois, dis-je, qu'on lui a dit de fixer le miroir, la fatigue arrive vite, et, en général, au bout de cinq à six minutes, quelquefois même d'une façon instantanée, on le voit fermer les yeux et s'endormir [2]. »

Un des grands avantages de ce miroir que fait bien ressortir M. Luys, c'est « qu'on peut grouper trois ou quatre sujets autour d'un appareil en rotation et les endormir tous en même temps : et c'est là un point utile à connaître pour l'étude des phénomènes hypnotiques, que l'on peut suivre ainsi simultanément sur plusieurs sujets à la fois [3]. »

Dans certains cas, au lieu d'impressionner la vue d'une façon douce et prolongée, on peut déterminer sur ce sens une impression brusque et intense et provoquer soudainement l'hypnose. « Chacun sait que l'éclair produit parfois une catalepsie spontanée chez certains individus. Le même effet peut être artificiellement provoqué en envoyant subitement sur le visage du su-

---

1. Dr Luys, *Les émotions dans l'état d'hypnotisme*, p. 73.
2. *Id. Ibid.*
3. P. 74.

jet un jet de lumière électrique ou oxhydrique, ou encore à l'aide de ce qu'on appelle la lampe à magnésium, instrument qui permet de régler et de projeter dans une direction voulue l'éclat aveuglant de cette substance [1]. »

Il ne faudrait pas croire, du reste, que l'objet à fixer doive nécessairement être brillant. Il suffit que les yeux convergent vers un point donné. Ainsi on peut endormir en faisant regarder le bout du doigt. Le docteur Bouchut rapporte qu'une petite fille présentait les phénomènes de l'hypnotisme au complet quand elle faisait des boutonnières, à cause de la fixité du regard et de l'attention que nécessitait chez elle ce genre de travail. Enfin, il est arrivé fréquemment à des femmes hystériques de tomber en catalepsie quand elles se regardaient pendant quelques minutes dans une glace.

Il existe bien des manières, comme on le voit, de provoquer le sommeil, en agissant sur le regard ; mais on le provoque également en agissant sur l'ouïe.

Une impression auditive faible et monotone, suffisamment prolongée, détermine facilement l'hypnose. M. Heidenhein, en Allemagne, emploie volontiers ce moyen. Un jour trois étudiants le prient de les endormir. Le maître y consent. Il les fait asseoir autour d'une table, met au milieu de la table sa montre, et leur dit d'en écouter tranquillement le tic-tac. Cinq minutes ne s'étaient pas écoulées que nos trois jeunes gens dormaient.

---

1. Dr Paul Marin, *L'hypnotisme théorique et pratique*, p. 75. — Charcot, *Œuvres complètes*, t. IX, p. 254.

M. Pitres, l'intéressant professeur et doyen de la Faculté de médecine de Bordeaux, nous fait assister à une opération semblable dans une des salles de l'hôpital Saint-André :

« Jeanne étant assise sur une chaise, je place ma montre au voisinage de son oreille, en la priant d'en écouter attentivement le tic tac. Dix secondes après, vous la voyez faire une large inspiration. Elle est endormie, car ses membres soulevés conservent l'attitude qu'on leur donne, mais ses yeux sont encore largement ouverts. Attendons encore quelques secondes : voilà que ses paupières s'abaissent, les membres restant toujours dans les positions que nous leur avons données. Ne retirons pas encore la montre, et regardons bien ce qui va se passer. Tout à coup les membres se relâchent, la malade s'affaisse sur elle-même, glisse de sa chaise et s'étend sur le plancher comme une masse inerte [1]. »

Mais des excitations sensorielles intenses et subites produisent le sommeil nerveux tout aussi bien que des excitations légères et continues. Le bruit soudain d'un gong, le son d'un grand diapason fait tomber instantanément en catalepsie une malade assise sur la caisse de l'instrument [2]. Tout le monde connaît l'histoire de la malade de MM. Bourneville et Regnard : elle jouait avec un tam-tam qui se trouvait au laboratoire. Tout à coup le tam-tam lui échappe et tombe, et la voilà qui demeure en catalepsie. C'est en ne l'entendant plus remuer qu'un des assistants alla la chercher et la trouva

---

[1]. *Leçons cliniques sur l'hystérie et l'hypnotisme,* t. II, p. 88.
[2]. Charcot, ouvrage cité, p. 304.

immobile, fixe et dormant. Très connue aussi et très amusante l'aventure de cette hystérique de la Salpêtrière, qu'on soupçonnait de voler les photographies du laboratoire de M. P. Richer. Elle s'en défendait avec indignation. Mais, un matin, le docteur revenant de faire des expériences sur d'autres malades, aperçoit la voleuse la main dans le tiroir aux photographies. Il s'approche, elle ne bouge pas. Le bruit d'un gong percuté dans la salle voisine l'avait frappée de catalepsie au moment même où elle commettait son larcin.

On peut donc faire entrer le sommeil par l'ouïe tout aussi bien que par les yeux. Nous allons voir qu'il peut avoir également accès par le sens du toucher.

Les excitations légères et répétées de la peau comme celles que produisent de petites chiquenaudes ou un simple frôlement, une faible compression des globes oculaires, la friction douce des paupières, la compression des opercules des oreilles, le passage d'un petit courant électrique, l'application d'un aimant, peuvent, chez beaucoup de sujets, donner lieu au sommeil hypnotique. M. de Jong (de la Haye) raconte qu'un homme qu'il avait essayé d'endormir à plusieurs reprises et par plusieurs méthodes, sans aucun résultat, fut mis, après quelques minutes, en état cataleptique par la friction d'un certain point du crâne [1]. M. de Jong avait peut-être rencontré dans son patient une *zone hypnogène :* et cette particularité m'amène à parler de la découverte,

---

1. *Compte rendu du premier Congrès de l'hypnotisme.* Paris, 1890, p. 192.

ou, si l'on aime mieux, de la théorie récente fort curieuse de ces sortes de zones.

MM. Charcot, P. Richer, Dumontpallier les avaient déjà signalées, mais c'est M. le professeur Pitres qui a étudié avec le plus de soin et de méthode cette intéressante question, dans son grand ouvrage sur *l'hystérie et l'hypnotisme;* et c'est à lui que j'emprunterai les détails qui vont suivre :

« Je désigne sous le nom générique de zones hypnogènes, dit le savant professeur, des régions circonscrites du corps dont la pression a pour effet soit de provoquer instantanément le sommeil hypnotique, soit de modifier les phases du sommeil artificiel, soit de ramener brusquement à l'état de veille les sujets préalablement hypnotisés[1]. »

De cette définition, il ne faut retenir que ces deux points : les zones hypnogènes, sous une pression convenable, ont pour effet de provoquer instantanément le sommeil hypnotique, ou de le modifier. Car, d'attribuer aux zones *hypnogènes,* comme le fait la définition, la propriété, toujours sous la pression voulue, de ramener brusquement à l'état de veille les sujets préalablement hypnotisés, c'est manifestement confondre les zones *hypnogènes* avec les zones *hypnofrénatrices* dont M. Pitres, d'ailleurs, admet et établit fort bien l'existence.

Les zones hypnogènes peuvent se rencontrer presque sur tous les points du corps, aussi bien sur les membres

[1]. T. II, p. 98.

que sur le tronc et la tête. Leur nombre est très variable d'un sujet à l'autre. Sur certaines personnes on n'en trouve que quatre ou cinq, sur d'autres on en compte un nombre considérable, vingt, trente, cinquante et plus encore. Elles font parfois défaut chez des hystériques même facilement hypnotisables.

La peau qui recouvre les zones hypnogènes ne présente extérieurement aucun caractère qui la signale à l'attention du médecin. Elle a même coloration, même température que les parties voisines des téguments, et n'est habituellement le siège d'aucun trouble trophique. Aussi, pour trouver les zones hypnogènes, faut-il en faire la recherche en explorant attentivement les différents points du corps. C'est vraisemblablement à cause de cette absence de signes révélateurs, remarque M. Pitres, que les zones hypnogènes ont échappé jusqu'à présent à l'attention de la plupart des observateurs qui ont attaché leur nom à l'étude scientifique de l'hystérie et des phénomènes hypnotiques chez les hystériques.

Souvent, non pas toujours, les zones sont répandues symétriquement sur les deux côtés du corps. Chez les malades qui sont hémianesthésiques, on les rencontre indifféremment du côté hémianesthésié et du côté qui a gardé sa sensibilité normale. Leur étendue est habituellement très limitée. Dans la plupart des cas, elles mesurent de un à quatre ou cinq centimètres de diamètre. Quelquefois, mais rarement, leur surface est beaucoup plus large et peut être évaluée à deux ou trois décimètres carrés.

Maintenant que nous sommes renseignés sur l'existence des zones et les particularités les plus saillantes qu'elles présentent à l'observateur, nous allons apprendre de M. Pitres comment on peut mettre en action leur vertu hypnotique.

« La pression brusque est le mode d'excitation le plus souvent efficace des zones hypnogènes. Dans un bon nombre de cas, des excitations tout à fait superficielles de la peau qui les recouvre suffisent à mettre en jeu leur excitabilité. Le frôlement léger avec un corps étranger résistant ou non (avec un pinceau à aquarelle, par exemple, ou avec un fragment de papier roulé), l'insufflation simple, le contact de quelques gouttes d'eau chaude ou froide, le rayonnement d'un objet à température élevée, la pulvérisation de quelques gouttes d'éther, le passage d'une secousse électrique, peuvent dans ces cas, provoquer ou modifier... le sommeil hypnotique. Mais toutes les zones hypnogènes ne répondent pas à des excitations aussi superficielles, et pour être certain qu'une région déterminée du corps est ou n'est pas hypnogène, il convient d'en faire l'exploration méthodique en exerçant sur elle une compression assez forte.

« Lorsque cette compression est pratiquée sur les zones elles-mêmes, elle provoque instantanément les effets spécifiques qui caractérisent les zones hypnogènes. Pratiquée en dehors des zones, elle ne détermine aucun de ces effets : elle peut donner lieu à une douleur plus ou moins vive, mais elle n'endort pas [1]. »

Voilà certes une méthode expéditive, et pas compli-

---

[1]. T. II, p. 99.

quée, d'endormir les gens : une fois trouvée la zone, vous pressez du bout du doigt le centimètre carré de peau qui jouit du merveilleux privilège, et le sommeil se produit aussi infailliblement, aussi instantanément que le bruit de la sonnette électrique quand vous poussez le bouton.

Mais j'en ai dit assez sur les diverses manières dont le tact peut être utilisé pour déterminer le sommeil. Ne mentionnons que pour mémoire les tentatives de MM. Binet et Féré[1] pour endormir en agissant sur le goût et l'odorat ; et après avoir parlé comme nous venons de le faire des procédés hypnotiques exclusivement physiques, arrivons à cette autre méthode d'endormir où l'on emploie le concours de l'activité psychique.

II

Il était bien naturel, en effet, de se demander si l'âme et ses diverses facultés ne pourraient pas aider en quelque chose à la production du sommeil. Il est malheureusement trop sûr que ne dort pas qui veut : pourtant chacun a l'expérience que la volonté n'est pas sans influence sur le sommeil, que tel état mental y est favorable, tel autre réfractaire ; et c'est pourquoi l'idée est venue de faire appel à l'esprit pour amener plus vite et plus sûrement l'hypnose.

James Braid, le fameux médecin de Manchester, a

---

1. Binet et Féré, *Le magnétisme animal*, p. 63. (3ᵉ édition.)

popularisé cette méthode. Je sais bien que l'on a dit souvent que Braid endormait en ne se servant que des « agents physiques » et que tel est le caractère distinctif du *Braidisme*; mais ce n'est pas exact. Nous n'avons, pour nous en convaincre, qu'à écouter Braid lui-même, nous expliquer comment il procédait :

« Prenez, dit-il, un objet brillant quelconque (j'emploie habituellement mon porte-lancettes) entre le pouce, l'index et le médius de la main gauche ; tenez-le à une distance de 25 à 45 centimètres des yeux, dans une position telle au-dessus du front, que le plus grand effort soit nécessaire du côté des yeux et des paupières pour que le sujet regarde fixement l'objet. Il faut faire entendre au patient qu'il doit tenir constamment les yeux fixés sur l'objet et *l'esprit uniquement attaché à ce seul objet*. On observe que, à cause de l'action synergique des yeux, les pupilles se contracteront d'abord : peu après elles commenceront à se dilater et, après s'être considérablement dilatées et avoir pris un mouvement de fluctuation, si les doigts indicateur et médian de la main droite, étendus et un peu séparés, sont portés de l'objet vers les yeux, il est très probable que les paupières se fermeront involontairement avec un mouvement vibratoire. S'il n'en est pas ainsi, ou si le patient fait mouvoir les globes oculaires, demandez-lui de recommencer, lui faisant entendre qu'il doit laisser les paupières tomber quand, de nouveau, vous porterez les doigts vers les yeux, mais que les globes oculaires doivent être maintenus dans la même position et *l'esprit attaché à la seule idée de l'objet au-dessus des yeux*. Il arrivera, en général, que les yeux se fermeront avec un mouvement vibratoire, c'est-à-dire d'une façon spasmodique[1]. »

Ainsi fixation du regard sur un objet brillant, et de la pensée sur « *un objet unique, sur une idée unique, n'étant pas de nature excitante*[2] », voilà tout ce qu'il faut pour dormir; mais voilà bien aussi, comme je le disais, deux facteurs du sommeil, l'un physique, l'autre psychologique. Et qui sait si, de même que les moyens physiques employés isolément suffisent à produire le sommeil, les moyens psychologiques, à eux seuls, n'en pourraient pas faire autant? Les faits vont résoudre la question.

Au commencement de ce siècle, le fameux abbé portugais Faria, qui, pendant quelque temps, eut un si grand succès à Paris, endormait ses sujets, simplement en leur commandant de dormir. Le général Noizet, son fidèle disciple, nous a décrit sa méthode :

« On fait placer commodément dans un fauteuil la personne qui consent à se soumettre à l'expérience; on lui fait fermer les yeux pour éviter toute cause de distraction; on a soin aussi de faire observer un grand silence autour d'elle; on lui recommande enfin de s'abandonner au sommeil sans résistance, et, pour diminuer l'action des idées passagères qui pourraient occuper son cerveau, celui qui entreprend l'expérience l'engage

---

1. *Neurypnologie, Traité du sommeil nerveux ou hypnotisme.* Traduction française du Dr Jules Simon, p. 32.
2. P. 49.

à concentrer toute son attention sur lui, sans idées déterminées, s'il est possible. Lorsque l'on a ainsi disposé cette personne à éprouver les effets du sommeil, *on lui exprime avec fermeté le commandement de dormir.* A ce commandement, elle éprouve souvent une commotion dont elle ne saurait se défendre, et en même temps elle se sent un premier degré d'assoupissement. Si l'on agit ainsi pour la première fois, il devient ordinairement nécessaire de répéter le commandement à plusieurs reprises pour obtenir le sommeil. L'effet est quelquefois plus certain en appuyant un doigt sur le front de la personne qu'on endort ou en l'agitant brusquement par les épaules. Dans tous les cas, si elle doit s'endormir, cet effet ne se fera pas attendre plus de deux ou trois minutes [1]. »

Ce procédé est aujourd'hui employé un peu partout, mais nulle part plus habilement et avec plus de succès qu'au sein de la célèbre École hypnotiste de Nancy. M. le docteur Bernheim va nous dire lui-même comment il endort ses malades :

« Voici comment je procède pour obtenir l'état hypnotique :

« Je commence par dire au malade que je crois devoir avec utilité le soumettre à la thérapeutique suggestive ; qu'il est possible de le guérir ou de le soulager par l'hypnotisme ; qu'il ne s'agit d'aucune pratique nuisible ou extraordinaire ; que c'est un *simple sommeil* ou engourdissement qu'on peut provoquer chez tout le

---

1. Général Noizet, *Mémoire sur le somnambulisme,* p. 86.

monde ; que cet état calme, bienfaisant, rétablit l'équilibre du système nerveux, etc. ; au besoin, j'hypnotise devant lui un ou deux sujets pour lui montrer que cet état n'a rien de pénible, ne s'accompagne d'aucune expérience : et quand j'ai éloigné ainsi de son esprit la préoccupation que font naître l'idée du magnétisme et l'idée un peu mystique qui est attachée à cet inconnu, surtout quand il a vu des malades guéris ou améliorés par cette pratique, il est confiant et se livre. Alors je lui dis : « Regardez-moi et ne songez qu'à dormir. Vous
« allez sentir une lourdeur dans les paupières, une
« fatigue dans vos yeux ; ils clignotent, ils vont se
« mouiller ; la vue devient confuse, ils se ferment. »
Quelques sujets ferment les yeux et dorment immédiatement. Chez d'autres, je répète, j'accentue davantage, j'ajoute le geste, peu importe la nature du geste, je place deux doigts de la main droite devant les yeux de la personne et je l'invite à les fixer ; ou bien avec les deux mains je passe plusieurs fois de haut en bas devant ses yeux ; ou bien encore je l'engage à fixer les miens et je tâche en même temps de concentrer toute son attention sur l'idée du sommeil. Je dis : « Vos pau-
« pières se ferment, vous ne pouvez plus les ouvrir.
« Vous éprouvez une lourdeur dans les bras, dans les
« jambes ; vous ne sentez plus rien ; le sommeil vient » ;
et j'ajoute d'un ton un peu impérieux : « Dormez » !
Souvent ce mot emporte la balance ; les yeux se ferment, le malade *dort* ou du moins *est influencé*[1]. »

---

1. *De la suggestion et de ses applications à la thérapeutique*, p. 1.

M. Bernheim, dans le passage que nous venons de lire, parle de fixer le regard, de gestes ou de passes qu'il exécute. Mais qu'on ne s'y trompe pas : tout cela pour lui est secondaire : dans sa conviction, l'idée du sommeil est le seul facteur du sommeil. S'il dit au sujet : « Regardez-moi », c'est pour lui donner une contenance, et prévenir un embarras, une préoccupation qui empêcherait l'impression de l'idée : de même les gestes et les passes n'ont d'autre but que d'entretenir et d'aviver l'idée du sommeil.

Du reste, j'ai eu l'avantage d'assister plusieurs fois aux opérations de M. Bernheim, le savant professeur m'y ayant autorisé avec une bienveillance et une courtoisie auxquelles je suis heureux d'avoir l'occasion de rendre hommage, et je dois dire que, sur plus de trente personnes que je l'ai vu endormir, je n'ai jamais remarqué qu'il fît un geste ou une passe quelconque, ni qu'il recommandât à aucune de le regarder, ou de regarder quoi que ce fût. Je le vois et l'entends encore nous disant, à nous les spectateurs, de sa voix fine, souple, caressante, qui sait si bien devenir impérieuse par instants : « Tenez, vous voyez cet homme, ce garçon, etc.; eh! bien, tout à l'heure il dormira : les paupières vont devenir pesantes... elles vont clignoter, s'humecter... tenez, voilà qu'elles s'abaissent... elles se ferment... il ne pourrait plus les relever... vous ne pouvez plus ouvrir les yeux... cela vous est impossible... le sommeil gagne tout le corps... je vais lever votre bras... vous ne pouvez plus l'abaisser... impossible de l'abaisser... vous ne pouvez plus... il vous est impossible d'abaisser votre bras. »

Souvent, en effet, le patient essayait en vain d'ouvrir les yeux ou d'abaisser le bras. Puis, souvent, presque toujours, l'habile opérateur poursuivait, s'adressant à nous de nouveau : « Voici que je vais lui donner un petit verre d'une boisson très bienfaisante : cela va le rafraîchir, le calmer, diminuer son mal. » En même temps il prenait la main droite de l'hypnotisé, la disposait comme pour tenir un verre, puis lui présentant deux de ses doigts en guise de coupe : « Tenez bien, ajoutait-il, prenez garde de verser... buvez. » Et le patient buvait sa liqueur imaginaire avec une satisfaction visible. Le sommeil était dès lors assez profond pour qu'on pût procéder, s'il était utile, à d'autres expériences.

M. Pitres fait justement remarquer que « cette production du sommeil par voie de suggestion peut être variée de mille façons différentes » [1].

Vous dites à une personne facilement hypnotisable : « Vous allez compter de un à six et vous vous endormirez quand vous arriverez à six » ; et les choses se passent comme on l'a dit. Ou bien encore : « Vous vous endormirez en arrivant à tel endroit, en ouvrant telle porte, en touchant tel objet » ; et la personne s'endort en arrivant à l'endroit désigné, en ouvrant la porte indiquée, en touchant l'objet signalé à son attention, un porte-plume, une clé, une paire de gants. Ces procédés de suggestion indirecte réussissent parfois même fort bien sur des personnes qui restent indifférentes à l'injonction impérative. Chose plus étrange, M. de Jong (de la Haye)

---

1. *Leçons cliniques sur l'hystérie et l'hypnotisme*, t. II, p. 91.

est parvenu plusieurs fois à hypnotiser des malades, qui ne s'étaient pas montrés sensibles à la plupart des méthodes connues, en les faisant respirer profondément, les yeux fermés, et en leur donnant l'assurance qu'ils s'endormiraient après un nombre fixe de respirations.

En résumé, quel que soit l'acte auquel l'idée de sommeil est rattachée par l'hypnotiseur, pourvu que l'acte s'accomplisse, le sommeil a lieu. M. Beaunis, l'éminent professeur de physiologie à la Faculté de médecine de Nancy, en rapporte un exemple véritablement frappant :

« Au moment des vacances, comme je devais quitter Nancy pendant quelques mois, Mlle A... E..., que j'avais l'habitude d'hypnotiser presque tous les jours, me dit un matin :

— Vous ne pourrez plus m'endormir maintenant, puisque vous partez.

— Pourquoi pas ?

— Mais ce n'est pas possible, puisque vous ne serez plus là.

— Cela ne fait rien : je vous donnerai des jetons magnétisés ; quand vous voudrez dormir, vous n'aurez qu'à en mettre un dans un verre d'eau sucrée : vous dormirez un quart d'heure... Puis, me ravisant, je lui dis : Mais il y a quelque chose de beaucoup plus simple ; quand vous voudrez dormir, vous n'aurez qu'à dire en prononçant mon nom : « Endormez-moi », et vous dormirez immédiatement.

— Quelle plaisanterie !

— Ce n'est pas une plaisanterie, c'est très sérieux.

— Je ne peux pas le croire.

— Que vous coûte-t-il d'essayer? Essayez de suite, vous verrez bien si cela réussit.

— Je le veux bien, dit-elle.

« Mais elle avait l'air rien moins que convaincue, et j'avouerai que, malgré mon assurance apparente, je l'étais fort peu de mon côté : elle passe dans le jardin et je reste dans l'appartement pour éviter de l'influencer par le regard ou par ma présence.

« Au bout de peu de temps, les personnes qui se trouvaient là viennent me dire : « Elle dort. »

« Je vais au jardin et je la trouve debout et dormant.

« Mais il pouvait y avoir là un effet dû à ma présence, et j'étais curieux de savoir si, une fois absent de Nancy, le même phénomène se produirait. Je priai le docteur Liébault, chez lequel elle venait souvent, de l'observer et de me tenir au courant. Le résultat fut absolument le même. Elle n'avait qu'à prononcer la phrase sacramentelle pour s'endormir immédiatement. Et ce qu'il y a de caractéristique, c'est que dans ce sommeil, elle n'est en rapport avec aucune des personnes présentes, elle n'entend personne, pas même ceux qui, comme le docteur Liébault, ont l'habitude de l'endormir [1]. »

Persuadez à une personne hypnotisable que, de chez vous, à une heure déterminée, vous l'endormirez. A l'heure dite, elle devient inquiète, quitte son travail et s'endort.

---

1. *Le somnambulisme provoqué*, p. 29.

M. Heidenhein a fait cette expérience avec succès sur des personnes non hystériques. « Le 1ᵉʳ février 1880, dit-il, on annonce à l'étudiant Friedländer que le soir du même jour, à 4 heures, il sera hypnotisé à distance; et on l'engage à regarder sa montre un peu avant 4 heures pour vérifier lui-même l'exactitude de cette assertion. Le docteur Rügner, son voisin, fut chargé de l'observer : à l'heure dite, Friedländer s'endormit [1]. »

Les effets sont les mêmes quand l'idée du sommeil est suggérée aux sujets par correspondance ou par téléphone, ainsi que l'a démontré M. Liégeois. Cet observateur distingué écrit à une jeune fille qu'il avait hypnotisée antérieurement :

« Mademoiselle, moins d'une minute après que vous aurez lu ces lignes, vous dormirez, que vous y consentiez ou non... Vous vous éveillerez au bout de cinq minutes... Vous ne pourrez plus ensuite lire ce billet sans vous endormir pendant cinq minutes... Dormez [2]. » Et la jeune fille s'endormait toutes les fois qu'elle relisait le billet magique.

1. *Ueber die sogenannte thierische Magnetismus*, p. 57.
2. *De la suggestion et du somnambulisme*, p. 110.

CHAPITRE II

TOUT HOMME PEUT-IL HYPNOTISER ? POUVONS-NOUS TOUS ÊTRE HYPNOTISÉS ?

Nous avons vu comment on hypnotise, et que, pour y réussir, les uns s'adressent exclusivement aux sens extérieurs, la vue, le tact, l'ouïe, en excitant la terminaison périphérique des nerfs, les autres font simultanément appel aux sens et à l'imagination, d'autres enfin opèrent sur l'imagination seule. Il y aurait donc, à parler en général, trois procédés d'hypnotisation, que les hypnotistes amis du grec ont nommés : le premier, procédé somatique, le second, procédé psycho-somatique, le troisième, psychique. L'École hypnotiste de Paris préconise et emploie le procédé somatique, celle de Nancy, le procédé psychique, le procédé psycho-somatique reste celui des indépendants, et des partisans de Braid répandus un peu partout.

Mais les moyens d'hypnotiser une fois connus, l'esprit se pose à leur sujet une foule de questions importantes. L'on se demande, par exemple, si les trois procédés généraux que nous venons d'indiquer, si divers qu'ils paraissent au premier abord, n'ont pas quelque élément commun par où ils se rejoignent et soient réductibles l'un à l'autre. Et chacun comprend tout de suite l'importance spéciale que cette recherche a pour nous, qui voulons arriver à la connaissance de la nature intime de l'hypnotisme justement par l'étude des causes qui le produisent. L'on se demande ensuite si ces moyens sont efficaces, qui que ce soit qui les emploie : pouvons-nous tous hypnotiser ? et encore, s'ils produisent leur effet en toutes sortes de personnes : pouvons-nous tous être hypnotisés ? Enfin, ces questions résolues, il en surgit une autre plus grave encore et plus troublante, à laquelle il ne serait ni facile ni sage de rester indifférent : peut-on être hypnotisé malgré soi ?

Sans doute, les procédés d'hypnotisation soulèvent bien d'autres problèmes ; mais nous les renvoyons jusqu'au moment où le développement de notre étude nous aura mis entre les mains les principes suffisants de solution ; et notre tâche pour le quart d'heure se bornera à essayer de résoudre ceux que nous avons formulés dans les lignes qui précèdent.

I

L'homme qui a le plus fait pour trouver et établir des rapports, un point de contact, entre les divers procédés d'hypnotisation, c'est incontestablement M. le Dr Bernheim, de Nancy. Naturellement ses idées n'ont pas convaincu tout le monde, mais tout le monde reconnaît volontiers qu'il a fait preuve, dans cette matière, d'une puissance de conception et d'une pénétration d'esprit capables d'établir, sinon sa thèse, au moins sa réputation de penseur. Sa thèse, la voici :

Les procédés que l'on emploie pour produire l'hypnose ne sont divers et opposés qu'en apparence ; en réalité ils se ramènent tous à un même facteur, impliquent tous le même élément essentiel : la suggestion.

Pour ne pas juger inadmissible dès le premier abord une telle assertion, il faut savoir que la suggestion est multiple et qu'il n'y a pas que des suggestions verbales. Quand l'hypnotiste dit à un sujet : « Vous allez dormir, le sommeil vous gagne, dormez », ces paroles sont une suggestion sans doute. Mais la suggestion peut tout aussi bien venir des événements ou des objets. Quand je passe la nuit en chemin de fer, et qu'à une heure avancée, quelque main discrète ayant voilé la lumière, mes voisins commencent à dormir et quelquefois, hélas ! à ronfler autour de moi, l'image du sommeil vient tout de suite hanter mon cerveau : la demi-obscurité qui m'environne, ces paupières closes, ces membres détendus et affaissés, le halètement rythmé de la locomotive auquel je n'avais pas pris garde jusque-là, le balancement du wagon sur ses rails, tout ce que je vois et tout ce que j'entends me fait penser et me sollicite à dormir : je suis vraiment sous l'influence d'une suggestion qui, pour n'être pas verbale, n'en est pas moins réelle et efficace. De même, après une longue marche, une étude laborieuse, sous le poids d'une fatigue inconsciente peut-être mais vivement ressentie par l'organisme, il peut fort bien arriver que l'image du sommeil se présente spontanément et me sollicite ; cette image, quelle qu'en ait été l'occasion, est venue de moi, mais elle ne m'en invite pas moins au repos : c'est une véritable auto-suggestion.

Outre la suggestion verbale qu'un homme adresse à un autre, il y a donc la suggestion qui vient des événements ou des objets, et la suggestion qu'un homme se donne à lui-même[1].

Cela compris, l'affirmation de M. Bernheim ne paraît plus aussi extraordinaire. Le savant professeur, du reste, met autant d'habileté à expliquer et à justifier sa thèse, que d'énergie à l'affirmer et à la maintenir. Après avoir rappelé les divers procédés d'hypnotisation dont nous avons parlé nous-mêmes, il poursuit en ces termes :

« Tout peut réussir chez un sujet, pour peu qu'il soit prévenu. C'est qu'un seul élément, en réalité, intervient dans tous ces procédés divers : c'est la suggestion. Le sujet s'endort (ou est hypnotisé) lorsqu'il sait qu'il doit dormir, lorsqu'il a une sensation qui l'invite au sommeil. C'est sa propre foi, c'est son impressionnabilité psychique qui l'endort...

« Sans doute, Braid a pu endormir des sujets par la fixation d'un objet brillant, sans les prévenir qu'ils allaient dormir. Mais la fatigue des paupières est une sensation qui, chez certains, donne au sensorium l'idée du sommeil. C'est la sensation qui suggère l'hypnose. Cer-

---

1. V. Bernheim, *De la suggestion*, p. 309 et suiv. Dr Albert Moll, *Der Hypnotismus*, p. 20. Dr Forel, *Der Hypnotismus*, p. 32 (Zweit. Aufl.)

tains, très impressionnables, ne peuvent fixer un objet quelque temps sans sentir les yeux se fermer, et chez eux, il suffit de fermer les yeux et de les tenir clos quelques instants, pour provoquer un sommeil profond. L'occlusion des yeux, l'absence d'impression visuelle, l'obscurité, concentrent l'esprit sur lui-même, l'empêchent de se distraire au dehors, créent l'image du sommeil ; c'est une invite au sommeil. C'est une sensation qui réveille par habitude ou par action réflexe tous les autres phénomènes du sommeil.

« Les passes, les attouchements, les excitations sensorielles ne réussissent, je le répète, que lorsqu'ils sont associés à l'idée donnée au sujet ou devinée par lui qu'il doit dormir... Les passes, la fixation des yeux ou d'un objet brillant, l'attouchement, ne sont nullement nécessaires : la parole seule suffit.

« Les gestes ne sont utiles que pour renforcer la suggestion, en l'incarnant dans une pratique matérielle propre à concentrer l'attention du sujet.

« Tous ces procédés divers se réduisent donc en réalité à un seul : la suggestion. Impressionner le sujet et faire pénétrer l'idée du sommeil dans son cerveau, tel est le problème [1]. »

1. *Premier Congrès international de l'hypnotisme, Comptes rendus* p. 8?.
« ᵃ ᵉs moyens employés par nous pour faire naître le sommeil... se ré lvent tous dans l'idée suggérée de dormir. » M. Liébeault, *Revu le l'hypnotisme*, 1ᵉʳ janvier 1887.
« ᵃ suffit en définitive (pour provoquer le sommeil) que l'on produise, chez le sujet mis en expérience, une concentration suffisante de la pensée et que l'idée du sommeil s'empare du cerveau et le

Ces affirmations si catégoriques, M. Bernheim les faisait entendre au premier Congrès international de l'hypnotisme qui se tint à l'Hôtel-Dieu de Paris, du 8 au 12 août 1889. L'assemblée comptait plus de deux cents médecins venus non seulement des principales villes de France, mais de tous les pays d'Europe, quelques-uns même d'Amérique. Il ne se pouvait qu'une pareille thèse ne rencontrât dans un tel auditoire des contradicteurs. D'autant plus qu'à un moment, le savant professeur de Nancy, sortant du champ étroit de l'hypnotisme et généralisant sa théorie, avait osé dire : «... Les pratiques des toucheurs, des masseurs, l'hydrothérapie, la métallothérapie, l'électrothérapie, les onguents secrets, les granules de Mattei, l'homéopathie, la suspension des tabétiques agissent en tout *ou en partie*[1] par suggestion [2]. » C'était porter un coup à bien des convictions chères, et blesser beaucoup de monde à la fois. Aussi d'énergiques protestations se firent-

domine tout entier. » Liégeois, *De la suggestion et du somnambulisme*, p. 108.

1. « *Ou en partie* » : Je souligne ces mots, bien qu'ils ne soient pas soulignés dans le texte, parce que trop généralement on ne les a pas observés. Il s'en est suivi que l'on a imputé à M. Bernheim une thèse qu'il ne soutient pas, à savoir que la suggestion est *tout* en thérapeutique. Aussi, M. le Dr Sperling, de Berlin, ayant attribué cette thèse absolue au professeur de Nancy, celui-ci a protesté vigoureusement : « *Je n'ai pas dit*, écrit-il dans sa protestation, *que la suggestion est tout, mais que la suggestion est dans tout. Ich habe nicht gesagt, dass alles Suggestion ist, sondern dass Suggestion bei allem dabei ist.* » V. *Zeitschrift für Hypnotismus*, n° de décembre 1892. Où M. Bernheim affirme que la suggestion est tout, c'est dans l'hypnotisme.

2. *Premier Congrès,* etc., p. 93.

elles entendre. M. le docteur Roth, de Londres, protesta au nom de l'homéopathie, M. le docteur Dumontpallier, au nom de la métallothérapie, M. Pierre Janet, au nom de la psychologie, M. Gilles de la Tourette objecta que les phénomènes qui accompagnent l'hypnose étant soumis à un déterminisme constant, non moins que les phénomènes des autres affections nerveuses, ne peuvent avoir pour cause la suggestion avec tous ses caprices. Mais l'interprète le plus éloquent de l'opposition fut certainement M. Guermonprez, l'éminent professeur de médecine à l'Université catholique de Lille.

« M. Bernheim, dit-il, nous affirme que toutes les pratiques hypnogènes se ramènent à la suggestion... Eh bien, je le demande : comment est-il possible d'admettre la suggestion, lorsque l'hypnose est produite chez les animaux ? lorsqu'elle est obtenue chez les poulpes, les seiches, les crabes, les homards, les langoustes, les écrevisses, les grenouilles, les crocodiles, les serpents et les cobayes ? L'hypnotisation de ces divers animaux est cependant un fait acquis... Et chez les enfants ? M. Bernheim a eu la bonté de nous apprendre dans une autre enceinte comment M. Liébault (de Nancy) arrivait à une hypnotisation réelle, même chez les enfants à la mamelle. Il lui suffit d'appliquer une main sur le ventre, et l'autre sur le dos du petit sujet... S'il croit que ces manœuvres peuvent encore être qualifiées « suggestives », j'ai le regret de lui dire que, malgré sa grande autorité, il m'est impossible d'accepter son opinion[1]. »

1. *Premier Congrès* etc., p. 104.

L'habile contradicteur rappelle ensuite qu'il existe des faits dans lesquels des agents physiques ont déterminé le sommeil hypnotique sans que le sujet eût été prévenu, sans qu'aucune suggestion fût en cause. C'est ainsi qu'un coup de fusil, un son de gong ou de tam-tam, une lumière intense a fait tomber des malades, pour la première fois, en catalepsie hypnotique. Il invoque l'histoire de cette hystérique qui s'introduisit furtivement dans un cabinet de la Salpêtrière avec le dessein d'y dérober une photographie. Elle était en train d'accomplir son larcin ; le tiroir était ouvert, elle mettait la main sur la photographie convoitée, et brusquement elle était tombée en catalepsie. Est-il possible d'admettre qu'elle se soit suggéré l'hypnose pour un pareil moment ? Est-il vraisemblable qu'elle ait voulu se faire prendre en flagrant délit de vol ? Enfin il emprunte un dernier argument aux accidents de l'hypnotisme.

« Ils ne sont pas niables, et les médecins eux-mêmes n'en sont pas exempts. On connaît bien des faits de sujets pourvus de quelque tare héréditaire et qui étaient en imminence morbide au moment où on tentait sur eux les pratiques de l'hypnose. Ces sujets n'avaient eu antérieurement ni une attaque d'hystérie, ni une attaque d'épilepsie. Par un procédé ou par un autre, on arrive au sommeil provoqué, et brusquement survient une première attaque d'épilepsie ou d'hystérie, brusquement, au grand désespoir de l'hypnotiseur et de tout l'entourage ! Croyez-vous qu'on puisse supposer le malade lui-même assez insensé pour être l'auteur des accidents par une auto-suggestion?... Mettrez-vous en cause l'hypnotiseur lui-même ou quelque personne de l'entourage?... Non, Messieurs, la suggestion n'a rien à faire dans ces infortunes, dans ces accidents, dans ces malheurs de l'hypnotisme...[1] »

L'on serait curieux d'apprendre quelle fut l'impression produite sur la docte assemblée par ces deux plaidoyers contradictoires de M. Guermonprez et de M. Bernheim. Malheureusement le compte rendu de la séance n'en laisse rien soupçonner. Ce que je sais bien, par exemple, c'est que l'illustre apôtre de la suggestion ne fut pas le moins du monde ébranlé dans ses convictions par tout ce qu'on put lui dire.

Près de trois ans plus tard, en avril 1892, ayant eu l'honneur d'être admis à accompagner M. Bernheim dans sa clinique de l'hôpital civil de Nancy, je lui demandai s'il pensait toujours que les pratiques hypnogènes se ramènent à la suggestion. « Plus que jamais, répondit-il, la chose est trop claire. » Et comme je lui objectais quelques raisonnements de ses adversaires, en particulier la théorie et les expérience de M. Pitres sur les zones hypnogènes : « Des zones hypnogènes? reprit-il vivement, mais on les crée *par suggestion*; tenez, je vais vous en créer tant que vous voudrez : suivez-moi. » Et il me conduisit près du lit d'une jeune poitrinaire. Il commença par lui toucher du doigt plusieurs points de la tête : la jeune malade ne présenta aucun phénomène nouveau. Il dit alors : « Je vais toucher légèrement la tempe du côté droit, et

---

1. *Congrès international*, etc., p. 104 et suiv.

notre malade va s'endormir tout de suite. » Effectivement, le doigt à peine posé, la jeune fille entra en catalepsie. Après quelques instants il reprit : « Maintenant je vais toucher la tempe gauche, et dans une minute notre dormeuse se réveillera. » Au bout d'une minute le réveil avait lieu. Mais ce qu'il y eut de remarquable, c'est qu'après cette première expérience, M. Bernheim, ne prononçant plus une parole, n'avait qu'à appliquer le doigt sur une partie quelconque du corps, à droite puis à gauche, pour produire alternativement le sommeil et le réveil. « Voilà, dit-il, comment se créent les zones hypnogènes : elles ne prouvent rien contre la thèse. » Puis m'ouvrant la porte pour m'introduire d'une salle dans une autre, avec un mélange de vivacité fine et de bonhomie qui écartait du mot toute idée désobligeante, il ajouta à demi-voix :

« Ils n'entendent rien à l'hypnotisme. »

« M. Bernheim s'en tient à la suggestion pure et reste inébranlable sur ce terrain [1]. »

Sans vouloir traiter à fond la question des rapports qui existent entre les différents procédés d'hypnotisation, et sur laquelle du reste nous aurons l'occasion de revenir, nous pouvons au moins constater les résultats où sont parvenus les savants, je veux dire les points où ils s'accordent, et apprécier rapidement la valeur des preuves qu'ils invoquent en faveur de leurs opinions respectives.

---

1. Beaunis, *Le somnambulisme provoqué*, p. 290.

Je dois l'avouer tout d'abord, la première raison que nous avons vu apporter par M. Guermonprez contre M. Bernheim, au Congrès international d'hypnotisme, ne me semble nullement fondée. Je sais bien que pour beaucoup elle est la plus concluante, qu'elle impressionne fort un grand nombre d'esprits ; et c'est bien sûr pour ce motif que M. Guermonprez la mit non sans habileté au commencement de son argumentation ; mais elle n'en est pas plus solide pour cela. Le savant professeur de Lille, rappelant à son confrère de Nancy le fait incontestable qu'on hypnotise les animaux, lui demandait triomphalement s'il peut être question de suggestion quand il s'agit des bêtes ; et tenant pour certain qu'on ne pouvait répondre que négativement à son interrogation, il concluait : donc il existe quelque moyen d'endormir autre que la suggestion. Mais à la place de M. Bernheim je n'aurais répondu ni par un non ni par un oui : j'aurais opposé à M. Guermonprez un modeste *distinguo*; oui, cette distinction aussi simple que bien fondée : — Peut-on admettre la suggestion, demandez-vous, quand il s'agit des bêtes ? Si par suggestion vous entendez une *idée*, un concept universel, l'idée générale de sommeil par exemple, j'accorde qu'on ne peut pas l'admettre ; mais si, par suggestion, l'on peut entendre seulement une image, l'image du sommeil, j'affirme qu'on peut l'admettre ; car les bêtes, étant douées d'imagination, peuvent avoir des images[1], encore qu'étant dénuées de

---

1. J'ai montré ailleurs que les bêtes possèdent l'imagination : *L'âme humaine,* chap. VIII : « Par quoi l'âme de l'homme diffère de l'âme de la bête. »

raison elles ne puissent avoir d'idées générales. Or, l'image du sommeil suffit à la suggestion; car c'est l'image, et non pas l'idée abstraite du sommeil, qui endort. L'argument suppose, ou bien cette erreur psychologique que c'est l'idée et non pas l'image du sommeil qui endort, ou bien cette autre erreur psychologique que les bêtes ne peuvent avoir une image du sommeil.

Et cette réponse à l'objection tirée du sommeil que l'on produit artificiellement chez les animaux, peut évidemment servir à résoudre l'objection que l'on formule à propos du sommeil des petits enfants. Eux aussi ont l'imagination — ils rêvent : rien n'empêche donc que, par des pratiques appropriées, on suscite en eux l'image plus ou moins nette du sommeil, qui les fera s'endormir.

Je ne reconnais pas plus de valeur à ces faits qu'on nous rapporte de personnes mises en hypnose par un bruit soudain de gong ou de tam-tam. Qui vous dit que cette femme tombe pour la première fois en cet état, sous le coup d'une pareille sensation? Qui vous dit que la première fois qu'elle y est tombée, il ne s'était pas fait auparavant dans son imagination, à la suite peut-être de ce qu'elle avait vu, entendu, lu ou rêvé, une association entre telle sensation, tel événement et l'image du sommeil? Et supposé que nulle association antécédente n'ait eu lieu, qui vous assure qu'entre tel bruit soudain, l'impression nerveuse consécutive, et l'appétence et partant l'image du sommeil, il ne s'est pas produit une association instantanée? L'imagination est si féconde, si étrange, si rapide!

Quant à l'argument basé sur les accidents de l'hypnotisme, je n'hésite pas à affirmer qu'il repose sur une fausse supposition. L'on suppose que la suggestion est nécessairement un acte où la volonté veut délibérément, en pleine connaissance de ce qui doit arriver, que tel ou tel effet soit produit, avec la séquence d'événements qui peuvent en être le résultat. Rien n'est plus faux. Pour qu'il y ait suggestion, il suffit que l'image du sommeil soit éveillée dans le cerveau, ou par l'hypnotiseur, ou par un objet quelconque, ou par telle disposition intime du sujet lui-même. Qu'on veuille bien se souvenir de la parole de M. Bernheim : « Impressionner le sujet et faire pénétrer l'idée (c'est-à-dire l'image, car il ne peut pas y avoir d'idées dans le cerveau) de sommeil dans son cerveau, tel est le problème[1]. » L'image une fois produite, et à sa suite le sommeil, les conséquences se déroulent, heureuses ou malheureuses, suivant l'état de la personne endormie.

Toutes ces objections que l'on fait valoir contre la thèse de M. Bernheim, si spécieuses et habilement présentées qu'elles soient, ne sont pas décisives.

— Alors, dira-t-on peut-être, vous êtes convaincu que la suggestion est tout, qu'il n'y a rien en dehors de la suggestion, « que la suggestion est la clef de tous les phénomènes hypnotiques[2] ».

— Pas précisément.

Il ne me paraît pas, je le disais tout à l'heure, que l'on apporte contre M. Bernheim une seule objection insolu-

---

1. *Premier Congrès international de l'hypnotisme*, p. 85.
2. Bernheim, *De la suggestion*, etc., p. 134.

ble : mais je reconnais d'autre part que sa thèse, sous la forme absolue où il la présente, n'est pas davantage démontrée. M. Bernheim prouve à l'évidence qu'avec la suggestion seule l'on peut produire tous les phénomènes hypnotiques obtenus à l'aide de n'importe quel autre procédé : mais quelle raison apporte-t-il qui nous oblige à penser que nul autre procédé que la suggestion ne peut amener l'hypnose ? Cela, je n'ai pas vu qu'il le prouve, je n'ai pas même vu qu'il tente de le prouver. Je reste donc avec un doute, et tout ce que j'ai lu de ses écrits n'a pu établir ma conviction sur ce point [1].

Du reste, M. Bernheim a supérieurement fait ressortir le rôle prépondérant de la suggestion dans les phénomènes hypnotiques ; et, après ce que nous lui avons entendu dire, nous comprenons parfaitement que si les divers procédés d'hypnotisation ne doivent pas être confondus avec la suggestion comme identiques, ils ne lui sont pas tellement étrangers qu'ils ne puissent s'unir à elle, pour lui prêter ou en recevoir un surcroît d'efficacité. Là-dessus tout le monde est d'accord [2].

Je ne crois pas devoir pour le moment en dire davan-

---

1. A Nancy, les collègues de M. Bernheim ne sont pas tous, paraît-il, de son avis. Ainsi M. Beaunis écrit : « M. Bernheim s'en tient à la suggestion pure et reste inébranlable sur ce terrain, tandis que M. Liébeault tend à aller plus loin ; et je suis convaincu, pour ma part, que la suggestion n'explique pas tout et qu'il y a autre chose. » *Le somnambulisme provoqué*, p. 290. — Voir encore une citation curieuse de M. Liébeault dans l'ouvrage de M. le Dr Ochorowicz intitulé : *De la suggestion mentale*, p. 382.

2. D^r von Schrenck-Notzing, *Ueber Suggestion und suggestive Zustände*, p. 1.

tage sur ce sujet ; et, sans m'arrêter plus longtemps, je passe à notre seconde question : Pouvons-nous tous hypnotiser ?

II

Il va sans dire que je ne demande pas s'il est permis, s'il est licite, au point de vue moral, de pratiquer l'hypnotisme. Cette grave question ne pourra trouver sa place qu'à la fin de notre traité. Je demande simplement si les moyens que nous avons énumérés de produire le sommeil dit « artificiel » sont efficaces, employés par qui que ce soit.

Étant donné que tout homme, à moins d'être manchot deux fois, peut tirer un coup de fusil, frapper un gong ou un tam-tam, diriger un rayon de lumière ou un courant électrique sur un sujet, tenir suspendu un objet brillant, faire tourner le miroir aux alouettes, l'on est en droit d'affirmer que tout homme, dans une certaine mesure, peut hypnotiser. Je dis, dans une certaine mesure : car si un hypnotiseur s'en tenait uniquement à l'action mécanique de ces moyens, sans la renforcer par quelques suggestions, il devrait se résigner à endormir peu de monde. La suggestion en effet, en accordant qu'elle n'est pas le seul facteur dans l'hypnotisme, y joue un rôle si important, de l'aveu de tous, que, sans elle, pratiquée d'une façon plus ou moins consciente, les autres moyens sont d'une portée fort restreinte. Qui n'est pas capable d'être un habile *suggestioniste* ne sera jamais un vrai hypnotiste.

Or pour être un habile suggestioniste, il faut un ensemble de qualités qui ne se rencontrent pas si souvent.

Pour que la suggestion ait son plein effet, il faut avant tout, comme dit M. Bernheim, « capter l'esprit », c'est-à-dire l'imagination. Mais, l'imagination est un oiseau qui ne se laisse pas facilement saisir, et à qui il n'est pas facile de lier les ailes.

Il faut que l'image du sommeil soit mise et demeure vigoureusement en saillie, qu'elle efface toutes les autres, qu'elle absorbe et concentre toute l'énergie psychique, au point que la mémoire et l'intelligence ne fassent pas de diversion, et que la volonté n'oppose de résistance ni ouverte ni cachée. Or, c'est un grand art de savoir faire prendre à l'image un tel relief, un tel empire. Cela suppose que l'on connaît à fond la nature de l'imagination, ce qui l'attire, ce qui la fixe, ce qui l'exalte, les influences qu'elle subit ou exerce du côté des autres facultés. Un bon hypnotiste doit être un bon psychologue.

Une science psychologique abstraite, même exacte et approfondie, ne suffit pas. L'hypnotiste, en effet, n'opère pas sur l'homme abstrait, mais sur des individus, dont le tempérament, le caractère, l'éducation, l'état moral, la condition sociale, les emplois, les préoccupations, les habitudes de penser et de sentir varient à l'infini. Il faut savoir saisir ce qui constitue et ce qui différencie chaque individualité, deviner l'âme de la personne qui est en présence, découvrir par où l'imagination est accessible, et juger d'un coup d'œil sûr de quelle manière, en quel temps, et pour ainsi parler à quel endroit du cerveau, il faut enfoncer l'image hypnosigène, pour qu'elle pénètre plus avant et puisse mieux tout atteindre, et momentanément tout paralyser. Qui ne voit combien tout cela suppose de clairvoyance, de finesse d'observation, de souplesse d'esprit ? M. Bernheim, dans une lettre à M. Forel, le savant professeur de psychiatrie de Zurich, écrivait : « Le tout est, pour réussir dans la suggestion, d'être bien inspiré : il ne faut que trouver le joint par où arriver à la suggestivité de l'individu [1]. » Oui, mais il faut être inspiré et savoir trouver le joint.

Bien inspiré, M. Bernheim qui l'est souvent, l'avait été en particulier dans le cas auquel il fait allusion en écrivant les paroles que nous venons de lire. Il s'agissait d'une femme de la campagne, hystérique, qui était venue le trouver pour qu'il la guérît de douleurs d'entrailles et d'estomac. Il ne put arriver à l'endormir, pas plus que n'y avait réussi M. Liébeault quelque temps auparavant. Après deux tentatives inutiles : « Peu importe, dit-il à la bonne femme, que vous dormiez ou non. Je vais vous magnétiser l'estomac et la poitrine, et ainsi les douleurs s'en iront. » Les douleurs, en effet, disparaissent en quelques minutes, mais reviennent le soir. Nouvelle magnétisation le lendemain : nouveau succès, quoique incomplet encore. Le troisième jour, non seulement il fait disparaître les douleurs

---

1. Forel, *Der Hypnotismus*, zweit. Aufl., p. 37.

avec le prétendu magnétisme, mais il endort la malade, d'un sommeil profond avec amnésie [1]. M. Bernheim avait été « inspiré ».

Combien souvent les hypnotistes ont besoin de l'être ! Si souvent les sujets leur ménagent des surprises et des embarras ! c'est une défiance, une crainte subite, une impossibilité absolue de fixer l'imagination, une agitation nerveuse inexplicable. Il faut deviner la cause de tous ces troubles, souvent habilement dissimulée par le malade. M. Wetterstrand, le célèbre hypnotiste de Stockholm, raconte qu'ayant voulu un jour endormir un homme à qui il donnait habituellement ses soins, il ne put y réussir. Grande fut sa surprise, car cet homme était d'ordinaire très facile à endormir, et même bon somnambule. N'importe, il eut beau faire, notre homme ne s'endormit plus, jusqu'à ce que M. Wetterstrand eût découvert ce qui suit : le malade était caissier dans une maison de commerce; or, sitôt qu'il voulait s'abandonner au sommeil, la crainte de dormir trop longtemps et de ne pas arriver à l'heure à son comptoir s'emparait de lui et le tenait, quoi qu'il fît, éveillé. Il fallait deviner cette préoccupation ; et, une fois devinée, trouver le moyen de la faire disparaître [2]. C'est dire qu'une grande perspicacité est nécessaire à l'hypnotiste aussi bien qu'une grande présence d'esprit. Il lui faut encore autre chose.

« L'opérateur doit avoir une assurance calme et

1. Forel, ouvrage cité, p. 36.
2. Wetterstrand, *Der Hypnotismus und seine Anwendung*, etc., p. 4.

froide. S'il hésite ou a l'air d'hésiter, le sujet peut suivre cette hésitation et en subir l'influence contre-suggestive ; il ne s'endort pas, ou se réveille. Si l'opérateur a l'air de se donner beaucoup de peine, s'il sue sang et eau pour endormir son sujet, celui-ci peut se pénétrer de l'idée qu'il est difficile à hypnotiser : plus on s'acharne après lui, moins il se sent influencé [1]. »

M. Forel veut faire entendre la même chose quand il s'exprime en ces termes : « Incontestablement le meilleur hypnotiseur est celui qui sait le mieux convaincre de son pouvoir hypnotique la personne qu'il veut endormir, et qui est même capable de l'enthousiasmer (*begeistern*) plus ou moins pour l'hypnose. L'enthousiasme dans l'hypnotiseur comme dans l'hypnotisé est un facteur d'une très grande importance [2]. »

Une dernière qualité nécessaire à l'hypnotiste autant que toutes les autres, c'est la patience. Qui veut s'en convaincre n'a qu'à lire le petit passage suivant de M. Bernheim, en se souvenant que celui qui parle n'a point son maître dans la pratique de l'hypnose :

« Il en est qui tombent rapidement dans un sommeil plus ou moins profond. D'autres résistent plus ; je réussis quelquefois en maintenant longtemps l'occlusion des yeux, imposant le silence et l'immobilité, *parlant continuellement* et *répétant les mêmes formules* : « Vous « sentez de l'engourdissement, de la torpeur ; les bras « et les jambes sont immobiles ; voici de la chaleur dans

---

[1]. Bernheim, Rapport lu au *Premier Congrès international de l'hypnotisme*, p. 88.
[2]. Forel, ouvrage cité, p. 37.

« les paupières ; le système nerveux se calme ; vous n'avez
« plus de volonté, vos yeux restent fermés » : et au bout
de quelques minutes de cette suggestion auditive prolongée, je retire mes doigts, les yeux restent clos...

« D'autres sont plus rebelles ; préoccupés, incapables
de se laisser aller, ils s'analysent, se creusent, disent
qu'ils ne peuvent dormir. Je leur impose le calme : je
ne parle que de torpeur, d'engourdissement : « Cela suffit,
dis-je, pour obtenir un résultat. La suggestion peut être
efficace, même sans sommeil. Restez immobile et ne
vous inquiétez pas. » Je ne cherche pas, dans cet état
d'esprit du sujet, à provoquer les effets cataleptiformes ;
car celui-ci, simplement engourdi, mais toujours en
éveil, toujours enclin à se ressaisir, sort facilement de
sa torpeur... *Ordinairement* à la seconde ou à la *troisième*
séance, j'arrive à provoquer un degré plus avancé d'hypnotisation non douteuse [1]. »

En conséquence de tout ce qui vient d'être dit, à la
question qu'il s'agissait de résoudre : Tout homme peut-il hypnotiser ? je crois que l'on devrait répondre comme
il suit : Tout homme sain de corps et d'esprit peut endormir certains sujets convenablement disposés, en
se servant des procédés somatiques en usage. Encore,
tout homme intelligent, avisé, énergique et ne doutant
pas de soi, sachant suggérer et imposer l'image du sommeil, réussira à endormir en bon nombre de cas. Il appartiendra à la catégorie des hypnotiseurs de places
publiques et de cafés, qui hypnotisent vaille que vaille,

---

1. *De la suggestion*, p. 4.

à l'aventure, aux très grands risques et périls, comme nous le verrons plus tard, des pauvres sujets. Quant aux vrais hypnotistes [1], ils seront toujours en aussi petit nombre que le sont les hommes doués tout ensemble d'une science psychologique profonde, d'un grand talent d'observation, d'une perspicacité remarquable, d'une présence d'esprit, d'une énergie de volonté et d'une patience à toute épreuve.

III

Mais pouvons-nous tous être hypnotisés?

L'opinion ordinaire des gens qui raisonnent *a priori* sur l'hypnotisme et qui en parlent sans l'avoir étudié, c'est que pour être hypnotisé, il faut être nerveux, chétif, anémié, rachitique, maladif; et que si les femmes peuvent assez facilement entrer en hypnose, cela n'arrive point, ou n'arrive qu'exceptionnellement aux hommes.

Toutefois, il n'y a pas que le vulgaire qui soit partisan de l'hypnotisation restreinte. Des savants de la plus haute valeur, et qui se sont acquis justement dans la matière une renommée aussi universelle que méritée, soutiennent eux aussi que nous ne sommes pas tous

---

1. « On appelle *hypnotiste* celui qui hypnotise dans un but (et suivant une méthode) scientifiques : *hypnotiseur* celui qui hypnotise par profession et en amateur ». Dr Albert Moll, *Der Hypnotismus*, p. 19.

accessibles au sommeil hypnotique. Il est vrai qu'ils admettent que l'on peut endormir les hommes à peu près aussi facilement que les femmes ; mais ni toutes les femmes, ni tous les hommes, selon eux, ne sont hypnotisables. Les hystériques seuls de l'un et de l'autre sexe ont ce privilège, si c'en est un. De là cette formule qui résume leur idée : « Tout hystérique n'est pas hypnotisable, mais tout hypnotisable est un hystérique. » Cette manière de voir est celle de M. Charcot et de toute la célèbre école de la Salpêtrière.

D'autres savants également distingués soutiennent pourtant un avis tout contraire. D'après eux, l'hypnotisme n'a rien à faire avec l'hystérie ; et il est permis de dire, à peu près sans restriction, que tous les hommes peuvent être endormis. L'un des plus considérés parmi ces savants exprime ainsi sa pensée : « Tout homme sain d'esprit est naturellement hypnotisable à un degré ou à un autre : si quelqu'un ne peut entrer en hypnose, c'est uniquement le fait de certaines dispositions psychiques accidentelles et passagères [1]. »

Nous n'avons point à nous occuper ici de l'opinion des ignorants : mais il nous faut, par contre, accorder la plus sérieuse attention aux deux thèses contradictoires rapportées tout à l'heure et que nous voyons soutenues l'une et l'autre par des hommes éminents.

Les principaux champions de la thèse de M. Charcot sont : MM. Paul Richer, Gilles de la Tourette, Babinski, Pitres. Tous font valoir les mêmes arguments ;

---

1. Forel. *Der Hypnotismus*, p. 85.

mais il semble que M. Pitres les a présentés avec une force et une clarté particulières, dans une leçon qu'il a intitulée : « *Des rapports de l'hystérie et de l'hypnotisme*[1] ». Aussi est-ce de lui que nous voulons les entendre : laissons-lui la parole :

« Un premier fait qui ressort nettement de l'expérience de tous les cliniciens et qui n'est, je crois, contesté par personne, c'est que l'hypnose spontanée est un épisode symptomatique de l'hystérie. Par cela seul qu'un malade est sujet à des attaques de léthargie, de catalepsie ou de somnambulisme, on en peut induire qu'il est hystérique. De même, l'hypnose qui se produit sans provocation expérimentale, à la fin des grandes attaques convulsives des hystériques, fait partie intégrante de la symptomatologie des attaques qui la précèdent. Elle est, elle aussi, une manifestation de nature hystérique. Or, l'hypnose expérimentale est la reproduction fidèle de l'hypnose spontanée. Entre un malade en état d'attaque de sommeil et le même malade hypnotisé expérimentalement, il n'y a aucune différence appréciable : tous les symptômes sont identiques. Il est dès lors naturel de supposer que l'hypnose expérimentale n'est que la reproduction artificielle d'un état pathologique susceptible de se développer spontanément dans le cours et sous l'influence directe de l'hystérie. »

Telle est la première raison de M. Pitres : voici la seconde :

« Une seconde raison non moins importante, ce me

---

[1]. *Leçons cliniques sur l'hystérie et l'hypnotisme*, II, p. 346.

semble, c'est que tous les symptômes que l'on observe chez les sujets hypnotisés peuvent se rencontrer sur des hystériques à l'état de veille et font éventuellement partie du cortège des symptômes de l'hystérie... Nous savons que les manœuvres hypnogènes ont pour effet de déterminer, chez certains sujets, l'apparition de phénomènes musculaires, sensitifs ou psychiques, dont la sériation régulière ou irrégulière constitue des formes typiques du grand hypnotisme ou les formes frustes et incomplètes du petit hypnotisme... Eh bien ! si chacun d'eux peut exister isolément chez des hystériques en dehors de l'hypnose provoquée, n'est-on pas en droit de les considérer comme des accidents de nature hystérique, quand ils se montrent réunis à la suite de manœuvres expérimentales [1] ? »

Le reste de la leçon est une démonstration clinique en règle des faits qui viennent d'être allégués.

La réponse des adversaires à ces raisons est courte et vive, sinon décisive. Vos raisonnements, disent-ils en substance à M. Charcot et à ses partisans, sont subtils, vraisemblables, probables tant que vous voudrez. Mais que deviennent vos vraisemblances et vos probabilités, en présence de ce fait notoire, indéniable, qu'on hypnotise tous les jours des gens qui n'ont pas et n'ont jamais eu la moindre atteinte d'hystérie ? Toutes les personnes que vous hypnotisez, assurez-vous, sont hystériques : ce n'est pas surprenant, vous choisissez vos sujets en vue d'étudier et de cultiver l'hystérie, vous opérez exclu-

---

1. Ouvrage cité, II, p. 346.

sivement sur des hystériques notoires [1] ; ce serait le plus grand des prodiges si vous endormiez des gens qui ne le sont pas. Mais, faites comme nous ; recueillez indistinctement quiconque se présente pour se faire endormir, et vous serez bientôt forcés de convenir qu'on peut être hypnotisable sans être hystérique. — Et aussitôt arrive l'inévitable statistique de M. Liébeault : M. Liébeault ne choisit pas ses sujets, il prend qui se présente, hystérique notoire ou non. Eh bien ! en 1887, sur quatre cent quatre-vingt-quatre personnes qu'il a hypnotisées, vingt et une seulement ont été réfractaires au sommeil. En 1888, il en a hypnotisé quatre cent vingt-neuf : de réfractaires il n'y en a eu que seize [2]. Soutiendrez-vous que l'hystérie se rencontre dans les individus en une telle proportion ?

Il est évident que l'argument impressionne M. Pitres : «... Sur cent sujets figurant dans les statistiques de M. Liébault, dit-il, il y en aurait quinze ou dix-huit qui présenteraient les symptômes du somnambulisme complet. *L'hystérie avérée n'a pas ce degré de fréquence* [3]. » Mais au lieu de se rendre, l'habile professeur se rabat sur « les hystériques à manifestations latentes, les prédisposés, les simples névropathes qui doivent fournir un très fort contingent à la clientèle des hypnotiseurs [4] ». M. Babinski, le disciple fidèle de M. Charcot, lui aussi est

---

1 « *Je tiens donc bien à indiquer* que nos recherches ont porté sur des malades atteintes de grande hystérie. » M. Paul Richer, *Études cliniques sur la grande hystérie*, p. 513, note.

2. Liébeault, *Le sommeil provoqué*, p. 19.

3. *Leçons cliniques*, etc., II, p. 358.

4 *Ibid.*, p. 359.

ébranlé, et sent le besoin de « rappeler cette vérité, *dont il est indispensable d'être bien pénétré*, que le domaine de l'hystérie est *infiniment* plus vaste qu'on ne le croyait autrefois. C'est une des maladies nerveuses les plus fréquentes, qui peut atteindre l'enfant, l'adulte et le vieillard, les deux sexes, que les causes les plus diverses, influences morales, traumatismes, intoxications, infections, sont susceptibles de provoquer »[1].

Mais les adversaires, qui ne croient nullement « indispensable d'être bien pénétrés » de l'idée de M. Charcot, et désirent simplement connaître la vérité, reprennent les assertions de M. Pitres et de M. Babinski et les replacent impitoyablement à la lumière de l'expérience et des faits.

Les faits, quels sont-ils donc ?

Un premier fait, c'est que Hansen en Allemagne, Donato en France, en Russie, en Belgique, en Italie, loin de s'attaquer à des sujets maladifs ou déprimés, choisissaient les hommes les plus robustes, les tempéraments les plus sains. Pour ne parler que de Donato, on sait qu'à Vincennes il hypnotisa quantité de sous-officiers qu'avaient choisis et que lui avaient présentés les officiers supérieurs ; à Brest, il hypnotise des médecins et des étudiants ; à Lille, vingt étudiants sous les yeux de leurs professeurs de la Faculté de médecine ; à Turin, au théâtre Scribe, trois cents jeunes gens et quarante officiers de la garnison ; à Milan, il hypnotise des journa-

---

[1]. *Leçon sur l'hypnotisme et l'hystérie,* Gazette hebdomadaire de médecine et de chirurgie, n° du 25 juillet 1891.

listes et nombre d'étudiants de l'Académie et du Polytechnicum [1]. Et il nous faudrait croire que tous ces soldats, tous ces officiers, tous ces journalistes, tous ces professeurs, tous ces étudiants sont des hystériques ou des névropathes ?

Les succès d'hypnotisation obtenus par Donato sont indiscutables et à l'abri de tout soupçon : nous en avons pour garant, entre autres, le docteur Morselli, directeur de l'asile des aliénés de Turin, qui non content d'assister aux séances et de tout contrôler, a voulu lui-même être endormi par le célèbre hypnotiseur [2].

Que si l'on ne veut admettre que les témoignages d'hommes de science, nous ne serons pas embarrassés pour en fournir.

D'abord il nous faut revenir à M. Liébeault et faire observer que ses expériences ne se sont pas bornées aux huit ou neuf cents sujets des années 1887 et 1888 : il a continué ses travaux, et en 1891, quand il publiait sa *Thérapeutique suggestive,* le nombre des personnes qu'il avait hypnotisées dépassait *sept mille cinq cents.* Or, au cours de cette longue pratique de l'hypnose, la proportion des sujets trouvés sensibles aux manœuvres hypnotiques, loin de s'abaisser, s'est plutôt accrue ; et de cette colossale statistique, il résulte toujours que sur cent sujets pris au hasard, quatre-vingt-dix au moins s'endorment, et plus de quinze arrivent jusqu'au somnambulisme, M. Pitres restant avec son aveu « que l'hystérie avérée n'a pas ce degré de fréquence ».

1. P. Franco, *L'ipnotismo tornato di moda,* p. 33.
2. Morselli, *Il magnetismo animale,* p. 2 et suiv.

Mais voici un autre hypnotiste qui rivalise avec M. Liébeault, et jouit de la plus haute considération dans le monde scientifique : c'est M. le D`r` Wetterstrand, de Stockholm, que nous avons déjà nommé. De janvier 1889 à janvier 1890, M. Wetterstrand a hypnotisé *trois mille cent quarante-huit* personnes. Veut-on savoir combien sur ce nombre ont été réfractaires ? Quatre-vingt-dix-sept : *quatre-vingt-dix-sept sur trois mille cent quarante-huit* [1].

A Amsterdam, le docteur van Reterghem et le docteur van Eeden cultivent avec ardeur et succès l'hypnotisme. Or, sur quatre cent quatorze personnes, ils ont réussi à en endormir trois cent quatre-vingt-quinze.

« Durant une année, nous dit M. Forel, de Zurich, j'ai opéré sur deux cent cinq sujets, parmi lesquels plusieurs étaient atteints de maladie mentale : cent soixante et onze ont été influencés, trente-quatre, non. Dans la suite, j'ai hypnotisé cent cinq personnes, onze seulement ont résisté. Et encore, trois personnes que je n'avais pas d'abord réussi à influencer, ont été endormies plus tard avec une grande facilité [2]. »

Mais un témoignage particulièrement intéressant dans la matière, est celui de M. le D`r` Ringier. Dans la préface d'un livre dont le titre pourrait se traduire ainsi : *Résultats de l'hypnotisme thérapeutique obtenus par un médecin de campagne* [3], M. Ringier écrit ce qui suit : « Les sujets que j'ai hypnotisés appartiennent à une

---

1. Wetterstrand, *Der Hypnotismus*, etc., p. 1.
2. Forel, *Der Hypnotismus*, p. 26.
3. *Erfolge des therapeutischen Hypnotismus in der Landpraxis.*

population dont le système nerveux est aussi peu excité que possible, absolument étrangère aux agitations et aux raffinements de la vie mondaine, forte race avec un développement intellectuel normal. Parmi nous, les circonstances qui, dans les grandes villes et les centres industriels, provoquent la nervosité, font absolument défaut. De surmenage intellectuel, il n'en peut être question. La vie de nos braves gens, tous agriculteurs, vie active en plein air, sur un haut plateau entre le Jura et les Alpes, a tout ce qu'il faut pour fortifier le système nerveux; d'autant mieux que notre population étant aisée n'a pas à souffrir les soucis de la misère, et se procure facilement une nourriture substantielle [1]..... » Comme on le voit, le pays de M. Ringier est peu propice à l'hystérie. Si les hystériques doivent être rares quelque part, c'est là. Par conséquent, s'il est un médecin qui, d'après l'idée de M. Charcot et de ses disciples, doit compter des insuccès en hypnotisation, c'est M. Ringier. Or, voici le fait : En deux ans et trois mois, M. Ringier ayant soumis aux procédés hypnotiques deux cent dix de ses campagnards, tous ont cédé au sommeil, excepté douze [2].

Je n'ajouterai plus qu'une réflexion : c'est que, en bien des cas, les hypnotistes qui combattent la thèse de la Salpêtrière ont eu affaire à des sujets qu'ils connaissaient à fond, et de longue date, des amis, des parents, des domestiques. M. Albert Moll, pour ne citer qu'un exemple, hypnotise un jour un de ses parents, et

1. Ouvrage cité, p. 7.
2. Ouvrage cité, p. 5.

« dès cette première séance, en une minute, le plonge dans un sommeil si profond qu'il en obtient des hallucinations posthypnotiques négatives ». Or, de ce parent il nous dit : « Ce jeune homme est un *type de constitution saine*, das Muster eines *gesunden* jungen Mannes [1]. » Comment douter, quand l'affirmation nous vient de pareils hommes, soit de la parfaite santé des sujets, soit de la réalité de l'hypnose ?

Il paraît bien, après cela, que si les faits disent quelque chose, c'est qu'on peut parfaitement être hypnotisable sans être aucunement hystérique ou névropathe [2].

Ils disent davantage : les statistiques nous montrant que sur cent personnes, il s'en endort au moins de quatre-vingts à quatre-vingt-dix, nous devons conclure des statistiques que presque tous nous pouvons être endormis.

Mais ne peut-on pas aller plus loin encore ? Nous possédons un nombre de cas, déjà fort considérable, où

1. A. Moll, *Der Hypnotismus*, p. 151.
2. M. Henri Nizet écrit avec raison (*l'Hypnotisme, étude critique*, 2ᵉ édit., p. 38) : « Un grand mouvement se manifeste actuellement dans le monde scientifique en faveur de l'École de Nancy. » Mais M. Delbœuf ne va-t-il pas trop loin quand il écrit (ibid.) : « En dehors de Paris, le conflit est jugé. L'École de la Salpêtrière a vécu. » M. Charcot a encore des partisans hors de Paris. Je n'en veux donner pour preuve que ce témoignage d'un vrai savant. M. le Dʳ Grasset, de Montpellier : « Je me rallie, pour ma part, à la conclusion *actuelle* de la Salpêtrière : je ne crois pas que tous les sujets hypnotisables soient des hystériques, mais... les sujets hypnotisables sont toujours des nerveux, des névrosés, en état ou en puissance ; ils font partie de la famille névropathique. » *Leçons de clinique médicale*, p. 286.

des personnes longtemps réfractaires à l'hypnose ont fini par céder. Ainsi, M. Albert Moll nous raconte qu'après *quatre-vingts séances* sans résultat notable, il est arrivé à si bien endormir une personne qu'il put lui suggérer des hallucinations. Cela n'autorise-t-il pas à croire qu'avec une dépense suffisante de patience et de temps, l'on finirait par endormir n'importe qui, et à reconnaître une sérieuse probabilité à la thèse de M. Forel : « Tout homme sain d'esprit est naturellement hypnotisable à un degré ou à un autre. Si quelqu'un ne peut entrer en hypnose, c'est uniquement le fait de certaines dispositions psychiques accidentelles et passagères [1]. »

Cette formule, comme on l'aura sans doute remarqué, laisse clairement entendre que si l'aptitude au sommeil hypnotique est universelle, elle est loin d'être égale en tous. De fait, il en est ainsi. Et dès lors on devait naturellement se demander quelles conditions rendent plus apte au sommeil, et dans quelles catégories sociales se rencontrent les sujets les mieux ou les moins bien disposés, sous le rapport de l'hypnose.

Des recherches ont été faites en ce sens. Mais elles sont encore incomplètes. Du reste ces questions étant étrangères au but que nous poursuivons, nous n'avons pas à nous y engager. Qu'il me suffise de dire qu'on est arrivé à établir suffisamment :

1° Que l'homme n'est pas sensiblement moins accessible à l'hypnose que la femme [2].

---

1. Ouvrage cité, p. 151.
2. Beaunis, *Le somnambulisme provoqué*, p. 14, « tableau pour le sexe ».

2° Que l'enfance et la jeunesse sont les âges qui la favorisent davantage [1].

3° Que les aliénés offrent de tous le plus de difficulté à endormir [2].

4° Que les personnes intelligentes, capables d'arrêter fortement leur attention sur une idée, sont plus facilement hypnotisables que les personnes à esprit obtus et volage [3].

5° Que les hommes habitués à une obéissance passive, comme les militaires, sont des sujets de choix [4].

Quant à la question de savoir si la nationalité et la race exercent quelque influence, si, par exemple, les Russes sont, comme on l'a voulu dire, les plus hypnotisables des hommes, l'on ne saurait encore prudemment rien affirmer.

Mais après avoir vu qu'il est très probable que tous, ou presque tous, nous pouvons être hypnotisés, il reste à examiner si l'on peut être hypnotisé malgré soi.

A ce sujet M. Bernheim écrivait ces consolantes paroles :

« Nul ne peut être hypnotisé contre son gré, s'il résiste à l'injonction. Je suis heureux... de rassurer

---

1. Beaunis, *Le somnambulisme provoqué*, p. 16 et 17. « Tableaux et groupements des sujets d'après les âges. »

2. L'impossibilité d'hypnotiser les aliénés avait même été considérée d'abord comme absolue. Mais M. A. Voisin a été assez heureux pour en hypnotiser un certain nombre, soit à peu près 10 p. 100. V. *Premier congrès international*, etc., p. 147.

3. Albert Moll, ouvrage cité, p. 29.

4. *Ibid.*

le public contre toute crainte chimérique, qu'une fausse interprétation des faits pourrait faire naître[1]. »

Cette assertion est-elle absolument exacte, et peut-elle être acceptée sans aucune restriction ? C'est ce qu'il s'agit maintenant de discuter.

1. *De la suggestion dans l'état hypnotique,* réponse à M. Paul Janet, p. 13.

CHAPITRE III

PEUT-ON ÊTRE HYPNOTISÉ MALGRÉ SOI?

Cette question n'est pas de celles qu'on résout simplement, par un « oui ou par un non » [1]. — La remarque est de M. Lilienthal, le docte professeur de droit de Zurich : et nous allons voir tout à l'heure qu'elle ne se justifie que trop bien.

Quand M. Bernheim écrit : « Nul ne peut être hypnotisé contre son gré, s'il résiste à l'injonction. Je suis heureux de rassurer le public contre toute crainte chimérique » [2], il me fait involontairement penser au docteur qui, gravement, solennellement, ordonne à son malade une pilule de *mica panis*, et prédit la guérison certaine. Certes, je ne demande pas mieux que de me laisser convaincre que personne ne pourra m'endormir, à moins que je ne le veuille : mais comment pourrais-je être rassuré, quand on me dit simplement : « Nul ne peut être hypnotisé contre son gré, s'il résiste à l'injonction » ? — *Si je résiste à l'injonction,* je ne serai pas hypnotisé : d'accord. Seulement, la question est de savoir si je pourrai toujours, et si tout homme peut en

---

1. *Der Hypnotismus und das Strafrecht*, p. 66.
2. *De la suggestion*, etc., p. 278.

toute circonstance, résister à l'injonction du sommeil. Tant qu'on ne m'aura pas donné la preuve que je puis toujours résister, rassuré, je ne le serai pas.

Du reste, comme il serait misérable de vouloir effrayer l'opinion en exagérant la puissance de l'hypnotisme et des hypnotiseurs, ainsi il serait cruel de prêcher, sur ce sujet, une sécurité sans réserve, qui pourrait faire des victimes. En cela, comme en toute chose, la vérité est seule bonne à dire.

Or, la vérité est que tout homme ne peut pas toujours résister aux actions ou influences hypnosigènes auxquelles on le soumet. L'illustre maître de Nancy sera le premier à en convenir, j'en suis sûr; tout comme je suis sûr que Braid n'écrirait plus aujourd'hui, comme il y a quarante ans : « L'état hypnotique ne peut être déterminé, à aucune de ses périodes, sans le consentement de la personne opérée... Personne ne peut y être soumis à aucune période, à moins de consentement libre [1]. »

I

M. le Dr Albert Moll, dont tout le monde reconnaît, en matière d'hypnotisme, la grande autorité, a écrit ces paroles : « Que, parmi les sujets qui ont été souvent hypnotisés, beaucoup puissent être endormis contre leur

---

1. *Neurypnologie*, p. 18.

gré, et sans qu'ils s'y prêtent en aucune façon, cela ne fait pas un doute, *kann nicht bezweifeln werden* [1]. » De fait, s'il est une chose avérée, c'est l'empire, presque absolu, qu'assure une hypnotisation fréquente à l'hypnotiseur sur son sujet. Braid paraît l'avoir entrevu lui-même quand il écrivait : « Il est important de remarquer que, plus l'hypnotisation est fréquente, plus les patients y deviennent accessibles [2]. » Ils y deviennent si accessibles, que beaucoup, avec le temps, n'offrent plus l'ombre d'une résistance, et qu'au moindre signe, au moindre mot, ils s'endorment, non seulement contre leur gré, mais contre la volonté même de l'opérateur. C'est ce dont je fus témoin, la première fois que j'assistai à une hypnotisation. Un médecin hypnotiste distingué, qui désirait beaucoup me voir étudier l'hypnotisme, m'avait proposé d'endormir quelques personnes en ma présence. J'avais accepté avec empressement; et un certain jour, à une heure convenue, j'étais dans le cabinet de l'obligeant docteur, où bientôt se présentait une malade appelée tout exprès, et qui accorda de la meilleure grâce que je fusse présent à la consultation. Elle souffrait de je ne sais plus quelle maladie d'estomac, et, depuis six mois environ, était endormie régulièrement trois fois par semaine. Après s'être fait rendre compte de quelle manière s'étaient passés les deux jours précédents, le médecin lui présente un fauteuil, et se dispose à l'hypnotiser. « Ah ! » me dit-il, « je n'y avais

---

1. *Der Hypnotismus,* p. 33.
2. *Neurypnologie,* p. 40.

pas songé, je suis sûr qu'elle va s'endormir tout de suite, sans me donner le temps de vous faire voir comment je procède. » Et, en effet, la malade s'était assise, et du même coup endormie ; mais si bien, que je vis le moment où le docteur ne pourrait plus la réveiller. Il finit pourtant par y réussir. Mais ensuite il eut beau faire et dire, la malade n'attendit point, pour recommencer un second sommeil, qu'il eût mis en œuvre sa méthode. Dès qu'il fut question de se rendormir, elle se rendormit, tout de suite, malgré lui, et sans doute aussi, malgré elle : de telle sorte que, ce jour-là, j'appris fort bien comment on réveille, et point du tout comment on endort [1].

M. Beaunis ne parle pas autrement que M. Albert Moll, sur le point qui nous occupe : « Pour ceux qui ont déjà été endormis, dit l'illustre physiologiste, il en est toujours un certain nombre (non pas tous évidemment, car il est des degrés dans la facilité à entrer en hypnotisme) qu'on peut endormir malgré eux. Ceux-là sont absolument sous la puissance de celui qui les endort habituellement : toute résistance de leur part est impossible ; ils peuvent éviter le regard de l'hypnotiseur, celui-ci trouvera toujours un autre procédé pour les endormir... Il ne sert de rien de vouloir atténuer la gravité de ce fait, et il vaut mieux l'envisager tel qu'il est en réalité ; et cette réalité, c'est, dans certains cas, le pouvoir absolu de l'hypnotiseur sur l'hypnotisé [2]. »

1. M. Ch. Richet parle d'un cas à peu près semblable, dans son livre *L'homme et l'intelligence*, p. 223.
2. *Le somnambulisme provoqué*, p. 35.

M. Ochorowicz confirme cette manière de voir par un récit non moins amusant que démonstratif : « Une somnambule, Mlle X..., n'ayant pas été depuis longtemps magnétisée, crut avoir perdu sa sensibilité ; et un jour, en société, elle me dit qu'elle se sent aujourd'hui tellement forte, qu'elle voudrait bien essayer de me magnétiser, moi. Je me rends à cette plaisanterie, et je la laisse faire. Enthousiasmée de mon consentement elle me prend les pouces, et fixe mon regard. Pour l'amuser davantage, je feins que le sommeil s'empare de moi ; puis, tout à coup, j'ouvre les yeux et je la fixe avec l'intention de l'endormir, — et elle s'endort au bout de quelques secondes. Nous avons expérimenté sur elle au moins trois quarts d'heure. Ensuite je reprends ma position vis-à-vis d'elle, je la réveille d'un souffle, et je continue à feindre le sommeil. Me croyant réellement endormi elle se mit à battre des mains en triomphe, et elle ne put comprendre pourquoi tout le monde éclatait de rire. Elle n'a pas voulu croire que ce fût elle qui dormait [1]. »

Il n'est même pas toujours nécessaire, pour qu'un sujet se trouve sans défense contre une injonction de sommeil, qu'il ait été bien souvent hypnotisé. C'est ce que montre encore fort bien M. Ochorowicz par l'intéressante histoire que voici :

« Une jeune fille de quatorze ans fut magnétisée par moi *cinq ou six fois*. Elle était très sensible, quoique moins que la précédente, d'une santé excellente (comme

---

1. *De la suggestion mentale.* p. 359.

l'autre du reste). Elle fut magnétisée uniquement pour des expériences, qui devaient convaincre un médecin de ma connaissance. Le seul effet de ces séances était qu'elle dormait un peu plus longtemps, dans la nuit, de son sommeil naturel... Mais ses camarades lui persuadent que, si elle continue à se faire endormir, elle perdra sa volonté; et on ne lui permettra pas de se marier avec son cousin, qu'elle aime... comme on aime à quatorze ans. Bref, ma somnambule refuse de m'obéir, sans en donner de motifs. Elle ne veut plus se laisser magnétiser. On la supplie, on lui ordonne même de ne pas faire des caprices, mais inutilement.

« — Et vous ne craignez pas, Mademoiselle, que je vous endorme malgré vous ?

« — Oh ! non, car je ne m'asseyerai même pas à côté de vous. »

« On me prie d'essayer, et ses parents m'autorisent à tenter l'expérience, fâchés qu'ils étaient de l'*inobéissance* de leur fille.

« Je prends alors un mouchoir qu'elle avait laissé sur la table, et je le lui jette sur les genoux, en disant :

« — Eh bien ! maintenant c'est fini. Vous allez vous endormir dans cinq minutes.

« — Cela ne me fera rien du tout, dit-elle ; » mais elle s'échappe tout de même pour éviter mon regard.

« — Ce n'est pas la peine de fuir, vous reviendrez toute seule. »

« Une demi-heure après, elle est revenue en somnambulisme.

« Par conséquent on peut endormir quelqu'un contre son gré, et quoiqu'il résiste à l'injonction [1]. »

Plus tard, quand nous parlerons des suggestions post-hypnotiques, nous verrons qu'il suffit de suggérer le sommeil à un sujet suffisamment plongé en hypnose, pour qu'il s'endorme au jour et à l'heure marqués, presque infailliblement, en dépit des résistances de sa volonté.

II

Voilà donc une catégorie de gens qui pourront être hypnotisés malgré eux : parmi ceux qui ont été hypnotisés souvent, beaucoup ne sauraient résister à l'injonction du sommeil.

Mais que dire de ceux qui jamais encore n'ont été hypnotisés ?

Avant de répondre, il est nécessaire de les diviser en deux classes : la première comprenant les personnes à sensibilité normale, ordinaire ; la seconde, les personnes à sensibilité extraordinaire, anormale.

Parlons d'abord de ces dernières.

Sous le titre de personnes à sensibilité extraordinaire et anormale, nous comprenons la multitude toujours croissante, et si nuancée, des névropathes, des névrosés, en particulier, les hystériques.

Qu'un certain nombre de névropathes, et surtout

---

1. *De la suggestion mentale*, p. 359.

d'hystériques, puissent être endormis contre leur gré, nul homme de science n'osera le révoquer en doute. Les faits parlent trop haut, et sont trop connus. Qui n'a lu, dans les ouvrages spéciaux, l'histoire de cette pauvre jeune fille, qui ne pouvait ni coudre ni broder, parce que, sitôt qu'elle fixait son ouvrage, le sommeil la prenait ? et l'histoire de cette femme qui s'endormait en regardant son miroir ? et de cette autre qui tombait en catalepsie, pour avoir fixé la glace polie et ensoleillée d'une pièce d'eau ? et les femmes qui, comme l'on dit, « perdent connaissance », au milieu de la foule, quand éclatent les premières fusées d'un feu d'artifice, une fanfare militaire, un coup de tam-tam ? et les sujets que l'on endort, en projetant sur leur visage un rayon de lumière électrique, ou en approchant de leur peau un aimant ?

Évidemment, tout ce monde sera à la merci d'un hypnotiseur, pour peu qu'il ait du savoir-faire et de l'audace. C'est parce qu'elle était « exceptionnellement disposée par son tempérament nerveux »[1] à entrer en état hypnotique, que l'infortunée Joséphine Hughes fut la victime de cet ignoble Castellan. Par ses étranges simagrées et par son regard, il bouleversa et influença cette jeune fille, naïve et impressionnable, au point de la mettre en somnambulisme. Après quoi, usant de la suggestion, il l'oblige, cette innocente paysanne, cette jeune fille jusque-là estimée et respectée de tous, à le suivre pendant quatre jours, malgré la répugnance qu'il

---

1. Affaire Castellan, cour d'assises du Var, rapport des Drs Auban et Jules Roux, cité par M. Liégeois : *De la suggestion et du somnambulisme*, p. 544.

lui inspire, lui, le mendiant, « laid, mal vêtu, portant de longs cheveux noirs et une barbe inculte, affligé en outre d'un pied bot »[1], jusqu'à ce que quelques braves gens arrachent au séducteur la malheureuse fugitive et la ramènent à la maison paternelle, pour y cacher, et y pleurer, son déshonneur.

C'est parce qu'il avait la sensibilité trop développée, que M. Walker, le compagnon de M. Braid, s'endormait en voulant endormir les autres. M. Braid nous le raconte lui-même ; ce qui paraît piquant à l'excès, après que le célèbre médecin nous a dit, peu auparavant : « L'état hypnotique ne peut être déterminé, à aucune de ses périodes, sans le consentement de la personne opérée... Personne ne peut y être soumis, à aucune période, à moins de consentement libre ». Voici donc ce qui arriva à M. Walker :

« Après ma conférence dans « Hanover Square Rooms » à Londres, le 1er mars 1842, — c'est M. Braid qui parle — une personne vint dire à M. Walker, qui était avec moi, qu'elle désirait m'entretenir, et qu'elle me priait d'essayer si je pourrais l'hypnotiser. Elle souhaitait fort de pouvoir être affectée, et tel était aussi le souhait de ses amis ; mais ni M. Lafontaine, ni d'autres qui avaient fait la tentative, n'avaient pu réussir à l'endormir. M. Walker répondit au visiteur que j'étais occupé et le pria de s'asseoir, lui disant qu'il allait l'hypnotiser lui-même dans un instant. Je vins dans la chambre peu après, et je pus observer ce qui se passait.

---

1. Communication de M. le Dr Jules Roux. *Ibid.*

Le sujet était assis, fixant les yeux sur le doigt de Walker, qui se tenait debout, un peu à droite du patient *et ne quittait pas du regard les yeux de ce dernier*. Je ne fis que passer, étant occupé à autre chose ; mais revenant un peu plus tard, je trouvai M. Walker dans la même position, *profondément endormi, son bras et son doigt dans un état de rigidité cataleptiforme*, et le sujet éveillé, fixant toujours le doigt de l'opérateur [1]. »

Voilà, certes, quelqu'un qui est endormi contre son gré. Et, de plus, il est bien clair qu'il ne sera pas difficile à un homme avisé et expert en hypnotisation, de surprendre quelquefois et de plonger dans le sommeil un sujet si sensible, eût-il fait vœu de ne pas dormir.

A la catégorie des sujets qui n'ont pas la sensibilité normale se rapportent évidemment ceux qui possèdent cette particularité étrange des zones hypnogènes [2]. Nul doute que ces personnes ne puissent être endormies contre leur volonté, par ceux qui ont l'habitude de les hypnotiser : les expériences de chaque jour, dans nos hôpitaux, le démontrent surabondamment. Mais une question, dont l'importance ressort assez d'elle-même, se pose : les personnes affectées de zones hypnogènes entrent-elles encore, subitement et nécessairement, en sommeil, si la pression des zones est pratiquée, non par le médecin hypnotiste ordinaire, dans la consultation officielle, mais par n'importe quelle personne de rencontre, dans le train ordinaire de la vie ?

---

1. *Neurypnologie,* p. 41.
2. Voir plus haut le chapitre : « *Comment on hypnotise* ».

« La solution du problème, dit fort justement M. Pitres dans une de ses leçons, doit ressortir d'observations accidentelles, réalisées dans des circonstances imprévues, indépendamment de toute intervention des personnes qui pourraient avoir sur l'imagination des malades une autorité ou une influence quelconque. Or, poursuit-il, je ne connais qu'un fait qui réponde à ces desiderata; encore n'est-il pas absolument irréprochable. Je vous le donne tel que je l'ai recueilli :

« La nommée Élisa G..., que je vous ai montrée il y a quelques mois quand nous étudiions ensemble les spasmes rythmiques hystériques, a, sur différents points du corps, des zones hypnogènes. On en trouve en particulier de très actives *sur les plis du coude* et sur les creux poplités. Élisa est une fille peu intelligente, mais très honnête ». Après avoir dit comment il s'en était assuré, M. Pitres continue ainsi son histoire : « Élisa était sortie de l'hôpital en même temps qu'une autre malade très vicieuse nommée Thérèse : « Quand nous arrivâmes place
« d'Aquitaine, dit-elle, nous rencontrâmes deux mes-
« sieurs qui connaissaient Thérèse et nous invitèrent à
« déjeuner. Je ne voulais pas accepter, mais à force de
« prières je me laissai aller. Nous arrivâmes dans un
« petit restaurant hors de la ville. Un des messieurs
« voulut m'embrasser : je me fâchai vivement, et on se
« mit à déjeuner sans qu'il renouvelât ses tentatives.
« Quand le déjeuner fut terminé, Thérèse me laissa
« seule avec lui. Il voulut encore m'embrasser, je le re-
« poussai, le menaçai de crier et pris une chaise pour me
« défendre. Il s'élança alors sur moi et *me saisit le bras.*

« Alors *je perdis brusquement connaissance*, et je ne sais
« pas ce qui s'est passé. Quand je revins à moi, réveil-
« lée par Thérèse, nous étions tous les quatre dans le
« restaurant et c'était le moment de partir [1]. » La pauvre fille, hélas! devait trop tôt apprendre ce qui s'était
passé !

M. Pitres fait suivre ce récit des réflexions suivantes :
« Connaissant la malade comme je la connais je suis
convaincu qu'elle est sincère, mais je ne pourrais pas en
fournir de preuves matérielles. Dans tous les cas, son
histoire doit éveiller notre attention sur la possibilité de
provoquer le sommeil hypnotique chez certains malades,
à leur insu ou contre leur volonté formelle, par la pression de zones hypnogènes [2]. »

L'attention des savants, en effet, a été éveillée. Ils ont
repris la question, et M. le Dr Croq (fils), de Bruxelles, a
même cru la résoudre définitivement, par l'observation
que lui a fournie une de ces malades.

Ayant reçu dans son service une hystérique, Joséphine
D..., il procéda, sur cette malade, à la recherche des zones hypnogènes. Joséphine n'avait jamais assisté à une
expérience semblable, et n'avait pas l'idée de ce qui devait se produire. Sans prononcer une parole, le docteur
appuya d'abord légèrement sur le vertex : aussitôt les
yeux se fermèrent et la malade tomba en somnambulisme.
Il la réveille ; et, après un moment, pratique la pression
aux bosses frontales : le sommeil se produit encore instantanément. L'existence des zones était constatée.

1. *Leçons cliniques sur l'hystérie et l'hypnotisme*, t. II, p. 115.
2. *Ibid*.

M. Croq eut bientôt l'occasion de se convaincre qu'il avait là un moyen sûr d'endormir Joséphine, même contre sa volonté formelle. Un jour que, je ne sais pour quel motif, il avait commandé à sa malade, pendant le sommeil, d'avoir une crise hystérique, la crise eut lieu comme il l'avait ordonné ; mais la malade, paraît-il, ne trouva pas la chose de son goût ; et, le lendemain, le docteur voulant de nouveau l'hypnotiser, elle refusa, net, de s'endormir. « Alors nous avons appuyé sur les régions hypnogènes frontales, et, en quelques secondes, le somnambulisme s'est déclaré.

« Grâce à ces faits, conclut M. Croq, nous pouvons éviter les doutes de Pitres, et déclarer que la pression des zones hypnogènes est capable d'endormir le sujet sans qu'il le veuille[1]. »

M. Croq, quand il conclut avec tant d'assurance, a tort, je le crains, d'oublier cette réflexion de M. Pitres : « Pour répondre avec certitude à cette question, les expériences du laboratoire sont sans valeur. Le fait seul que les malades se trouvent en présence de médecins ou d'étudiants qui les ont endormis ou qu'ils savent capables de les endormir, suffit pour jeter le doute sur les résultats obtenus[1]. » Je ne dirais pas que l'expérience du docteur de Bruxelles est absolument « sans valeur », mais l'observation de M. Pitres m'empêche de lui reconnaître la valeur *démonstrative* que son auteur semble lui attribuer.

1. *Revue de l'hypnotisme et de la psychologie physiologique*, n° de juin 1893.
2. *Leçons cliniques sur l'hystérie et l'hypnotisme*, II, p. 115.

III

Que des gens qui ont été souvent hypnotisés, que des malades, plus ou moins déprimés et déséquilibrés, puissent être quelquefois endormis malgré eux, cela se comprend encore, et s'admet sans trop de peine : mais ce qui ne se comprendrait plus, bien sûr ; ce qui, sans doute, ne saurait être admis, c'est qu'un homme qui n'a jamais été soumis aux pratiques des hypnotiseurs, qui est sain et bien constitué, puisse être endormi contre sa volonté, lui, résistant et luttant. Ici, la parole de Braid et de Bernheim, certainement, va se trouver de tout point justifiée.

Avant de nous prononcer, commençons encore par faire une distinction : Ces hommes, dont vous parlez, qui n'ont pas jusqu'ici été hypnotisés, sains et bien constitués, et qui ont juré de ne pas se laisser endormir, ou bien ils se soumettent aux procédés de l'hypnotisation, ou bien ils ne s'y soumettent pas. L'on peut faire cette double hypothèse, en effet. Un homme peut dire : « Je n'entends pas être endormi, par qui que ce soit ; et, pour être plus sûr que cela ne m'arrive pas, j'évite et je fuis l'hypnotiseur ; » ou bien il peut dire : « Je suis sûr de moi, je ne dormirai pas, quoi que l'on me fasse, si je veux ne pas dormir ; hypnotisez-moi, et apprenez qu'on n'endort pas les gens malgré eux. » Les deux cas peuvent se présenter, et, en fait, se présentent.

Voyons d'abord ce qu'il faut penser des personnes qui voulant ne pas dormir, acceptent pourtant d'être soumises aux pratiques de l'hypnotiseur.

Il est avéré qu'il leur arrive assez fréquemment, ce qui adviendrait à un homme qui, ne voulant pas s'enivrer, consentirait à avaler quelques fortes rasades, de ce vin « traître », contre lequel les têtes les plus solides ne se défendent pas toujours victorieusement. « Parfois, la suggestion, dit un des hypnotistes les plus considérés de notre temps, opère bien vite, bien subtilement, et se rend maîtresse de l'imagination avec une facilité surprenante. Quelques secondes, en certains cas, suffisent pour rendre un homme qui n'a jamais été hypnotisé, comme une poupée sans volonté — *Willenlose Puppe* — entre les mains d'un autre homme. Et j'ai même observé que, par une sorte de contraste étrange, les hommes qui plus volontiers se raillent de l'hypnotisme, et affirment le plus bruyamment que personne ne les hypnotisera, sont justement ceux que, souvent, l'on endort le plus facilement et le plus vite, malgré toute la résistance qu'ils opposent[1]. »

Un fait qui démontre d'une façon éclatante que les plus vaillants et les plus forts ne se soumettent pas impunément aux manœuvres de l'hypnotisation, c'est l'expérience de M. Heidenhein. Un jour, il entreprit d'endormir un groupe de soldats allemands, en présence de leurs chefs, les chefs leur défendant rigoureusement de céder au sommeil. On croyait bien qu'il ne réus-

---

1. Dr Forel, *Der Hypnotismus* etc., p. 35.

sirait pas. Cependant, malgré l'ordre des chefs, malgré leurs efforts pour rester éveillés, les braves soldats furent pris, et entrèrent bel et bien en hypnose[1].

Parmi les personnes qui s'exposent aux opérations des hypnotiseurs, tout en gardant la ferme volonté de ne pas dormir, il en est donc un certain nombre qui, en dépit de leur résistance et de leur bonne santé, sont vaincues par le sommeil.

Mais les autres, ceux qui, tout ensemble, ne veulent pas être endormis et ne se livrent pas aux hypnotiseurs, n'ont-ils rien à redouter ?

Ici même, où pourtant la réponse négative part presque toute seule, tant elle paraît s'imposer, il faut réfléchir avant de décider ; car, peut-être, trouverons-nous des motifs de poser encore quelques restrictions. Et, de fait, voici deux lignes de M. Albert Moll qui ne nous permettent pas une entière assurance :

« Je crois pouvoir soutenir, dit-il, que certaines personnes, habituées à une obéissance ponctuelle et passive, entreront en hypnose contre leur volonté, si on leur affirme avec autorité qu'elles vont dormir. J'estime du reste qu'un tel cas ne sera pas fréquent[2]. »

Si rare qu'on le suppose, le cas peut se présenter : M. Albert Moll, dont la science et l'expérience sont grandes dans le domaine de l'hypnotisme, ne craint pas de l'affirmer : on doit en tenir compte.

Mais un cas qui pourrait être plus fréquent, serait

---

1. Dr Moll, *Der Hypnotismus*, p. 33.
2. Ouvrage cité, p. 38.

celui de l'hypnotisation par transformation du sommeil naturel en hypnose. Au lieu d'explications, citons un fait. C'est M. Bernheim qui le raconte :

« Récemment, je trouve dans mon service d'hôpital une pauvre phtisique qui dormait : je ne l'avais jamais hypnotisée. Touchant légèrement sa main, je lui dis : « Ne vous réveillez pas. Dormez. Vous continuez à dormir. Vous ne pouvez pas vous réveiller ». Après deux minutes, je lui lève les deux bras ; ils restent en catalepsie. Je la quitte après lui avoir dit qu'elle se réveillerait au bout de trois minutes. Quelque temps après son réveil, qui eut lieu à peu près au moment indiqué, je retourne lui causer ; elle ne se souvenait de rien. Voilà donc un sommeil naturel pendant lequel j'ai pu me mettre en relation avec le sujet endormi ; et cela a constitué le sommeil hypnotique[1]. »

De son côté, M. Pitres écrit : « Des expériences de O. Berger, confirmées par M. Gschleiden, prouvent qu'on peut, par des manœuvres dont les sujets n'ont aucune conscience, transformer le sommeil naturel en sommeil hypnotique. M. Berger a réussi à produire cette transformation en tenant ses mains chaudes à peu de distance de la tête de personnes profondément endormies, ou en faisant sur elles des applications unipolaires de courants continus[2]. »

Déjà le général Noizet avait fait cette expérience. S'approchant pendant la nuit de personnes dormant

1. *De la suggestion* etc., p. 275, et *Zeitschrift für Hypnotismus*, p. 121.
2. *Leçons cliniques sur l'hystérie*, etc., t. II, p. 95.

d'un profond sommeil, il leur appliquait légèrement le doigt sur le front, ou mieux encore sur le creux de l'estomac. Après quelques minutes, il interrogeait ces personnes ; et, souvent, il arrivait qu'elles lui répondaient sans se réveiller, et présentaient les caractères du somnambulisme. MM. Liébeault, Delbœuf, Forel, Baillif, Rifat, ont vérifié ce fait, à maintes reprises [1].

Il me semble que de tels faits, si bien établis, imposent une importante restriction à la fameuse assertion de M. Braid : « L'état hypnotique ne peut être déterminé, à aucune de ses périodes, sans le consentement de la personne opérée..... Personne ne peut y être soumis, à aucune période, à moins de consentement libre. »

Encore faut-il dire, pour être complet et nous mettre en état de juger avec connaissance de cause, que la transformation du sommeil naturel en sommeil hypnotique n'est pas la seule possible. On transforme de même le sommeil anesthésique. M. le Dr Abdon Sanchez Herrero, de Valladolid, nous fournit sur ce chapitre les renseignements les plus précis et confirme ce fait par des expériences nombreuses et concluantes. Son procédé et les résultats qu'il obtient nous seront connus par le cas typique suivant :

Une dame malade se présenta un jour à sa consultation, se disant prête à suivre tel traitement qu'il jugerait utile, hormis l'hypnotisme, qu'elle tenait pour pratique diabolique. M. Herrero, jugeant, au contraire, que

---

[1]. Liébeault, *Le sommeil provoqué*, etc., p. 16. — A. Moll, *Der Hypnotismus*, p. 31. — Beaunis, *Le somnambulisme provoqué*, p. 33.

l'hypnotisme seul pouvait la guérir, crut devoir l'endormir malgré elle. Et voici comment il s'y prit. Il lui proposa de la chloroformiser, disant que, pour elle, c'était le seul moyen de guérison. La malade accepta. Quinze grammes de chloroforme versés dans l'inhalateur suffirent pour provoquer, en moins de cinq minutes, la période suggestible du sommeil anesthésique. Le docteur lui fit alors la suggestion de se laisser endormir, de consentir à l'hypnotisation. Le lendemain, et le surlendemain, même séance. Le quatrième jour, la malade priait, d'elle-même, M. Herrero de l'hypnotiser suivant la méthode ordinaire : et, pendant deux mois, elle se soumit, sans la moindre difficulté, au traitement hypnotique. M. Herrero a multiplié ses expériences toujours avec le même succès, et, pour lui, cette conclusion est absolument certaine :

« Par la chloroformisation préalable et la suggestion employée dans la période suggestible du sommeil anesthésique, l'on peut toujours produire l'hypnose, quelles que soient les résistances inconscientes ou volontaires opposées par le sujet [1]. »

Récapitulons : et voyons la réponse, assez complexe, que donnent les faits à cette question : Peut-on être hypnotisé malgré soi ?

Ou il s'agit de personnes qui ont déjà été hypnotisées, ou il s'agit de personnes qui ne l'ont pas encore été. Si les personnes ont déjà été hypnotisées, fréquem-

[1]. *L'hypnotisation forcée ou contre la volonté arrêtée du sujet. Premier congrès international de l'hypnotisme*, p. 317.

ment elles pourront être endormies malgré elles, par leur hypnotiseur d'habitude.

Si les personnes n'ont jamais encore été hypnotisées, ou bien elles ont une sensibilité normale, ordinaire, ou bien elles ont une sensibilité anormale, exagérée.

Les personnes à sensibilité exagérée, anormale, en particulier les hystériques, souvent ne pourront résister efficacement au sommeil.

Quant aux personnes à sensibilité normale et saine, si elles se soumettent aux manœuvres hypnotiques, elles n'éviteront pas toujours l'hypnose, en dépit de la résistance qu'oppose leur volonté.

Enfin, les personnes bien constituées et bien portantes, qui ne veulent ni du sommeil ni de l'hypnotisation, pourront encore, en certains cas, être réduites à l'hypnose, soit par une suggestion soudaine impérative, soit par la transformation du sommeil naturel, ou du sommeil anesthésique, en sommeil hypnotique.

Comme nos lecteurs le voient, ces conclusions ne sont ni très rassurantes ni très réjouissantes : et, d'après ces données, les honnêtes gens sont encore plus exposés qu'on ne l'avait pensé jusque-là, aux criminelles tentatives des mauvais sujets. « A ceci, repart fort justement M. Beaunis, nous ne pouvons rien... Les phénomènes de somnambulisme sont aujourd'hui entrés dans le domaine public ; tout le monde sait à peu près ce que c'est, et tout le monde en parle, et il serait impossible d'en faire un mystère. Il sera aussi facile à un individu mal intentionné de se mettre au courant des procédés d'hypnotisme, que de prendre connaissance des propriétés toxiques de l'arsenic ou de la strychnine. C'est au législateur à prévoir les cas que la science lui indique, et à agir en conséquence [1]. »

Et j'ajouterai : C'EST A CEUX QUI ONT QUELQUE SOUCI DE LEUR SÉCURITÉ ET DE LA SÉCURITÉ DES AUTRES, A CONNAITRE, ET A FAIRE CONNAITRE LES ABUS DONT L'HYPNOTISME PEUT ÊTRE L'OCCASION ET L'INSTRUMENT. Le meilleur moyen de conjurer un péril, n'est-ce pas de s'en instruire, et de le signaler [2] ?

---

[1]. *Le somnambulisme provoqué*, p. 40.

[2]. Il va sans dire que, s'il est possible d'endormir, en certains cas, les gens malgré eux, *contre* leur volonté, on pourra aussi les endormir, quelquefois, à leur insu, *sans* qu'ils le veuillent. M. le Dr Heberle nous en apporte un exemple intéressant :

« Il y a deux ans, le tribunal régional de Nürnberg eut à juger le cas suivant : Le commis Léonard Putz, de Nürnberg, se trouvant un jour au café d'Orient, tenta d'hypnotiser, par fixation du regard, une des filles de service qui, par hasard, était venue se placer en face de lui. Il ne réussit, cette première fois, qu'à produire dans la jeune fille un état de somnolence, qui se dissipa bientôt spontanément. Mais, un autre jour, étant revenu au café, et ayant de nouveau plongé son regard fixe dans les yeux de la servante, celle-ci se sentit tellement impressionnée, qu'elle n'eut que la force de se traîner dans une pièce voisine, où elle tomba profondément endormie. Les gens de la maison, l'ayant trouvée dans cet état, essayèrent, mais en vain, de la réveiller. L'on courut chercher le Dr Goldschmidt, qui la trouva étendue, comme sans vie, bien qu'elle respirât paisiblement. Il employa divers moyens pour la tirer de son sommeil, mais sans succès ; jusqu'à ce que, lui ayant fait quelques passes sur le visage, il lui commanda, avec énergie, de se lever. A ce moment la jeune fille s'éveilla, en disant : « L'homme aux mauvais yeux, est-il encore ici » ? Cette jeune fille, comme elle l'a déclaré, n'avait pas jusque-là la moindre idée de l'hypnotisme. » (Heberle, *Hypnose und Suggestion in deutschen Strafrecht*, p. 18.)

Il est, du reste, absolument puéril d'exagérer, comme le font quelques-uns, le danger qu'il y a qu'on nous endorme malgré nous.

Vous pouvez vous prémunir contre ce danger, en mettant simplement en pratique ces deux petits conseils :

1° Ne vous abandonner au sommeil qu'en sûre compagnie ;

2° Ne point vous soumettre aux manœuvres hypnotiques.

A ce propos, je crois utile de rappeler, en terminant, une histoire de M. Braid, et une observation de M. Beaunis. Voici ce que raconte M. Braid :

« Un jour M. Walker m'accompagnait dans une visite que je fis à l'un des plus célèbres magnétiseurs de l'Europe. Ce dernier, pendant notre conversation, dit qu'en bien des cas, il suffisait d'un regard pour produire les effets magnétiques. Il voulait, je crois, nous surprendre, M. Walker et moi, et tenait ses grands yeux intelligents fixés sur M. Walker. Cependant, celui-ci, soupçonnant son intention, et connaissant mon opinion quant à la manière de résister à l'influence d'une telle fascination, *tint ses yeux et son esprit en mouvement :* Il frustra ainsi les efforts d'un caractère des plus énergiques, et se déroba à l'influence fascinatrice des deux plus beaux yeux que l'on puisse imaginer à cet effet. Si M. Walker ne s'était pas défié du personnage à qui nous faisions visite, il aurait certainement été impressionné, même à défaut d'intention expresse du magnétiseur. Mais étant convaincu que le magnétiseur ten-

PEUT-ON ÊTRE HYPNOTISÉ MALGRÉ SOI ? 77

tait de le fasciner, il se rappela mes idées et échappa à cette influence [1]. »

Donc, *tenir son esprit et ses yeux en mouvement*, voilà un bon moyen de se soustraire à l'influence hynoptique. Nous verrons plus tard, quand nous aurons établi la théorie de l'hypnotisme, combien fondé en raison est ce procédé de résistance. Pour le moment, il suffit de rapporter l'histoire.

Quant à l'observation de M. Beaunis, la voici :

« Le rire est un excellent moyen d'éviter le sommeil provoqué : dès que la personne que vous voulez endormir se met à rire et tourne la chose en plaisanterie, vous pouvez cesser votre tentative, elle ne réussira pas [2]. »

Ainsi, riez, moquez-vous, plaisantez, comme un Gascon ou comme un Andalou, — comme un bon Normand, cela pourrait encore suffire : et tous les docteurs réunis de Nancy, de Bordeaux et de Paris ne pourront vous hypnotiser.

1. *Neurypnologie*, p. 44.
2. *Le somnambulisme provoqué*, p. 34.

CHAPITRE IV

ÉTRANGES PHÉNOMÈNES QUI ACCOMPAGNENT L'HYPNOSE.

Saint Thomas nous a dit qu'il existe une double voie pour arriver à la connaissance des choses : l'étude des causes qui les produisent, l'étude des effets qui suivent de leur nature [1]. Nous avons vu, dans les chapitres précédents, comment se produit l'hypnose : il reste donc maintenant, pour nous mettre en possession de tous les moyens et de toutes les chances de découvrir sa nature, à rechercher les phénomènes qui l'accompagnent.

Ces phénomènes parurent si étranges, quand on commença de les observer, que beaucoup n'y voulurent point croire, et pensèrent simplement que les hypnotiseurs de profession étaient des charlatans, et que les savants hypnotistes se laissaient mystifier par leurs sujets. Aussi, pendant longtemps, nul ne commençait l'exposé des phénomènes de l'hypnose, sans établir cette thèse préalable : que les sujets endormis n'avaient pu tromper; et que les opérateurs étaient incapables de

---

1. *Sum. theol.*, I, q. 85, n. 3, ad. 4.

s'être laissé tromper; on rappelait que Braid hypnotisait sa femme, la plus sincère des femmes, son domestique, le plus fidèle des domestiques, ses meilleurs amis, — Heidenhain, son frère et ses élèves les plus attachés; que même M. le Dr Morselli, M. le Dr Obersteiner, M. le Dr Forel, etc., pour écarter toute possibilité de tromperie, s'étaient fait endormir par quelques-uns de leurs collègues.

Aujourd'hui, nous ne sommes plus obligés à de telles précautions. Les phénomènes de l'hypnose, qu'on en pense ce qu'on voudra, sont entrés dans le domaine public; et, pris en général, ne peuvent plus être contestés, puisque chacun de nous, pour les voir et les contrôler à son aise, trouvera, quand il voudra et à son choix, un café, un salon, ou une clinique d'hôpital. Bientôt l'on pourra dire que les seuls incrédules qui restent sont, comme à l'ordinaire, les naïfs qui se croient malins.

Cette démonstration, désormais superflue, écartée, la tâche qu'il nous faut remplir est encore assez rude. En effet l'hypnose, comme on l'a dit fort justement, « exerce son action sur tous les phénomènes subjectifs connus de l'âme humaine, et influence une grande partie des fonctions objectivement définies du système nerveux » [1].

Le champ des phénomènes que nous avons à explorer n'a donc guère d'autres limites que celles de l'activité de l'homme, et il nous faudra passer en revue toutes ses puissances, puisqu'en toutes se retrouvent les effets du sommeil provoqué. Si bref, si attentif que nous soyons à

---

[1]. Dr Forel, *Der Hypnotismus*, p. 51.

ne nous arrêter qu'aux phénomènes caractéristiques, le travail sera grand.

Pour y mettre de l'ordre, nous diviserons les phénomènes en deux catégories : la première comprendra les faits qui se produisent, ou que l'on pourrait aisément provoquer, dans un grand nombre des personnes que l'on endort ; la seconde ne renfermera que les phénomènes extraordinaires qui se présentent dans des sujets exceptionnellement disposés, faits aussi rares que surprenants, et qui méritent, pour ce motif, une attention spéciale et une étude à part [1].

I

« Dans l'état de sommeil provoqué pour obtenir ce que j'appelle les phénomènes hypnotiques, la vue de-

1. Je me serais conformé volontiers, en arrêtant le plan de cet exposé, à la division scientifique des états d'hypnose, si la science m'avait fourni sur ce point une base ferme. Mais jusqu'à présent les savants n'ont pu encore s'entendre pour graduer, d'après sa profondeur, le sommeil provoqué. S'inspirant de principes ou de points de vue différents, M. Charcot admet trois états, Bernheim neuf, Liébeault cinq, Gurney deux, Forel trois, Delbœuf, Max Dessoir et Moll, deux. Je ne fais que mentionner ces diverses graduations du sommeil, parce qu'elles importent fort peu au but que nous poursuivons ; et que, du reste, il nous faudra y revenir plus tard, à l'occasion d'une grave question de théologie que nous devrons résoudre. Qu'on veuille bien seulement se souvenir que tous les sujets endormis n'arrivent pas à la même profondeur de sommeil ; et que depuis le sommeil le plus léger, ou la simple somnolence (1er degré de M. Bernheim), jusqu'au somnambulisme parfait, la distance est immense, et pourrait se mesurer par des degrés innombrables.

vient de plus en plus imparfaite, les paupières sont fermées, mais conservent pendant une période de temps considérable un *mouvement vibratoire* (chez quelques personnes les paupières sont fermées avec force comme par un spasme des muscles orbiculaires); les organes des sens et surtout l'odorat, le toucher, l'ouïe, la chaleur et le froid, et la résistance, sont fortement *exaltés*, puis s'émoussent, à un degré dépassant de beaucoup la torpeur du sommeil naturel ; les pupilles sont dirigées en haut et en dedans; mais, au contraire de ce qui arrive dans le sommeil *naturel*, elles sont fortement *dilatées* et très insensibles à la lumière ; ensuite, elles se contractent, tandis que les yeux restent encore insensibles à la lumière. Le pouls et la respiration sont d'abord plus lents qu'à l'ordinaire, mais aussitôt que l'on met les muscles en activité, il se développe une tendance à la rigidité cataleptiforme, avec accélération du pouls et avec une respiration rapide et oppressée [1]. »

Tels seraient, selon Braid, les phénomènes qui marquent l'entrée d'un sujet en hypnose. D'autres auteurs nous offrent des descriptions analogues. Mais il n'en valait guère la peine : car ces descriptions, si elles sont vraies pour un cas en particulier, cessent d'être exactes si on les donne comme l'expression d'une loi générale. En réalité, chacun, dans le sommeil provoqué, se comporte à sa manière. « Tout change d'un individu à un autre, et parfois, pour le même individu, d'une séance d'hypnotisation à une autre [2]. » Les sujets peuvent dormir, et

---

[1]. Braid, *Neurypnologie*, traduction du Dr J. Simon, p. 53.
[2]. Morselli, *Il magnetismo animale*, p. 52.

dorment, en fait, indistinctement les yeux ouverts ou les paupières closes, les globes oculaires conservant leur position normale ou convulsés en haut avec les pupilles cachées sous la paupière supérieure, assis ou debout, flasques, affaissés, ou d'attitude ferme, avec accélération du pouls et de la respiration, congestion du visage et sueurs, ou sans rien de tout cela, tranquilles ou agités.

L'on attribue ces différences à la diversité de temps, de lieu, de caractère et de tempérament, et une telle explication est plausible : mais une cause certaine qu'il ne faut pas non plus oublier, c'est la variété des procédés que l'on met en œuvre pour amener le sommeil. Employez la fixation du regard, vous obtiendrez la série des phénomènes que Braid nous décrivait tout à l'heure; fascinez comme Donato, ou imprimez la violente secousse de Hansen, et les sujets vous présenteront une autre physionomie. Une hypnotisation habilement et délicatement conduite peut même ne provoquer aucun changement appréciable dans la personne endormie, et ne modifier en rien les fonctions de la vie.

« Chez les sujets que j'endors par la méthode suggestive douce, qui conservent leur esprit calme, chez tous ceux qui, ayant déjà été plusieurs fois hypnotisés, s'endorment en toute confiance, sans émotion, sans agitation, aucun de ces symptômes (congestion de la face, secousse musculaire, etc.) ne se manifeste. Dans ces conditions, je n'ai constaté ni accélération ni ralentissement du pouls, ni accélération ni ralentissement des mouvements respiratoires : j'ai pris le pouls au sphygmographe avant et pendant l'hypnotisation, je l'ai trouvé identique. Je n'ai pas constaté non plus l'accélération considérable que produirait, d'après Braid, la rigidité cataleptiforme en extension des membres; aucune différence sensible ne m'a paru exister, sous ce rapport, entre l'état de veille et l'état hypnotique [1]. »

Les observateurs les plus sérieux parlent comme nous venons d'entendre M. Bernheim : ils affirment comme lui que l'hypnose, par elle-même, n'est cause d'aucun phénomène spécial, et que ceux qui se manifestent dans les sujets endormis, viennent des procédés employés pour l'hypnotisation et des conditions morales où elle est obtenue [2].

S'il en est ainsi, l'hypnose, par elle-même, ne présente rien de bien remarquable : tout au plus si les moyens qui la déterminent méritent quelque attention : l'on ne voit pas en quoi l'homme hypnotisé serait plus intéressant que l'homme qui dort.

Il y a pourtant une grande différence entre l'un et l'autre. M. le Dr Albert Moll va nous en convaincre, en nous faisant assister à une expérience qui sera une révélation :

« Voici un homme de quarante et un ans. Il prend place sur un fauteuil. Je lui dis qu'il doit essayer de dormir un peu : « Ne pensez qu'à une chose, c'est que vous devez dormir. » Et je continue pendant quelques instants à entretenir en lui la pensée du sommeil et à l'y exhorter..... Bientôt je vois ses yeux qui se ferment. Je lui demande alors s'il peut les ouvrir : il

---

1. Bernheim, *De la suggestion*, p. 111.
2. Moll, *Der Hypnotismus*, p. 40.

essaie, mais en vain. Je lève son bras gauche : il demeure en l'air, si bien qu'il ne lui est pas plus possible de l'abaisser que d'abaisser les paupières. J'interroge notre homme : « Dormez-vous ? — Oui. — Profondément ? — Oui. »..... Dans cet état je puis lui faire exécuter, voir et sentir tout ce qui me plaira..... *Mais voici ce qui est plus surprenant :* Avec moi, dans ce salon, se trouvent deux de mes amis. Le sujet ne paraît ni les voir, ni les entendre, alors qu'il m'entend et me répond si bien. L'un deux prend son bras, et le lève, comme je l'avais fait : le bras retombe comme mort. En vain lui ordonne-t-il de tenir son bras en l'air, notre dormeur n'en fait rien. Il n'obéit qu'à mes ordres, il *n'est en rapport qu'avec moi*[1]. »

Cette expérience, qui ressemble d'ailleurs à mille autres, qu'on peut renouveler à chaque instant, nous apprend deux choses capitales : premièrement, qu'il existe un *rapport* spécial, rapport d'influence, entre l'hypnotiseur et l'hypnotisé ; secondement, que l'hypnotiseur peut éveiller et mettre en branle l'activité de l'hypnotisé, en lui donnant l'ordre, ou en lui suggérant l'image d'un acte à accomplir. Rapport, suggestion et suggesti-

---

1. *Der Hypnotismus*, p. 17, Versuch IV. — Dans un autre travail, fort remarquable, publié en 1892 par la Société des études psychologiques, et intitulé : *Der Rapport in der Hypnose*, M. Albert Moll recherche quelle est la nature du rapport hypnotique, comment il se produit, comment il cesse, comment il se constate et se mesure, s'il existe toujours où il y a sommeil provoqué, s'il peut se transmettre, s'établir entre un sujet et plusieurs personnes, etc. Nous ne saurions aborder toutes ces questions ; mais plusieurs se trouveront résolues au cours de notre étude.

bilité, tout l'hynotisme tient dans ces trois termes. Mais qu'on veuille bien remarquer surtout ce mot de SUGGESTION : car, pour qui sait l'entendre, il exprime un merveilleux pouvoir, une force d'une portée immense.

Sans la suggestion, il n'y a pas d'hypnose, ou du moins l'hypnose mérite à peine qu'on s'en occupe. Avec la suggestion, l'hypnose devient un des plus captivants et des plus nobles sujets d'étude ; car la suggestion est une source intarissable de problèmes, comme de prodiges.

Mais, pour ne point paraître enfler la voix plus que de raison, n'insistons pas davantage, et arrivons aux faits : ils parleront assez haut.

II

Dans un de ses cours à la Faculté de Bordeaux, M. Pitres, voulant démontrer expérimentalement à ses élèves la puissance de la suggestion, venait d'endormir une de ses malades. « Regardez Albertine, disait-il ; sans préambule aucun, je lui dis : « Voyez donc le singe qui est devant vous. » Aussitôt elle rit aux éclats. « Qu'il est laid ! dit-elle ; il fait des grimaces, il a des culottes rouges. » Et riant encore plus fort, elle ajoute : « Regardez donc comme il se gratte drôlement. »

« Par le fait seul que nous avons dit à la malade qu'un singe était devant elle, nous avons suggéré une hallucination visuelle. Elle voit actuellement un singe. Il est là, devant elle, grimaçant et grotesque. Elle suit ses mouvements ; elle ne perd pas un de ses gestes. Ce n'est pas l'idée du singe, ni même l'évocation psychique des traits simiens par un phénomène de vision mentale, qui la fait rire aux éclats, c'est la vue d'un singe concret, dont elle a sous les yeux la représentation sensorielle, d'un singe qui agit et se meut devant elle et dont elle peut par conséquent décrire les formes, la taille, les gestes, etc., tout comme l'aliéné halluciné peut décrire dans leurs plus petits détails les caractères des visions qui l'obsèdent.

« Quelques mots ont suffi pour faire naître l'hallucination du singe, quelques mots suffisent pour la dissiper et en provoquer une autre. Je n'ai qu'à dire : « Tiens, le singe est parti : il y a maintenant à sa place une cage avec des oiseaux. » Vous voyez qu'aussitôt Albertine cesse de rire bruyamment ; elle fait deux pas en avant, et si nous lui demandons maintenant ce qui l'occupe, elle nous répondra qu'elle regarde les oiseaux qui sont dans la cage. Elle nous les décrira du reste avec tous les détails que nous voudrons. Ce sont des tourterelles blanches ; la cage est longue d'un mètre ; elle est en fil de fer ; son intérieur est traversé par deux bâtons ; les tourterelles sont toutes deux sur le bâton le plus élevé ; elles se becquètent ; dans le coin, à droite de la cage, il y a un nid avec trois œufs, etc. Si je réveille brusquement la malade, en soufflant sur ses yeux, l'hallucination disparaît aussitôt. Albertine ne voit plus rien, ni cage ni tourterelles ; elle ne se rappelle avoir rien vu [1]. »

---

1. *Leçons cliniques sur l'hystérie et l'hypnotisme*, II, p. 158.

Un jour que j'avais accompagné M. le docteur Bernheim à l'hôpital, pour sa visite du matin, nous nous trouvions dans une salle contenant une quarantaine de malades. La plupart gardaient le lit. Cinq ou six, seulement, plus vaillants que les autres, étaient debout, et, mêlés aux internes qui accompagnaient le maître, suivaient avec un vif intérêt les petits incidents de la consultation. Tout à coup, le docteur fixe l'un d'eux en lui adressant quelques paroles, presque à voix basse. Il n'en avait pas fallu davantage pour endormir le malade. C'était un petit homme, d'une cinquantaine d'années, dont la physionomie, justement, m'avait frappé, et dont je m'amusais depuis quelques instants à deviner, à part moi, l'histoire. Je lui trouvais la tête bien modelée et le front d'un homme intelligent : malheureusement, son nez aplati et large, un peu vivement teinté, la découpure et le pli voluptueux de ses lèvres, ses yeux surtout brillant, ou luisant, de cet éclat froid d'un petit verre de trois-six, son attitude inconsciemment frondeuse, ses habits déchirés, m'avaient fait bien vite descendre de l'idée que j'avais eue d'abord, de quelque inventeur tombé dans la misère, à celle d'un simple ouvrier de faubourg, viveur, gouailleur, dont cette perfide bouteille avait pelé la tête et vidé la bourse. On me dit que j'avais trop bien rencontré. L'alcool avait notablement dérangé le système nerveux du brave homme, sans l'amener pourtant jusqu'à l'abrutissement complet.

« Vous voyez cet homme, nous dit à un moment M. Bernheim de sa petite voix douce, chantante, mais si singulièrement pénétrante : dans cinq minutes, il ira à son lit — y verra un chien couché — qui a fait de vilaines choses dans ses draps — il le battra, tâchera de le saisir — et le poursuivra à travers la salle. »

Le malade écouta ces paroles avec une indifférence complète, et ne parut pas plus s'en préoccuper que s'il se fût agi d'un autre. Il resta au milieu de nous, et suivit la visite comme il l'avait fait auparavant. Cependant, je ne le perdais pas de vue un instant, et je pus observer tout à mon aise l'effet de la suggestion donnée. Il suivait nonchalamment le groupe d'internes qui accompagnait M. Bernheim aux lits des malades, quand, soudain, il s'arrête sec et relève un peu la tête : au même instant une lueur brille dans ses yeux. C'était la première apparition de l'idée.

Rien n'est curieux comme de voir ainsi poindre l'idée d'un acte à accomplir, dans le regard d'un homme. C'est comme un éclair qui subitement arrête le cours actuel de son activité. Si elle revient, elle ne l'arrête plus seulement, mais elle tend à en changer la direction. C'est ce qui arriva pour notre hypnotisé. Le premier choc de l'idée passé, il avait fait un pas en avant, et allait poursuivre : mais l'idée revient, son œil brille de nouveau, il s'arrête encore, et un petit mouvement d'épaule de gauche à droite, net et rapide comme un frisson, marque bien que la seconde touche a été plus forte que la première. A un troisième coup, il se tourne tout à fait dans la direction de son lit, hésite deux ou trois secondes, et enfin s'achemine.

Arrivé, il prend machinalement son édredon et le

ÉTRANGES PHÉNOMÈNES.

pose par terre, toute la salle le regardant en silence. Puis il rabat la couverture avec le drap de dessus... Un chien était là, couché. La surprise le fait reculer d'un pas : mais aussitôt le rouge lui monte au visage, et, dans un mouvement de colère, il se précipite pour battre l'animal. Celui-ci le prévient en sautant à terre. Il regarde alors ses draps... Dame, ce n'était pas un beau spectacle. « Oh ! l'animal ! Oh ! la sale bête ! » Il regarde sous le lit : le chien était là, blotti contre le mur. Il s'agenouille, et allonge la main pour le saisir. Le chien s'éloigne. En vain le pauvre homme fait deux fois, à genoux, le tour de son lit : le chien se tient toujours hors de sa portée, jusqu'à ce que, se sentant serré de trop près, il s'échappe à travers la salle. L'homme se relève et se précipite après lui, courant, et le dévorant des yeux. Mais déjà le chien a franchi la porte ; il ne peut que le suivre du regard, qu'il projette vainement sur les longs corridors. A ce moment il s'arrête, fait demi-tour à droite, et revient à son lit, qu'il arrange tant bien que mal. Après quoi, il nous rejoint, sans paraître se douter le moins du monde du spectacle comique qu'il vient de nous donner ; la figure calme, comme si rien n'était arrivé. — « Qu'avez-vous fait ? lui dit M. Bernheim. — Rien. — Après quoi couriez-vous tout à l'heure ? — Après rien. — Pourquoi avez-vous défait votre lit ? — Je ne sais pas, moi... c'est une idée qui me sera venue. » L'hallucination avait été complète.

« Les hallucinations ainsi provoquées peuvent être nettes comme la réalité ; le sujet, même sachant que c'est une hallucination, ne peut s'y dérober. On peut s'en rendre compte quand on opère sur des personnes très intelligentes. J'endors récemment une jeune fille d'une intelligence remarquable, d'un esprit positif, nullement vaporeuse, et dont je puis garantir la bonne foi. A son réveil, je lui fais voir une rose fictive. Elle la voit, la touche, en perçoit l'odeur ; elle me la décrit ; puis, sachant que je pouvais lui avoir donné une suggestion, elle me demande si la rose est réelle ou imaginaire. « Il me serait absolument impossible, dit-elle, de faire la différence. » Je lui dis qu'elle est imaginaire. Elle en est convaincue, et, malgré cela, elle assure qu'elle ne peut pas par un effort de volonté la faire disparaître. « Je continue, dit-elle, à la voir, à la toucher, absolument comme si elle était naturelle, et vous mettriez une vraie rose à la place ou à côté que je ne saurais les distinguer. » Je la lui fais voir encore pendant dix minutes ; elle la tourne, la change de place, etc., elle est parfaitement éveillée et discute froidement le phénomène. Puis, je lui dis : « Regardez-la une dernière fois, elle va s'évaporer. » Alors elle la voit devenir moins distincte, nuageuse, et s'effacer insensiblement [1]. »

Si l'on peut donner de pareilles *hallucinations*, l'on peut à plus forte raison procurer de simples *illusions*, où l'on prend un objet pour un autre, et où l'on perçoit dans les choses des qualités qui n'y sont point. Ainsi, que l'on dise à un somnambule, en lui montrant une chaise : « Voici un chien », il verra un chien ; et en

---

1. Bernheim, *De la suggestion*, p. 58.

lui montrant un gant et une tabatière : « Voici deux oiseaux », il verra deux oiseaux. Qu'on lui dise, d'un corbeau qu'il a sous les yeux : « Il est blanc », il le verra blanc; d'une rose blanche, qu'elle est rouge, il la verra rouge. On lui fera prendre un lorgnon pour un sabre.

III

Une chose remarquable : c'est que l'on peut suggérer avec succès des illusions et des hallucinations *posthypnotiques*. J'en emprunterai deux exemples à M. Bernheim qui, de l'aveu de tous, n'a pas son égal [1] dans ces sortes d'expériences.

Il possédait parmi ses malades un homme de quarante-quatre ans, photographe, bon somnambule. « Je suggère à Cl... pendant son sommeil, raconte l'illustre docteur, qu'il verrait, *à son réveil*, M. St..., un confrère présent, la figure rasée d'un côté, et un immense nez en argent. Une fois réveillé, ses yeux s'étant portés par hasard sur notre confrère, il part d'un immense éclat de rire : « Vous avez donc fait un pari? dit-il, vous vous êtes fait raser d'un côté! Et ce nez! vous étiez donc aux Invalides » ?

« Une autre fois, je lui suggère, dans une salle de malades, qu'il verra dans chaque lit un gros chien à la

---

[1]. Forel, *Der Hypnotismus*, p. 53.

place des malades, et il est tout étonné, à son réveil, de se trouver dans un hôpital de chiens [1]. »

Mais j'ai assisté moi-même à une expérience plus curieuse encore. Un matin, après avoir terminé sa visite dans la salle des hommes, M. Bernheim se rendit à celle des femmes. Il y avait parmi elles une jeune malade, phtisique assez avancée, qu'il me dit être un excellent sujet. Ayant pris connaissance de son état, et dicté une ordonnance, il l'endort et lui suggère entre autres choses, qu'après son réveil, qui aura lieu en cinq minutes, elle prendra le carton suspendu au mur au-dessus de sa tête, et où se trouve seulement imprimé le numéro de son lit; et qu'elle y verra son portrait, un portrait fidèle, très bien fait, la représentant telle qu'elle sera le 10 avril (nous étions au 2), c'est-à-dire guérie, avec une mine de santé florissante... Elle trouvera seulement qu'elle est un peu rouge. Cela dit, la visite continue, et nous attendons.

Après quelques instants, la jeune fille se réveille, les yeux grands ouverts, avec cette expression vague d'étonnement et ce mouvement circulaire du regard que l'on observe dans les personnes qui sortent d'un sommeil profond. Quelques secondes s'écoulent, tout à coup son œil brille et se fixe, comme celui d'une personne à qui vient une idée subite. Une fois, deux fois, elle ébauche un petit effort comme si elle voulait se tourner sur le côté. Voici que ce mouvement s'accomplit. Appuyée sur son bras droit, elle étend la main gauche, et saisit le carton.

---

1. *De la suggestion*, etc., p. 60.

Elle regarde un instant : puis, émerveillée et ne pensant pas qu'on l'observe : « Ah ! »... dit-elle tout bas, en souriant avec une satisfaction marquée. Et elle continue de regarder et de sourire. Nous revenons vers elle. « Qu'avez-vous donc qui vous rend si heureuse ? lui dit M. Bernheim. — Mais, répond-elle timidement, vous voyez bien... là... — Je ne vois rien du tout que le numéro de votre lit. Y a-t-il autre chose ? — Mais oui, vous voyez bien. — Qu'est-ce enfin ? — Mais... mais, c'est mon portrait... C'est ainsi que je serai ?.... Je suis seulement un peu rouge. » Alors le docteur entreprend de lui prouver qu'il n'y a pas de portrait — lui affirme qu'il l'a endormie — qu'elle rêve — qu'elle doit bien se souvenir qu'il lui a joué d'autres fois de pareils tours. Rien ne peut la tirer de son illusion. « Mais enfin, où est-il ce portrait ? — Là. » Elle montre du doigt un point du carton. — « Le voyez-vous bien clairement ? — Oui. — Pourriez-vous le dessiner » ? Un interne passe un crayon. Elle essaie de tracer le contour de son image. Mais au bout de quelques instants, elle s'arrête : « Je ne vois plus... dit-elle, il n'y a plus rien. » Le portrait s'était évanoui.

IV

Mais outre l'hallucination positive, dont nous venons de parler, il se produit parfois un phénomène que l'on a appelé l'*hallucination négative*. Dans l'état d'hallucination positive on voit ce qui n'est pas ; l'hallucination négative empêche de voir ce qui est.

« Chez certains, écrit M. Bernheim, on peut suggérer pendant le sommeil une *hallucination négative* [1] : ceci ne réussit que sur les somnambules profonds. Un jour, je me trouvais chez le Dr Liébeault : il suggère à une femme endormie — ce n'était pas une hystérique — qu'à son réveil, elle ne me verrait plus ; je serais parti, ayant oublié mon chapeau. Avant de partir, elle prendrait mon chapeau, le mettrait sur sa tête et me l'apporterait à mon domicile.

« Quand elle se réveilla, je me plaçai en face d'elle. On lui demanda : « Où est le Dr Bernheim » ? Elle répondit : « Il est parti ; voici son chapeau. » Je lui dis : « Me voici, Madame, je ne suis pas parti, vous me reconnaissez bien. » Elle ne répondit rien. Au bout de cinq minutes, après avoir laissé la première impression s'effacer, je m'assis à côté d'elle et lui demandai : « Y a-t-il longtemps que vous venez chez M. Liébeault » ? Elle ne me répondit rien, comme si elle ne m'avait ni vu ni entendu. Une autre personne lui fit la même question. Elle répondit immédiatement : « Depuis quinze jours. » Là-dessus, je continuai : « Et vous allez mieux, Madame, n'est-ce pas, depuis le traitement » ? Même silence. Réponse à la personne voisine. Je mis mes

---

1. MM. Binet et Féré ont critiqué cette expression, dans la *Revue philosophique*, (janvier 1885). Mais comme leur critique n'est pas très fondée, et qu'ils n'en ont point proposé de meilleure, nous gardons l'expression, au moins provisoirement.

mains devant ses yeux pendant deux minutes ; elle ne sourcilla pas, je n'existais pas pour elle. Enfin, quand elle partit, elle prit mon chapeau, le mit sur sa tête et sortit. M. Liébeault la suivit dans la rue et lui redemanda le chapeau, disant qu'il se chargeait lui-même de me l'envoyer [1]. »

Si frappante que soit cette expérience, j'en ai vu faire une autre à l'illustre professeur de Nancy, qui l'est bien davantage.

C'était encore à l'hôpital, non dans une salle de malades, mais dans le cabinet du docteur, où il avait voulu me présenter plusieurs sujets intéressants. Parmi eux se retrouvait notre alcoolique de tantôt. Étaient aussi présents plusieurs docteurs en médecine, et quelques internes.

Après avoir endormi, à la file, sept ou huit hommes, et donné à chacun la suggestion qui lui convenait, il nous dit, en désignant le vieil ouvrier de faubourg : « Tenez, celui-ci va sortir un instant dans le corridor : après deux minutes il rentrera, et ne me verra plus, il ne pourra plus me voir. » L'homme sort, et rentre presque aussitôt après. M. Bernheim se place droit en face de lui, et lui dit : « Eh ! bien, vous me voyez, sans doute ; je suis toujours ici. » Pas de réponse : les yeux du sujet sont fixés sur M. Bernheim, mais ce sont des yeux qui ne voient pas. Nous lui disons : « Mais, vous voyez bien M. Bernheim, il vous touche presque. — M. Bernheim ! mais il n'est pas ici ; je ne peux pas voir

---

[1]. *De la suggestion*, etc., p. 63.

M. Bernheim. » Celui-ci le prenant par les épaules, le secoue fortement, et lui crie dans l'oreille : « Vous voyez bien que j'y suis : je ne suis pas si difficile à apercevoir: sûrement, vous me voyez ». Pas un mot : pas le moindre jeu de physionomie indiquant qu'il voit ou entend le docteur.

A ce moment, M. Bernheim prend une grande épingle, et lui crible les deux mains de piqûres. Il se laisse faire, avec une impassibilité absolue, ne retirant pas les mains, ne marquant par le moindre mouvement, ni une douleur, ni une impression quelconque. M. Bernheim n'existe vraiment pas pour lui. Voulant pousser la démonstration jusqu'au bout, le hardi opérateur lui pique les lèvres, les joues, introduit l'épingle dans les narines. sous les ongles. Rien. Prenant alors la paupière de l'œil gauche entre le pouce et l'index, il la retourne : puis, sur la muqueuse oculaire ainsi mise à découvert, il appuie la pointe de l'épingle. Pas le plus petit frisson.

A ce moment, je vois perler le sang sur ses mains. aux endroits des piqûres ; je lui dis : « Regardez donc comme vos mains saignent. — C'est vrai, répond-il. Hein, je n'ai pourtant pas déjà tant de sang à perdre. Je ne sais pas d'où ça vient. — Mais c'est M. Bernheim qui vous a fait tout cela. » Il me regarda d'un air ébahi, ne comprenant pas ce que je voulais lui dire.

CHAPITRE V

ÉTRANGES PHÉNOMÈNES QUI ACCOMPAGNENT L'HYPNOSE.

(*Suite.*)

Après ce que je viens de rapporter sur les *hallucinations* et les *illusions* de la vue en l'état dit hypnotique, rien de ce qui se passe durant l'hypnose ne paraîtra plus surprenant. Il s'y passe pourtant encore des choses bien curieuses. M. le docteur Pitres et M. Bernheim vont nous en convaincre tout à l'heure.

Transportons-nous à la clinique de l'éminent professeur de Bordeaux, et suivons ses expériences. Le sujet sur lequel il opère est cette jeune hystérique, Albertine, qu'il nous a déjà présentée.

Il l'endort, et, à un moment où la rue est profondément silencieuse, il lui dit qu'une musique militaire passe, et qu'elle écoute. « Elle déclare qu'en effet les musiciens jouent une belle marche ; elle paraît ravie d'entendre les tambours et les clairons, et si, pour lui faire mieux définir ses sensations, j'ajoute que je ne distingue pas très clairement cette musique, elle me répond ce mot charmant : « Il faut que vous soyez sourd, car ils font assez de bruit. » Mais si j'affirme nettement que la musique a cessé de jouer, l'hallucination cesse du coup, et la malade n'entend plus ni clairons ni tambours[1] ».

L'habile expérimentateur continue :

« Les illusions suggérées des sens du goût et de l'odorat peuvent également donner lieu à des expériences très convaincantes. Je verse un liquide dans un verre et je l'offre à Albertine en lui disant que c'est de l'anisette : elle le déguste avec délices. Or ce liquide n'est autre chose que de la tisane d'hôpital. Je mets sur sa langue de la poudre de sucre, et je lui dis que c'est de l'aloès : elle crache aussitôt, s'essuie la langue avec son mouchoir et me reproche vivement de lui avoir fait avaler « une saleté pareille, si amère et si désagréable ». Pour lui faire passer ce goût, je lui offre une gorgée d'eau sucrée qu'elle boit avec le plus grand plaisir et qu'elle trouve excellente, bien qu'en réalité ce soit une solution fort amère de sulfate de quinine. Enfin pour achever de chasser le goût de l'aloès, je lui offre une pomme, et vous voyez qu'elle y mord à belles dents et paraît se régaler en croquant..... une pomme de terre toute crue.

« Des phénomènes de même ordre se produisent sur le sens de l'odorat. « Vous aimez l'odeur de l'eau de Lubin, Albertine? — Oui, Monsieur, beaucoup. — En voici un flacon, sentez-le. » C'est en réalité un flacon d'ammoniaque qu'elle renifle avec délices ; elle le trouve même si parfumé qu'elle nous prie d'en verser quelques gouttes sur son mouchoir. Voici un autre flacon que je

---

[1]. *Leçons cliniques sur l'Hystérie et l'Hypnotisme*, t. II, p. 159.

mets sous son nez en lui disant : « Je ne sais pas ce que c'est, mais ça sent bien mauvais. — Quelle horreur! répond-elle en le repoussant violemment, ça sent le pourri. » En fait, le flacon contient de l'eau pure, et n'a aucune odeur appréciable[1]. »

Encore plus étonnant, M. Bernheim avec son Théophile, garçon de quatorze ans, entré à l'hôpital pour une néphrite, dont il fut du reste bientôt guéri.

« Théophile a l'ouïe très bonne ; l'oreille droite entend le tic tac d'une montre à 94 centimètres, l'oreille gauche à 87. Je lui dis : « Tu entends très bien et très loin de ton oreille *gauche*, mais ton oreille droite entend difficilement de très près. »

« Je mesure la distance à laquelle est perçu le tic tac de la montre, et j'obtiens 87 pour l'oreille gauche, et 2 centimètres seulement pour l'oreille droite. Je suggère le transfert qui se produit. Ces mensurations sont prises par mon chef de clinique, pendant que je tiens les yeux de ce jeune garçon hermétiquement fermés, ce qui me paraît exclure toute cause d'erreur.

« Je suggère une surdité complète unilatérale : il me dit ne pas entendre la montre appliquée contre l'oreille ; je transfère la surdité de l'autre côté. Je suggère une surdité complète bilatérale : il affirme ne plus entendre le tic tac de la montre, ni de l'une ni de l'autre oreille[2]. »

Il va sans dire que M. Bernheim joue avec la sensibilité générale, tout comme avec les sens particuliers. Écou-

---

1. *Leçons cliniques*, etc., t. II, p. 159.
2. *De la suggestion*, etc., p. 122.

tons-le encore : « Après avoir constaté que la sensibilité de G... est partout intacte, je lui dis : « Vous ne sentez plus absolument rien du membre supérieur droit ; il est comme mort » : elle ne réagit plus à la piqûre d'épingle... Pour exclure toute idée de supercherie, je me suis servi d'un chariot de Dubois-Reymond, variant l'intensité du courant en éloignant ou rapprochant l'une de l'autre la bobine inductrice de la bobine induite. Une règle graduée en centimètres indique le degré d'écartement des bobines. Or, j'ai constaté préalablement que le fourmillement électrique est perçu par cette malade quand l'écartement est de 5 ; et que la douleur devient insupportable, la malade retire vivement son bras, quand cet écartement est de 3 à 2 ; ces chiffres restent absolument les mêmes quand on lui ferme les yeux hermétiquement, de façon qu'elle ne puisse pas voir le degré d'écartement ; et j'ai fait cette constatation plusieurs fois. J'ai établi par là que la douleur est perçue réellement et n'est pas simulée.

« Cela posé, je provoque l'anesthésie par affirmation, et je place la pince électrique sur le bras, avec le courant maximum, en recouvrant la bobine inductrice par l'induite. La perception douloureuse ainsi produite normalement est absolument insupportable ; la simulation d'une pareille analgésie, disait mon collègue Victor Parisot, qui a bien voulu contrôler cette expérience, serait plus merveilleuse que la production de l'analgésie. Or, la malade ne manifeste aucune réaction, affirme ne pas sentir son bras, garde la pince électrique sur lui indifféremment jusqu'à ce que je dise : « Le bras est de nouveau sensible. » Au bout d'une seconde, elle le retire vivement. Je produis la même analgésie, par affirmation, sur tous les points du corps. Cette expérience avec contrôle a été répétée devant plusieurs collègues : je la reproduis souvent quand je passe devant la malade [1]. »

La suggestion atteint le sens musculaire comme tous les autres sens. La malade à qui M. Bernheim disait tout à l'heure : « Vous ne sentez plus absolument rien au membre supérieur droit; il est comme mort », ne sait pas si son bras est en l'air ou sous les couvertures [2].
— Parlant d'un de ses sujets en état d'hypnotisme, M. Paul Richer dit : « B... est hémi-anesthésique à droite... Elle ne peut se tenir sur la jambe droite sans être appuyée contre un meuble. Perte du sens musculaire. Les yeux fermés elle ne peut arriver à toucher son nez de l'index droit : elle ne se rend aucun compte de la position imprimée au bras droit et à la jambe du même côté [3]. »

Un phénomène qui produit la plus vive impression sur ceux qui en sont témoins pour la première fois, c'est l'empire exercé par la suggestion sur les facultés motrices.

Les livres d'hypnotisme sont remplis des récits les plus curieux sur ce sujet. Parmi toutes ces expériences, je n'en veux rapporter qu'une, bien ancienne puisqu'elle date du 20 avril 1860, mais plus intéressante encore, et

---

1. *De la suggestion*, p. 123.
2. *Ibid.*
3. *Études cliniques sur la grande hystérie*, p. 659.

d'une portée psychologique considérable. L'auteur de cette expérience fut M. le docteur Durand de Gros ; le sujet, M. Laverdant, publiciste, compatriote et ami de M. Brown-Séquard. M. Laverdant voulut écrire lui-même l'histoire de son sommeil ; et il le fit dans une lettre qui inspire au docteur à qui elle était adressée ces réflexions fort justes : « Cette auto-observation hypnotique emprunte une importance exceptionnelle à cette circonstance, qu'elle est l'œuvre d'un homme grave, d'âge mûr, intelligent et instruit, qui s'est curieusement appliqué à analyser les phénomènes de la suggestion sur lui-même. Grand, fort et beau, *mens sana in corpore sano*, Laverdant frisait la cinquantaine quand il devint mon sujet d'expérience : c'est assez dire que son cas est aussi peu que possible à citer à l'appui de cette doctrine de la Salpêtrière, qui veut que toute personne suggestionnable soit une hystérique ou un hystérique[1]. »

Après avoir raconté, au commencement de sa lettre, dans quelles circonstances il s'était prêté aux expériences d'hypnose, sans enthousiasme aucun, uniquement pour faire plaisir à ses amis du Cercle de la rue Richelieu, comptant bien ne pas être endormi ; et comme il s'était trouvé pris par le sommeil, M. Laverdant continue en ces termes :

« Bientôt commença votre action sur moi, et je devins véritablement machine sous votre volonté motrice.

---

1. Ces paroles sont tirées du livre que vient de publier M. Durand de Gros sur *Le Merveilleux scientifique*, p. 232. Mais le savant docteur avait déjà publié la lettre de M. Laverdant dans son *Cours historique et pratique de Braidisme*, en 1860.

Vous affirmiez un fait : de prime abord, j'hésitais à croire ; et tout aussitôt j'étais obligé de me rendre à l'évidence du fait accompli.

« — Vous ne pouvez plus ouvrir les yeux. » Et vainement j'essayais de les ouvrir, et vainement mes sourcils se relevaient, et la peau de mon front se ridait soulevée : les paupières restaient collées.

« — Vous êtes cloué sur ce fauteuil, vous ne pouvez plus vous lever. » Et vainement mes bras libres, et qui passent pour très vigoureux encore, s'appuyant aux bras du fauteuil, essayèrent de soulever la masse inerte du bassin et des jambes : j'étais cloué.

« — Levez-vous. Vous ne pouvez plus ni vous asseoir ni vous baisser. » Et tous mes efforts pour changer de place et rompre cet état de paralysie ridicule demeuraient infructueux. J'étais libre jusqu'à la taille à peu près, dans tout le reste du corps, asservi.

« Pendant que ces opérations suivaient leurs cours, je causais avec les spectateurs les plus voisins de l'estrade, et je donnais à la masse du public le détail de mes impressions, soit spontanément, soit pour répondre aux questions qui m'étaient adressées.

« — Vous ne pouvez plus ouvrir la bouche. » Et mes mâchoires se trouvèrent tout à coup soudées indissolublement.

« Ici l'expérimentateur, après avoir ainsi directement paralysé mon système musculaire, s'avisa de faire mouvoir ma machine à son gré, contre mon vouloir.

« — Tournez vos bras l'un sur l'autre. » Je le fis volontairement.

« — Allez vite. Bien, vous ne pouvez plus vous arrêter. » Et mes bras tournèrent violemment, indéfiniment, et je ne pus les retenir, malgré que je fisse des efforts résolus et puissants pour les comprimer, les opposant dans des axes contraires, les froissant l'un contre l'autre dans ma lutte désespérée. J'y épuisai vite mes forces inutilement.

« Puis vinrent deux expériences sur les perturbations des sens, qui échouèrent [1]. »

M. Durand, présentant un verre d'eau à M. Laverdant, lui avait suggéré qu'il allait goûter un de nos bons vins de France. L'illusion n'eut pas lieu. Il lui présenta ensuite de l'ammoniaque disant qu'il voulait lui faire respirer l'odeur de jamrose, un produit des tropiques. M. Laverdant ne sentit que l'ammoniaque. Sur quoi, il continue en ces termes son récit :

« Comme j'achevais d'expliquer au public l'effet un peu manqué de l'ammoniaque, l'expérimentateur me dit :

« — Vous allez bégayer ; bégayez, vous ne pouvez plus vous empêcher de bégayer. » Et j...j...j... je bé...gayai, à mon grand regret, en vérité, et commençai à être un peu confus et honteux des faiblesses de ma pauvre chair.

« — Vous allez perdre la faculté d'émettre la voyelle A... Essayez, vous ne pouvez pas dire A. Et il y eut dans l'assemblée un murmure de doute et des sourires ; je souris moi-même faisant un grand geste de doute

---

1. *Le Merveilleux scientifique*, p. 223.

et de mauvaise humeur : mais il me fut impossible de dire A.

« L'expérimentateur me dit d'écrire mon nom, et l'un de mes voisins, témoin d'une autorité assurément très sérieuse, le rédacteur distingué de la *Revue des Deux-Mondes* et du *Journal des Débats*, membre du conseil général de l'Algérie, M. Jules Duval, mon excellent ami, me présenta un livre qu'il tenait à la main. J'écrivis mon nom, moins les deux A qu'il contient. Vainement fis-je des efforts énergiques pour tracer ces deux lettres proscrites ; ma main écartait le crayon sans pouvoir même tracer un jambage [1]. »

II

Il est donc bien établi que, durant l'hypnose, la suggestion exerce l'empire le plus étendu, en même temps que le plus extraordinaire, sur la vue, l'ouïe, l'odorat, le goût, la sensibilité générale, le sens musculaire, les facultés motrices. Aurait-elle le même pouvoir sur l'imagination, le sentiment, la mémoire, la volonté? Les faits vont répondre.

Ne parlons pas de l'imagination. On sait de reste, après ce que nous avons vu, que les hypnotistes font apparaître sur un écran l'image de tout ce qui leur

---

[1]. *Le Merveilleux scientifique*, p. 224.

plaît, sous des couleurs si vives que l'hypnotisé, parfois même après le réveil, ne sait plus distinguer entre le fantôme et la réalité. Mais peuvent-ils avec le même succès faire appel au sentiment et provoquer les émotions? — Sans aucun doute.

J'ai vu des hommes, au moyen d'une série de suggestions bien conduites, passer en quelques minutes par tous les degrés qui séparent une désolation profonde de la joie délirante. « Vous êtes mélancolique, vous êtes triste, vous êtes horriblement affligé : vous êtes content, vous voilà joyeux, vous êtes très gai. » Et, suivant le cas, les traits du visage se contractaient ou se dilataient, des larmes perlaient aux paupières ou un éclair de satisfaction brillait à la prunelle, nous entendions des lamentations déchirantes, ou des rires éclatants et des chansons. La crainte, l'épouvante, l'horreur, la colère, la compassion, la tendresse, la dévotion, tous les sentiments imaginables peuvent être efficacement suggérés.

Un jour, l'on avait endormi en ma présence une modeste et timide fillette de douze ou quatorze ans, atteinte de troubles nerveux que les médecins, à bout de ressources, avaient entrepris de traiter par l'hypnotisme. Pour développer la suggestionabilité [1] de l'enfant, l'opérateur présentait à son imagination une suite variée de tableaux, et lui commandait certains actes

---

1. M. Durand de Gros, dans son nouveau livre, *Le Merveilleux scientifique*, p. 167, trouve que le mot suggestibilité, dit d'un sujet, est impropre et inexact. Un sujet n'est pas suggestible, mais suggestionnable. Il me semble avoir raison.

simples et faciles qu'il savait répondre à ses goûts.
« Vous êtes dans un beau jardin, rempli de fleurs, venait-il de lui dire. Voici des roses, des lis, des œillets, un buisson de jasmin... » Et l'enfant souriait émerveillée du spectacle qui s'offrait à ses yeux. « Je vous permets de faire un bouquet. » Son visage rayonna de bonheur. Aussitôt elle se penche et se met au travail. De la main droite, elle détache une première fleur qu'elle serre dans sa main gauche : et la voilà qui coupe autour d'elle et ramasse lis, œillets et roses, toujours assise sur son fauteuil, — car il paraît que les fleurs viennent d'elles-mêmes se faire cueillir. Du reste elle ne les prend point au hasard; sa main hésite et fait son choix; elle les dispose avec ordre; le bouquet sera suivant les règles... « Votre bouquet est charmant, il s'en dégage un parfum exquis. » Elle le contemple et l'odore à plusieurs reprises avec une complaisance et une satisfaction marquées... « Si vous m'en croyez, vous allez offrir ce beau bouquet à la Vierge... demandez-lui avec ardeur qu'elle vous guérisse. » Aussitôt la pauvre enfant se dresse sur le bord du fauteuil, élève de ses deux mains le bouquet, et fixe un regard suppliant sur le point de la muraille où elle se représente la Madone. Son visage prend une expression de ferveur candide qui émeut tous les assistants; elle agite doucement les lèvres, puis ses joues se colorent vivement, la poitrine se soulève et la respiration devient haletante... Il n'eût pas été prudent de laisser durer et grandir une telle exaltation... « Le bouquet est accepté... il n'est plus entre vos mains... Vous voilà contente, et parfaitement

à votre aise. » Et à l'instant elle se calme et tout en elle exprime la tranquillité et le bien-être.

Et la mémoire ? Se défendra-t-elle mieux que les autres facultés ? M. Liégeois va nous édifier sur ce point.

« L'une des plus curieuses expériences faites à Nancy par Hansen, le magnétiseur qui a expérimenté en 1879 à Breslau, devant M. le professeur Heidenhein, l'une de celles qui excitaient parmi les spectateurs le plus vif étonnement, consistait dans la production d'une amnésie partielle. Le sujet questionné sur ses noms, prénoms, âge, lieu de résidence, répond d'abord comme il convient, puis, on lui affirme qu'il a oublié tout cela, qu'il ne sait plus qui il est, dans quelle ville il se trouve, etc. Interrogé de nouveau, il déclare qu'en effet il ne peut plus répondre à ces questions [1]. »

En fait d'amnésie partielle, une des formes les plus singulières est assurément ce que l'on appelle l'onomatomanie, ou impuissance de la mémoire à se rappeler les noms propres. M. Liégeois est parvenu à la reproduire expérimentalement. Il avait à sa disposition deux sujets intelligents qui suivaient depuis quelque temps la clinique du Dr Liébeault, un jeune homme âgé de seize ans, M. Paul N..., et une jeune fille âgée de vingt ans, Mlle M..., pourvue du brevet de l'enseignement supérieur.

Un jour, il leur suggéra pendant le sommeil qu'une fois réveillés ils auraient perdu la mémoire des noms propres. Et en effet, il leur fut impossible d'en retrouver un seul, pas même le leur.

---

1. Liégeois, *De la suggestion et du somnambulisme*, p. 343.

Peu de temps après, M. Liégeois renouvelle l'expérience : même résultat.

« Je l'interroge (M. Paul N...) et lui demande successivement de me dire mon nom, celui de MM. Liébeault, Beaunis, etc. Il ne peut répondre. Je le prie de me dire dans quelle rue il demeure. Cette rue portait un nom propre, il lui est impossible de me l'indiquer. « Et moi, où demeuré-je ? — Rue de la Source. — Par où passe-t-on pour aller dans cette rue ? — Rue de la Monnaie. — Et après ? « Il ne me répond plus, parce que les autres rues portent des noms propres. Il ne peut se rappeler le nom des rues Stanislas, Saint-Dizier, etc.. Variant l'expérience, je dis à Paul N... et à Mlle M... : « Quand on vous dira un nom, vous pourrez le répéter une fois, mais pas davantage. Comment m'appelle-t-on ? — Liégeois. — Vous dites ? » Silence complet. « Et cette personne qui est là ? — M. Liébeault. — Vous avez parlé si bas que je n'ai pas entendu. Répétez, s'il vous plaît. » Même mutisme.

« Enfin, comme dernière expérience, je leur ai suggéré qu'ils ne pouvaient plus conjuguer aucun verbe, et qu'ils seraient forcés d'employer l'infinitif. Dès lors, ils se mirent à causer ensemble un vrai langage nègre. « Vous venir ici, moi étudier le soir, puis dessiner etc. »

« Cette expérience paraissait contrarier Paul N... et Mlle M... J'y mis fin promptement. Les deux sujets, pendant le cours de ces essais, étaient manifestement en proie à l'agacement et semblaient souffrir de ne pouvoir retrouver le mot cherché [1]. »

---

[1]. Liégeois, *De la suggestion et du somnambulisme*, p. 318.

Du reste, on peut produire par suggestion, non seulement l'amnésie partielle, mais la perte totale des souvenirs. M. Liégeois y a réussi plusieurs fois.

« Je dis à Mme T... « Vous ne vous souvenez plus de rien : vous ne savez pas si vous êtes morte ou vivante, homme ou femme, si vous êtes mariée, si vous avez des enfants, etc. A tout ce qu'on vous demandera vous répondrez invariablement : « Je ne sais pas. »

« Interrogée par quelques-uns des assistants, Mme T..... dont le regard a pris une étrange expression de stupeur, répond à tout le monde : Je ne sais pas..., je ne sais pas..., je ne sais pas. Son cerveau semble avoir été, en un instant, privé de toutes les idées qu'a pu y imprimer sa vie passée : il ne présente plus qu'un vide immense, absolu, insondable !

« Renouvelée avec Mme D..., l'expérience a donné un résultat identique. » — Mais l'hypnotisme a une autre façon non moins étrange d'exercer sa puissance sur la mémoire. Au lieu de faire que le sujet oublie ce qu'il savait, il peut faire qu'il se souvienne de ce qu'il n'a jamais su, ni vu, ni entendu. J'en ai moi-même été témoin.

Un matin que M. Bernheim visitait ses malades de l'hôpital Saint-Charles, à Nancy, et qu'il semblait prendre plaisir à nous émerveiller par ses suggestions dont plusieurs nous valaient de vrais petits coups de théâtre, je le vis porter son regard, scrutateur et troublant, sur un grand jeune homme d'une vingtaine d'années, qui jusque-là causait tranquillement au fond de la salle avec un groupe de convalescents comme lui. « Où étiez-vous hier »? lui dit vivement le docteur. — Je suis sorti après le déjeuner. — Où êtes-vous allé ? — Chez ma mère, dans le faubourg. — Qu'avez-vous fait en revenant ? — Rien. — Vous n'avez rien fait ? — Non. — Et cette dispute ? — Je n'ai pas eu de dispute. — Ah! hier, à deux heures, vous ne vous êtes pas querellé ?... là-bas... derrière l'Hôtel de Ville ?... Et un agent de police n'est pas venu... qui vous aurait emmené en prison lorsque ce religieux (il me désignait) est intervenu et a plaidé en votre faveur ? (M. Bernheim me disait alors tout bas : « Je lui fournis ces détails pour lui permettre de bâtir plus facilement l'histoire que je veux qu'il nous conte. ») — Je vous assure, Monsieur, qu'il n'y a rien eu de tout cela. Je suis revenu tranquillement de chez ma mère, sans rien dire à personne... « Il ne se souvient plus, dit alors aux assistants M. Bernheim, mais vous allez voir, la mémoire lui reviendra tout à l'heure. Tenez, j'aperçois déjà qu'il se rappelle un peu..... Mais oui, c'était à deux heures, derrière l'Hôtel de ville. — Cela me surprend..... mais, je croyais n'avoir rien eu avec personne... — Vous vous souvenez bien, maintenant..... l'agent de police..... le religieux..... Allons, racontez-nous comment les choses se sont passées..... Je veux tout savoir..... Il va tout nous dire. — Eh bien ! voilà, dit alors le jeune homme, dont le regard avait pris cette expression de vague étrange propre aux somnambules..... Je m'en revenais de chez ma mère..... deux hommes passent près de moi..... l'un qui me monte sur le pied..... Et comme j'ai perdu un orteil, cela me fait beaucoup souffrir, et je me fâche... je donne des coups..... il vient deux agents, qui veulent m'emmener au poste, derrière l'Hôtel de ville..... Ce monsieur (il me désigne) parle pour moi..... et ils me laissent tranquille..... — C'est bien là ce qui est arrivé? — Oui, Monsieur. — Vous mentez. — Non, Monsieur. — C'est une histoire inventée. — Non, Monsieur. — C'est moi qui vous ai fait accroire tout cela. — Non, Monsieur, je suis bien sûr de ce que je dis. — Vous êtes sûr que c'est arrivé? — Oui, Monsieur, j'en suis sûr. — Vous en jureriez? — Oui, Monsieur. — Jurez... Il lève la main avec résolution, et la tient indéfiniment haut levée[1].

Après cela, il ne nous reste plus évidemment qu'à dire : si l'hypnotisé n'est pas totalement asservi et subjugué par celui qui l'endort, c'est que sa liberté demeure encore et lutte; sa volonté est le dernier refuge de son indépendance. Hélas! ce refuge offre bien peu de sécurité et de garanties, Braid écrivait : « L'hypnotisé est sous mon bon plaisir, comme l'instrument de musique est sous la main de l'artiste qui lui fait jouer tous les airs qu'il lui plaît[2]. » C'est exact. L'hypnotisé arrive à n'avoir plus d'autre volonté que celle de l'expérimentateur.

« Dans l'inertie d'attention où le somnambulisme réduit les sujets, ils ne peuvent se défendre d'accepter les idées que celui-ci (l'endormeur) leur impose; ils tom-

---

1. Ce phénomène des *hallucinations rétroactives*, ou *souvenirs illusoires rétroactifs*, comme préfère l'appeler M. Forel, a été le sujet d'une très intéressante communication de M. Bernheim au premier congrès international de l'hypnotisme, tenu à Paris, en avril 1889. V. le volume des *Comptes rendus*, p. 291.

2. *Neurypnologie*.

bent en son pouvoir, ils deviennent son jouet : illusions, hallucinations, croyances fausses, perte de sens moral, impossibilité de résister aux suggestions vers le vice, mise à exécution des projets les plus dangereux pour soi ou pour les autres etc., l'endormeur peut tout développer dans l'esprit des somnambules et le leur fait mettre à exécution, non seulement dans leur état de sommeil, mais encore après qu'ils en sont sortis[1]. »

Je pourrais citer des faits innombrables à l'appui de cette grave assertion, quelques-uns vont suffire :
« Cl..... est un homme de quarante-quatre ans, — c'est M. Bernheim qui parle, — photographe, né à Bordeaux et qui m'a été adressé par le Dr Liébeault..... L'intelligence est nette, la mémoire conservée, Cl..... répond bien à toutes les questions..... D'un caractère calme et doux, il est simple et réservé dans ses allures.... Il me suffit de placer deux doigts devant ses yeux pour que, en quelques instants, ses paupières clignotent, puis se ferment : il est hypnotisé.....

« A ma volonté, il exécute tous les actes que je lui commande : je lui fais voler une montre dans le gousset d'une personne; je lui ordonne de me suivre pour la vendre, je le conduis à la pharmacie de l'hôpital, boutique de brocanteur imaginaire, pour vendre la montre ; il la vend au prix qu'on lui fait et me suit ayant tout l'aspect d'un voleur ; en route, je lui fais montrer le poing à un infirmier, faire le pied de nez aux religieuses qu'il rencontre. Tout s'accomplit sans hésitation.

---

1. Liébeault, *Le sommeil provoqué*, p. 519.

« Désireux de voir jusqu'où peut aller la puissance de la suggestion chez lui, j'ai un jour provoqué une scène véritablement dramatique. Je lui ai montré contre une porte un personnage imaginaire, en lui disant que cette personne l'avait insulté ; je lui donne un pseudo-poignard (coupe-papier en métal) et lui ordonne d'aller le tuer. — Il se précipite et enfonce résolument le poignard dans la porte, puis reste fixe, l'œil hagard, tremblant de tous ses membres. « Qu'avez-vous fait, malheureux ? Le voici mort. Le sang coule. La police vient. » Il s'arrête terrifié ! on l'amène devant un juge d'instruction fictif, mon interne..... Pourquoi avez vous tué cet homme ? — Il m'a insulté. — On ne tue pas un homme qui vous insulte. Il fallait vous plaindre à la police. Est-ce que quelqu'un vous a dit de le tuer ? » Il répond : « C'est M. Bernheim. » Je lui dis : « On va vous mener devant le procureur. C'est vous seul qui avez tué cet homme. Je ne vous ai rien dit, vous avez agi de votre propre chef. »

« On le mène devant mon chef de clinique, faisant fonction de procureur. » Pourquoi avez-vous tué cet homme ? — Il m'a insulté. — C'est étrange ! On ne répond pas à une insulte par un coup de poignard ! Étiez-vous dans la plénitude de vos facultés intellectuelle ? On dit que vous avez le cerveau dérangé parfois. — Non, Monsieur. — On dit que vous êtes sujet à des accès de somnambulisme. Est-ce que vous n'auriez pas obéi à une impulsion étrangère, à l'influence d'une autre personne qui vous aurait fait agir ? — Non, Monsieur, c'est moi seul qui ai agi, de ma propre initiative, parce qu'il m'a insulté ! — Songez-y, Monsieur, il y va de votre vie. Dites franchement, dans votre intérêt, ce qui est. Devant le juge d'instruction, vous avez affirmé que l'idée de tuer cet homme vous avait été suggérée par M. Bernheim. — Non, Monsieur, j'ai agi tout seul ! — Vous connaissez bien M. Bernheim, vous allez à l'hôpital où il vous endort. — Je connais M. Bernheim seulement parce que je suis en traitement à l'hôpital où il m'électrise pour guérir ma maladie nerveuse, mais je ne le connais pas autrement. Je ne puis pas vous dire qu'il m'a dit de tuer cet homme, parce qu'il ne m'a rien dit. » Et le procureur improvisé ne put lui arracher la vérité, parce que la vérité pour lui était ma suggestion dernière, qu'il avait agi de son propre mouvement. La signification de cette expérience au point de vue psychologique et médico-légal appelle bien des réflexions[1]. »

« Je présente à Th..., dit à son tour M. Liégeois, une poudre blanche dont il ignore la nature. Je lui dis : « Faites bien attention à ce que je vais vous recommander. Ce papier contient de l'arsenic. Vous allez tout à l'heure rentrer rue de ..., chez votre tante Mme V... ici présente. Vous prendrez un verre d'eau, vous y verserez l'arsenic, que vous ferez dissoudre avec soin ; puis vous présenterez le breuvage empoisonné à votre tante. — « Oui Monsieur. » — Le soir, je reçois de Mme V... un mot ainsi conçu : « Mme V... a l'honneur d'informer M. L... que l'expérience a parfaitement réussi. Son neveu lui a versé le poison [2]. »

1. *De la suggestion*, etc. p. 87.
2. Liégeois, *De la suggestion et du somnambulisme*, p. 135.

Autre expérience du même auteur : « Mme D... est une jeune personne fort intelligente ; elle a reçu une excellente éducation ; elle résiste d'abord énergiquement à toute suggestion qui la place en dehors de la vérité des faits ; puis peu à peu l'hésitation arrive, et finalement la pensée, l'acte suggéré, s'imposent à sa volonté défaillante. Je lui suggère l'idée qu'elle me doit mille francs ; j'ajoute que je désire avoir un billet signé d'elle. Elle se récrie.... je ne lui ai rien prêté, et jamais elle ne reconnaîtra une dette qui n'existe pas. J'insiste. L'hésitation apparaît, puis bientôt la lumière se fait et la conviction se forme. La mémoire revient à Mme D.; elle reconnaît devant témoins que mon prêt est réel, et elle souscrit le billet suivant :

« Au 1er janvier prochain, je paierai à M. L.., ou à son ordre la somme de mille francs, valeur reçue comptant.

« Nancy, le 19 décembre 1883.

« *Bon pour mille francs.*

« Signé D... ».

« Le *bon pour* est de la main de la débitrice, conformément à la loi [1]. »

C'est en vain que l'on émettrait un doute au sujet de la sincérité des personnes qui reçoivent et exécutent les suggestions. Car, pour une expérience dont il est permis de se défier, l'on vous en apportera cent autres qui ne

---

1. Liégeois, *De la suggestion et du somnambulisme*, p. 139.

prêtent pas au moindre soupçon raisonnable. A coup sûr, elle était sincère, cette jeune fille à qui M. Liébeault avait fait croire qu'elle était au confessionnal, et qui commençait naïvement sa confession ; et cette femme qui, pressée de questions par le professeur Blandin et ne pouvant résister à ses ordres, finissait par dire, la rougeur au front : « Mon Dieu ! j'ai aimé M..... » ; et cette autre, qui, cédant aux injonctions de MM. Demarquey et Giraud-Teulon, leur fit des *confidences tellement graves, tellement dangereuses pour elle-même,* qu'ils s'empressèrent de la réveiller [1]. De tels faits prouvent à l'évidence que les sujets, à parler en général, ne trompent pas ; — mais ils ne prouvent pas moins, il faut le dire, que les expérimentateurs sont loin de respecter toujours la discrétion et les convenances.

Contre la vérité de cette assertion, que la volonté de l'hypnotisé est asservie à l'hypnotiseur, l'on a invoqué quelques expériences et diverses observations. MM. Bernheim [2], Gille de la Tourette [3], Paul Richer [4], Binet et Féré [5], Pitres [6], etc. assurent avoir souvent rencontré des résistances dans leurs sujets. Tel, si on lui commande de voler, s'indigne. Cette femme, à qui l'on propose une inconvenance, résiste énergiquement, et rappelle la ré-

---

1. Liégeois, *De la suggestion et du somnambulisme*, p. 129.
2. *De la suggestion*, p. 52, 297, 300.
3. *L'hypnotisme et les états analogues au point de vue médico-légal*, p. 363.
4. *Études cliniques sur la grande hystérie*, p. 755.
5. *Le magnétisme animal*, p. 215.
6. *Leçons cliniques sur l'hystérie et l'hypnotisme*, t. II, p. 181.

7.

ponse si digne de cette brave paysanne à qui le marquis de Puységur disait qu'il l'obligerait bien à se dévêtir : « Oh ! non pas, Monsieur, ... mes souliers, mon bonnet, tant qu'il vous plaira ; mais, passé cela, vous n'obtiendrez rien. » — M. Pitres avait une malade dont il lui était impossible d'obtenir qu'elle frappât quelqu'un. « Si on le lui ordonnait énergiquement, elle levait la main et tombait aussitôt en léthargie[1]. » — Le docteur avait rendu aphonique pour vingt-quatre heures consécutives une de ses malades. Naturellement l'expérience ne fut pas au goût du sujet. « Aussi, poursuit M. Pitres, quand je tentai plus tard de la répéter, Albertine déclara qu'elle ne voulait pas être aphonique après le réveil et que, si je persistais à le lui ordonner, elle ne se laisserait pas réveiller. Je ne pensais pas alors qu'elle pût opposer, aux manœuvres que nous employons d'ordinaire pour provoquer ce réveil, une résistance quelconque. Je maintins l'injonction et je pratiquai l'insufflation sur les yeux, etc., etc. Le seul résultat que j'obtins fut de provoquer l'état léthargoïde à la place de l'état cataleptoïde. Je dus transiger, et déclarer à la malade qu'elle ne serait aphasiaque que pendant cinq minutes. Elle finit par accepter ces conditions, et je pus alors la réveiller sans difficulté. J'ai refait, depuis, cette expérience un certain nombre de fois, et toujours les résultats ont été les mêmes. » Enfin, le professeur de Bordeaux raconte une petite histoire qui, pour friser de près la plaisanterie, n'en renferme pas moins un indice sérieux et un enseigne-

---

1. *Leçons cliniques*, etc., II, p. 185.

ment pour la psychologie. Une malade de son service, très bonne somnambule, avait sur la lèvre supérieure beaucoup de petits points noirs ; et, sans qu'il fût nécessaire d'y regarder de près, chacun s'apercevait bien vite que, sans une coupe fréquente, elle eût bientôt porté l'ornement dont se glorifient nos vaillants sapeurs. M. Pitres, souvent, après l'avoir endormie, la plaisantait sur cette lèvre trop plantureuse ; et, à maintes reprises, il lui commanda impérieusement de lui dire par quel moyen elle la maintenait toujours dans l'état voulu et consacré par l'usage. « Jamais elle n'a répondu à cette question, jamais elle n'a consenti à dire si elle se servait de ciseaux ou de rasoirs, jamais elle n'a avoué qu'elle taillait de temps en temps les poils de sa moustache [1]. »

Il faut donc admettre que certains hypnotisés opposent une résistance à la suggestion quand le sommeil n'est pas assez profond ; quand on leur commande des actes trop contraires à leur inclination, à leurs goûts, à leurs habitudes. « Quelquefois on se heurte à des résistances inébranlables, absolues ; la malade refuse d'obéir, et si on insiste, elle a une crise convulsive et tombe en léthargie [2]. » Mais il n'est pas moins vrai que d'autres hypnotisés ne résistent pas : « Qu'en général il suffit d'ordonner énergiquement ou de répéter l'ordre avec fermeté pour vaincre toutes les répugnances [3] » ; qu'avec du temps, de la patience, et de l'habileté, tout porte à croire qu'il serait possible de réduire la volonté la plus rebelle. C'est

---

1. *Leçons cliniques*, etc., II, p. 186.
2. *Ibid.*, p. 189.
3. Pitres, *Leçons cliniques*, t. II, p. 185.

la conclusion que formulait naguère un des vétérans de l'hypnotisme, qui, après quarante ans de travaux et d'expérience, n'a pas craint d'écrire ces lignes :

« *La volonté de l'hypnotisé est plus apparente que réelle; elle n'est qu'une volonté fruste, incapable de se maintenir en face d'un expérimentateur qui sait vouloir et commander* [1]. »

III

Mais jusqu'ici nous n'avons parlé que des phénomènes *ordinaires* de l'état hypnotique. Il en est d'autres, comme nous l'avons dit, plus frappants encore, qui ne se produisent qu'exceptionnellement, en des sujets doués d'une complexion toute particulière, ou que l'on a soumis à une sorte d'entraînement spécial. Ces phénomènes sont au nombre de trois.

Le premier consiste en ce que l'on a appelé les *suggestions à longue échéance*. L'expérience typique en cette matière est celle de M. Liégeois. MM. Bernheim et Beaunis avaient déjà donné des suggestions à soixante-trois, cent, cent soixante-douze jours de date, qui avaient parfaitement réussi. Mais le 12 octobre 1885, à dix heures dix minutes du matin, M. Liégeois intime une suggestion à réaliser seulement le 12 octobre 1886, à la même heure, c'est-à-dire après trois cent soixante-cinq

---

1. M. le docteur Mesnet, dans son récent ouvrage, *le Somnambulisme provoqué et la fascination*, p. 253.

jours. Le sujet sur lequel opérait M. Liégeois était un jeune homme, excellent somnambule, qui se trouvait à la clinique de M. Liébeault. Voici du reste l'histoire authentique du phénomène, telle que je la trouve racontée dans le livre de M. Beaunis sur *le Somnambulisme provoqué*[1].

« Après avoir endormi le jeune Paul M..., l'expérimentateur lui dit :

« Dans un an, à pareil jour, voici ce que vous aurez l'idée de faire. Vous viendrez chez M. Liébeault dans la matinée. Vous direz que vos yeux ont été si bien depuis un an que vous devez le remercier, lui et M. Liégeois. Vous exprimerez votre gratitude à l'un et à l'autre et vous leur demanderez la permission de les embrasser, ce qu'ils vous accorderont volontiers. Cela fait, vous verrez entrer dans le cabinet du docteur un chien et un singe savants, l'un portant l'autre. Ils se mettront à faire mille gambades et mille grimaces et cela vous amusera beaucoup. Cinq minutes plus tard vous verrez arriver un bohémien suivi d'un ours apprivoisé. Cet homme sera heureux de retrouver son chien et son singe qu'il craignait d'avoir perdus; et pour amuser la société, il fera aussi danser son ours, un ours gris d'Amérique, de grande taille, mais très doux et qui ne vous fera pas peur. Quand il sera sur le point de partir, vous prierez M. Liégeois de vous donner dix centimes comme aumône au chien qui quêtera, et vous les lui remettrez vous-même. »

---

[1]. P. 236, et suiv.

Comme on le voit, pour une suggestion à échéance aussi longue, celle-ci était passablement compliquée. Une lettre de M. Liébeault apprit aux journaux quel en avait été le résultat. — Il n'est pas besoin de dire qu'un secret absolu avait été gardé par l'expérimentateur, et que personne n'avait rien dit au somnambule qui pût lui faire soupçonner ce qu'on attendait de lui.

« Le 12 octobre 1886, avant neuf heures, M. Liégeois était chez M. Liébeault. A neuf heures et demie, n'ayant rien vu venir, il croit l'expérience manquée et retourne chez lui.

« Mais, à dix heures dix minutes, arrive le jeune Paul : il adresse à M. Liébeault les remerciements qui lui ont été suggérés un an auparavant et dont l'idée, latente pendant 365 jours, vient de lui venir à l'heure prescrite : il s'est mieux souvenu de cette heure, lui qui n'y a jamais pensé, que M. Liégeois, qui l'a si longtemps attendue.

« Ayant remercié M. Liébeault, il s'informe de M. Liégeois : ne va-t-il pas venir ?

« Celui-ci, averti par exprès, arrivait. A sa vue, Paul se lève, il veut lui exprimer les mêmes sentiments de gratitude témoignés tout à l'heure au maître du logis. Puis l'hallucination jusque-là retardée par l'absence de son auteur se produit dans l'ordre prescrit. Sont présents, outre les deux savants précités : MM. Sch..., ingénieur civil à Nancy ; Deg..., ingénieur civil à Paris ; Des..., chef de bataillon d'infanterie de marine en retraite, et quinze à vingt autres personnes, tant malades que curieux.

« L'halluciné voit entrer un singe et un chien savants. Ces animaux se livrent à leurs exercices ordinaires. Il s'en amuse beaucoup. Les exercices terminés, il voit le chien tenant une sébile dans la bouche s'avancer vers lui. Il emprunte dix centimes à M. Liégeois et fait le geste de les donner à l'animal. Enfin, survient un bohémien qui emmène le singe et le chien. Quant à l'ours, il ne parut pas. Autre incorrection : Paul ne songea à embrasser personne. A part ces deux manquements, la suggestion s'est réalisée.

« L'expérience était terminée. Le jeune homme se plaignait d'un peu d'énervement. Pour le remettre en son assiette, M. Liégeois l'endormit du sommeil somnambulique, et profita de la circonstance pour demander quelques éclaircissements sur ce qui venait de se passer :

« Pourquoi donc avez-vous vu tout à l'heure ce singe et ce chien ? — Parce que vous m'en avez donné la suggestion le 12 octobre 1885. — Ne vous êtes-vous pas trompé d'heure ? Je croyais vous avoir indiqué neuf heures du matin. — Non, Monsieur, c'est vous qui faites erreur : vous m'avez endormi, non sur le banc où je suis assis en ce moment, mais sur celui qui est en face ; puis vous m'avez fait aller avec vous dans le jardin et m'avez dit de revenir dans un an à pareille heure ; or, il était alors dix heures dix minutes, et je suis arrivé juste à dix heures dix minutes. — Mais pourquoi n'avez-vous vu aucun ours et n'avez-vous embrassé ni M. Liébeault ni moi ? — Parce que vous ne m'avez dit cela qu'une fois, tandis que le reste de la suggestion a été dit deux fois.

« Tous les assistants sont frappés de la netteté et de la précision de ces réponses, et M. Liégeois déclare que les souvenirs du sujet lui paraissent plus exacts que les siens.

« Réveillé après dix ou quinze minutes, Paul M... tout à fait calmé, n'a aucun souvenir, ni bien entendu de ce qu'il vient de dire pendant ce court sommeil, ni de ce que, en conséquence de la suggestion du 12 octobre 1885, il a fait avant de s'endormir. »

L'objectivation des types (M. Ch. Richet), ou ce que d'autres appellent la *double conscience* (M. Azam), ou bien encore le *dédoublement de la personnalité* (MM. Féré et Binet, Liégeois, Bernheim, etc.) est le second des phénomènes hypnotiques extraordinaires.

Dès 1860, M. le Dr Durand, (de Gros), avait publié certaines expériences intéressantes sur ce chapitre. Mais les expériences classiques, on peut le dire, nous les devons à M. Ch. Richet. Voici comme il parle des deux personnes qui lui ont fourni ces curieuses observations :

« L'une, que je nommerai A... est blonde, forte, grande. C'est une mère de famille dont les convictions religieuses sont très fortes. Elle est femme d'un négociant distingué, qui a constamment habité la province... L'autre, que j'appellerai B... blonde, petite, est âgée de trente-deux ans. Son existence a été fort accidentée... La véracité de ces deux sujets, que j'observe avec soin depuis près de trois ans, me paraît hors de contestation.

« Endormies, et soumises à la suggestion, non seulement elles oublient qui elles sont, mais encore elles peuvent donner à leur *moi* des formes qui sont différentes des formes réelles : croire, par exemple, que leur *moi* est un soldat, un prêtre, une petite fille, un lapin ; et alors elles s'imaginent exister avec des formes de soldat, de prêtre, de petite fille, de lapin... Leur âge, leurs vêtements, leur sexe, leur situation sociale, leur nationalité, le lieu et l'heure où elles vivent, tout cela a disparu. Il ne reste plus dans l'intelligence qu'une seule image, qu'une seule conscience : c'est la conscience et l'image de l'être nouveau qui apparaît dans leur imagination... Elles vivent, parlent, pensent, absolument comme le type qu'on leur a présenté. Avec quelle prodigieuse intensité de vie se trouvent réalisés ces types, ceux-ci seuls qui ont assisté à ces expériences peuvent le savoir. Une description ne saurait en donner qu'une image bien affaiblie et imparfaite.

« Au lieu de concevoir un type, elles le réalisent, l'objectivent. Ce n'est pas à la façon de l'halluciné, qui assiste en spectateur à des images (*sic*) se déroulant devant lui ; c'est comme un acteur qui, pris de folie, s'imaginerait que le drame qu'il joue est une réalité, non une fiction, et qu'il a été transformé, de corps et d'âme, dans le personnage qu'il est chargé de jouer.

« Pour que cette transformation de la personnalité s'opère, il suffit d'un mot prononcé avec une certaine autorité. Je dis à A... : « Vous voilà une vieille femme »; elle se voit changée en vieille femme, et sa physionomie, sa démarche, ses sentiments sont ceux d'une vieille femme. Je dis à B... : « Vous voilà une petite fille » ; et elle prend aussitôt le langage, les jeux, les goûts d'une petite fille[1]. »

MM. Binet et Féré, Bernheim, Pitres, etc., confirment ces faits par des observations semblables, et chacun d'eux vous racontera, si vous y tenez, comme il a changé un vieux soldat en sœur de charité, une pauvre fille en général, en archevêque, en chevalier, en grande dame, etc..., le vieux soldat et la pauvre fille jouant à merveille le rôle des divers personnages dans lesquels ils se trouvaient métamorphosés.

M. Albert de Rochas renchérit encore sur ce que nous venons de dire :

« On peut, écrit-il dans un récent volume, donner à un même sujet une double et même une triple personnalité. Ainsi je lui dis (à son fameux Benoît) : « Vous serez du côté droit M. A., du côté gauche M. B., au milieu M. C. » La suggestion s'exécute ; les trois personnes dialoguent entre elles avec leur caractère propre ; chaque partie répond seule à l'appel de son nom. M. C. parle du milieu des lèvres, M. A. du côté droit de la bouche, M. B. du côté gauche. Quand A. veut toucher C., le bras gauche touche le milieu du corps ; quand C. veut toucher B., il s'épuise en contorsions inutiles[2]. »

Il faut dire que ce Benoît, jeune employé de bureau, est un excellent somnambule. C'est à lui que M. le colonel de Rochas donnait cette suggestion :

« A partir de demain jeudi, vous viendrez pendant trois jours ici, à 5 heures et demie : quand vous entrerez

---

1. *L'homme et l'Intelligence*, p. 236.
2. *Les états superficiels de l'hypnose*, p. 104.

dans ma chambre, vous croirez être mon fils Henri, et vous ne redeviendrez Benoît qu'en sortant de ma chambre¹. — Le jeudi, à 5 heures et demie, Benoît arrive : il entre dans la maison sans sonner, contrairement à ses habitudes, monte rapidement l'escalier, entre dans ma chambre et va s'asseoir devant la table de mon fils Henri, absent depuis trois mois, en disant : « Je viens de faire une bonne promenade... — Avec qui étais-tu, » etc. Nous passons dans une pièce voisine où ma famille est réunie, et, contrairement à *la lettre* de la suggestion, sa personnalité nouvelle persiste. Il s'assied près du feu, cause avec sa *maman*, avec sa sœur, avec son petit frère Léon, en les tutoyant comme le fait mon fils... Le samedi... nous allons dîner. Il s'assied sans embarras à ma droite. Pendant tout le repas, il mange de bon appétit, cause avec les différents convives, etc... A la fin du repas, je l'endors par un brusque commandement et lui dis : « Vous n'êtes plus Henri, vous êtes Benoît ; vous vous rappellerez que vous venez de dîner ici. » Je le réveille aussi par commandement. Il secoue la tête, écarquille les yeux ; il est confus, et se lève subitement pour prendre congé en me remerciant ². »

Mais voici qui étonnera encore davantage ceux de mes lecteurs qui ne sont pas initiés à ces questions : l'on peut produire, par suggestion hypnotique, vésication et hémorragie.

Ici, plus encore que pour ce qui précède, je dois m'ef-

1. *Les états superficiels de l'hypnose*, p. 56 et suiv.
2. P. 56.

facer, et laisser parler les témoins ou les opérateurs. C'est M. Beaunis que nous allons entendre. Je ne changerai pas un mot à son récit.

Vésication par suggestion hypnotique[1].

« Les expériences qu'on va rapporter ont été faites sur Élisa F..., par M. Focachon, pharmacien à Charmes, auquel la science doit déjà tant sur ces questions.

« Un jour qu'Élisa éprouvait une douleur au-dessus de l'aine gauche, il lui suggéra, après l'avoir endormie, qu'il se formerait une ampoule de vésicatoire au point douloureux ; le lendemain, quoiqu'il n'eût rien appliqué, il y avait au point indiqué une bulle de sérosité.

« Peu après, il employa le même procédé de la suggestion pour lui enlever une douleur névralgique de la région claviculaire droite ; mais cette fois, au lieu d'une vésication, il produisit « des brûlures en tout semblables à des pointes de feu bien formées et laissant des escarres réelles ».

« M. Focachon informa de ces faits le Dr Liébeault, et l'on prit jour pour recommencer ces expériences à Nancy devant quelques témoins.

« C'est le 2 décembre 1884 que M. Focachon amena Élisa chez le Dr Liébeault. M. le docteur Bernheim indiqua lui-même comme devant devenir le siège de la vésication une partie du corps qui, située entre les deux épaules, ne pouvait être atteinte avec les mains par le

---

1. Dr Beaunis, *le Somnambulisme provoqué*, p. 73 et suiv.

sujet mis en expérience. Malheureusement, la suggestion fut faite un peu tardivement, M. Bernheim ayant été retenu toute la matinée par son service d'hôpital, et l'effet produit par la suggestion ne put être constaté le jour même par les expérimentateurs de Nancy.

« MM. Focachon et Liébeault surveillèrent la dormeuse jusqu'à cinq heures et demie du soir, sans la quitter des yeux. Pendant la journée, on lui fit des suggestions répétées. A cinq heures et demie on procéda à la vérification des effets attendus, en présence de MM. Bernheim, Liégeois et Dumont, chef des travaux physiques à la Faculté de médecine. On constata une rougeur circonscrite dans les limites tracées à l'avance et, en quelques endroits, des points de couleur plus foncée présentant une certaine saillie. Le sujet se plaignait d'une sensation de brûlure et de démangeaison qui le portait à se frotter le dos contre les meubles, si on ne l'en avait pas empêchée.

« Cette expérience fut interrompue par la nécessité où se trouvait M. Focachon de retourner à Charmes. Elle ne fut pas jugée suffisamment concluante, et il fut convenu que l'on essaierait de la renouveler dans des conditions meilleures.

« Cependant, le lendemain, M. Focachon envoyait à M. Liébeault d'abord un télégramme, puis une lettre renfermant un certificat de M. le Dr Chevreuse, de Charmes. Ce praticien avait constaté l'existence chez Élisa « d'un érythème vésiculeux entre les épaules ; la
« pression était douloureuse en cet endroit, et la partie de
« la chemise en contact avec la région était maculée

« d'un liquide purulent ; on aurait pu croire à une petite
« brûlure ».

« Le lendemain, 3 décembre, M. Focachon écrivait
à M. Liébeault : « J'ai revu hier Élisa à trois heures.
En lui faisant de nouveau enlever ses vêtements, j'ai
pu constater que la vésication était encore plus accentuée qu'elle ne l'était le matin, et que la plaie du centre
(sans doute le point où M. le Dr Chevreuse avait
remarqué la présence d'un liquide purulent ayant maculé la chemise) qui continuait à suppurer, mesurait à
ce moment 5 centimètres de long sur 25 millimètres de
large.

« Le fait se présentait avec toutes les garanties
d'authenticité ; cependant, comme il y avait eu une
interruption de surveillance sur Élisa pendant la nuit
qui suivit son retour à Charmes, il n'y avait pas de
certitude absolue. On décida donc de recommencer l'épreuve dans de meilleures conditions.

« L'occasion s'en offrit à la suite d'une attaque
d'hystéroépilepsie qui se renouvela par émotion, à la fin
du mois d'avril.

« Depuis dix-huit mois, elle n'avait plus éprouvé
d'accès.

« Sous prétexte de l'amener en consultation chez
M. Liébeault, M. Focachon se rendit avec elle à Nancy, le
12 mai 1885 ; elle ne se doutait nullement de ce qu'on
lui ferait et pensait être de retour à Charmes pour
quatre heures de l'après-midi.

« Elle fut endormie devant nous vers onze heures du
matin. Cette fois, en un endroit choisi derrière l'épaule

gauche, où il était encore impossible à la dormeuse d'atteindre avec la main, on fixa du papier de timbres-poste gommés, dont des carrés de même sorte avaient été placés déjà sur le bras de quelqu'un, pendant dix-huit heures, et sans qu'il apparût au-dessous la moindre rougeur. On mit par-dessus ce papier un léger appareil de pansement composé de bandelettes de diachylon et d'une compresse. Ce simulacre de pansement, proposé par M. Liégeois, fut constitué dans le but de rendre l'esprit de la somnambule plus tendu sur l'idée permanente de la vésication à développer ; et Élisa, à laquelle on ne fit, pendant toute la durée de son sommeil, que trois fois et quelques minutes chaque fois, une suggestion *ad hoc*, passa la nuit entière enfermée seule à clef dans une chambre, après avoir été mise en sommeil hypnotique.

« Le lendemain, 13 mai, le pansement fut levé devant tous ceux qui s'intéressaient au résultat de l'expérience, et, après l'examen qui suivit, le procès-verbal suivant fut rédigé par moi-même, séance tenante ; le voici :

« Le 12 mai 1885, à onze heures du matin, M. Focachon endort Mlle Élisa en présence de MM. Bernheim, Liébeault, Beaunis et de quelques autres personnes. Pendant son sommeil, on lui applique sur l'épaule gauche huit timbres-poste, en lui suggérant qu'on lui applique un vésicatoire. Les timbres-poste sont maintenus par quelques bandes de diachylon et par une compresse.

« Puis le sujet est laissé dans cet état toute la journée, après avoir été réveillée deux fois pour le repas de midi et celui du soir ; mais on la surveille et on ne la perd pas de vue. Pour la nuit, M. Focachon l'endort en lui suggérant qu'elle ne se réveillera que le lendemain matin, à sept heures (ce qui eut lieu).

« Ce jour même, à huit heures un quart, M. Focachon enlève le pansement en présence de MM. Bernheim, Liégeois, Liébeault, Beaunis, etc. Nous constatons d'abord, que les timbres-poste n'ont pas été dérangés. Ceux-ci enlevés, le lieu de leur application présente l'aspect suivant : dans l'étendue de quatre sur cinq centimètres, on voit l'épiderme épaissi et mortifié, d'une couleur blanc jaunâtre ; seulement l'épiderme n'est pas soulevé et ne forme pas de cloches : il est épaissi, un peu plissé, et présente en un mot l'aspect et les caractères de la période qui précède immédiatement la vésication proprement dite avec production du liquide. Cette région de la peau est entourée d'une zone de rougeur intense avec gonflement. Cette zone a environ un demi-centimètre de largeur. Ces faits constatés, on replace une compresse sèche par-dessus, pour examiner la peau un peu plus tard. Le même jour, à onze heures et demie, la peau présente le même aspect que le matin.

« Cet état fut constaté par MM. les professeurs Beaunis, Bernheim, Liégeois ; les docteurs Liébault et Simon, aide de clinique ; MM. Laurent, architecte-statuaire, et Brulard, interne de la Faculté, qui apposèrent leur signature au bas du procès-verbal.

« A son retour à Charmes, le même jour, à quatre heures de l'après-midi, M. Focachon photographia le vésicatoire d'Élisa. On aperçoit sur la photographie plusieurs phlyctènes (quatre à cinq qui se sont développés probablement pendant le voyage de Nancy à Charmes).

« Ces phlyctènes augmentèrent peu à peu en laissant échapper une sérosité épaisse et laiteuse.

« Le 28 mai, le vésicatoire était encore en pleine suppuration, et M. Focachon put en prendre à divers moments plusieurs épreuves photographiques.

« Le 30 mai, il détermina par suggestion chez la même personne un vésicatoire sur le bras, vésicatoire qui fut aussi photographié par lui.

« J'ai communiqué ces faits à la *Société de psychologie physiologique*, dans sa séance du 29 juin 1885, et présenté aux membres de la Société les photographies de ces deux vésicatoires.

« On pourrait dire qu'il s'agit là d'un fait exceptionnel, qu'on a affaire dans ce cas à une aptitude individuelle particulière. Il est bien évident que ces expériences ne réussissent pas chez tous les somnambules; mais le fait d'Élisa n'est pas unique. »

Ce fait paraîtra même moins étonnant, quand on aura lu ceux dont le récit va suivre. Les auteurs de ces expériences qui ont tant ému l'opinion, sont MM. Bourru et Burot, professeurs à l'école de médecine navale de Rochefort.

Ils avaient à leur clinique, « un malade hémiplégique et hémi-anesthésique à droite, qui était hypnotisable et susceptible de recevoir des suggestions de toute sorte. L'ayant mis en somnambulisme, l'un d'eux lui donne la suggestion suivante : « Ce soir à quatre heures, après t'être endormi, tu te rendras dans mon cabinet, tu t'assoieras dans le fauteuil, tu te croiseras les bras sur la poitrine et tu saigneras du nez. » A l'heure dite, les divers actes suggérés furent exécutés, et quelques gouttes de sang sortirent des narines du patient.

Un autre jour, l'un de ces expérimentateurs l'ayant endormi, traça son nom avec un stylet mousse sur ses deux avant-bras, en lui disant : « Ce soir à quatre heures, tu t'endormiras et tu saigneras aux bras sur les lignes que je viens de tracer. » L'heure arrivée, le sujet s'endormit, les caractères tracés sur la peau se dessinèrent en relief rouge vif, et des gouttelettes de sang se montrèrent sur plusieurs points du côté non anesthésié.

Ce malade ayant été transféré à l'asile d'aliénés de la Rochelle, le Dr Mabille, médecin directeur de cet établissement, renouvela cette expérience et obtint le même succès. Ayant tracé une lettre sur chaque avant-bras, et prenant successivement les deux mains du sujet : « A quatre heures, commanda-t-il, tu saigneras de ce bras, — et de celui-là. » — « Je ne peux pas saigner du côté droit », dit le malade, en désignant ainsi son côté paralysé. Au moment précis indiqué, le sang perla à gauche, et non à droite.

« Ces expériences furent ensuite répétées devant un nombreux public médical. Le 4 juillet, le sujet étant somnambulisé, notre distingué collègue trace une lettre sur son poignet en lui ordonnant de saigner immédiatement en ce point. « Cela me fait grand mal, objecte le patient. » — « Il faut saigner quand même, lui commande l'opérateur. » Les muscles de l'avant-bras se contractent, le membre devient turgescent, la lettre se dessine rouge et saillante, enfin les gouttes de sang apparaissent et sont constatées par tous les spectateurs. Toutefois il faut signaler que, dans cette dernière expérience, il y eut une erreur de lieu, ce fut la lettre tracée au voisinage, l'avant-veille, qui laissa suinter du sang. Peut-être la suggestion n'avait-elle pas été assez précise, peut-être l'exécution était-elle trop rapprochée du commandement ; car, c'était la première fois que la suggestion n'était pas faite pour un temps éloigné de quelques heures [1]. »

1. Récit de M. Beyon, contrôlé par MM. Bourru et Burot, Dr Cullère, *Magnétisme et Hypnotisme*, p. 196.

CHAPITRE VI

PROCÈS DE L'HYPNOTISME.

Arguments de l'accusation.

Ce qui a été dit dans les chapitres précédents donne une idée suffisante et des moyens d'obtenir le sommeil provoqué, et des particularités qui se produisent dans les sujets qu'on endort.

Je sais bien qu'on met au compte de l'hypnotisme beaucoup d'autres merveilles : transmission des idées et communication à distance, télépathie, vision transopaque, intuition des pensées d'autrui, transposition des sens, connaissance et prédiction de l'avenir, envoûtement; mais je n'en dois point parler ici, pour deux raisons :

La première est qu'au sentiment des juges les plus autorisés, l'existence de ces phénomènes n'a pas été jusqu'à présent rigoureusement et scientifiquement démontrée. Malgré tout ce qu'on a pu lire dans les *Proceedings of the Society for psychical research*, dans les *Annales des sciences psychiques* [1], ou dans le *Borderland*: malgré les 702 faits recueillis par les trois savants an-

---

1. Fondées par les Drs Dariex et Richet.

glais, Gurney, Myers, Podmore [1], les 806 expériences de M. Ochorowicz avec ses 341 succès, demi-succès ou quarts de succès [2], et après les nouveaux essais de démonstration de M. Pierre Janet [3], le doute plane toujours sur la réalité même des phénomènes ; et la plupart de nos savants répéteraient encore volontiers aujourd'hui le mot célèbre de Récamier à M. Dupotet : « Je suis ébranlé, mais je ne suis pas convaincu... »

D'ailleurs l'existence de ces phénomènes fût-elle hors de conteste que je ne devrais pas davantage en parler, parce que je ne me reconnais pas le droit de les considérer et de les proposer comme relevant de l'hypnotisme ou lui appartenant ; et c'est la seconde raison pour laquelle je veux les passer sous silence. De quel droit, en effet, se permettre de présenter comme propriétés ou caractéristiques de l'hypnose, des phénomènes que les hypnotistes les plus distingués n'ont jamais constatés, n'ont jamais pu produire ? « Du merveilleux, tel que la lucidité, la prévision de l'avenir, la vision intérieure, la vision à distance ou à travers les corps opaques, la transposition des sens, l'instinct des remèdes, est-il besoin de dire que je n'en ai pas vu » ? [4] Voilà ce qu'écrivait en 1890 M. Bernheim. Et quand, en 1892, je lui demandais si le merveilleux lui échappait toujours, s'il n'avait pas enfin rencontré quelqu'un des prodiges qu'il rappelait tout à l'heure : « Non, pas un seul », me dit-il. — « Mais,

---

1. *Les Hallucinations télépathiques*, traduction de M. Marillier.
2. *De la Suggestion mentale*.
3. *L'Automatisme psychologique*, chapitre III.
4. *De la suggestion*, p. 84.

monsieur le Docteur, avez-vous essayé sérieusement de produire ces phénomènes ? » — « Oui, j'ai essayé, je m'y suis appliqué, je m'y suis fatigué : je n'ai jamais pu rien obtenir en ce genre ». L'année précédente, ayant posé la même question à M. le docteur Grasset, de Montpellier, le savant professeur m'avait fait la même réponse, presque dans les mêmes termes. Les hypnotistes de Paris, M. Charcot et ses élèves, ne tiennent pas un autre langage [1]. Encore une fois, de quel droit rapporter à l'hypnotisme des faits, réels si vous le voulez, mais que les hommes les plus versés dans cette pratique, ou cet art, déclarent lui être complètement étrangers ? [2]

Nous sommes d'autant plus autorisés à ne point nous occuper en ce moment des faits de télépathie, de spiritisme, ou d'occultisme, que les phénomènes reconnus par tous comme hypnotiques ont une nature, une physionomie distincte, sont produits par des procédés spéciaux ou dans des conditions différentes. Car, s'il en est ainsi, ils constituent un objet de spéculation nettement déterminé, et ils motivent et justifient une étude particulière tout à part. Sans doute on peut embrasser dans une même recherche les deux catégories de phénomènes, mais il est d'une bien meilleure mé-

---

1. Braid écrivait : « Quant à la prétention qu'ont certains opérateurs d'influencer les sujets de près ou de loin par la seule volonté, je peux affirmer, après une étude consciencieuse de la question, sur la foi de mon expérience (de vingt années), que je n'ai jamais pu exercer la moindre influence sur les patients par ma seule volonté. » *Neurypnologie,* chapitre additionnel, p. 264.

2. P. Franco, *l'Ipnotismo tornato di moda,* p. 99.

thode d'étudier l'une sans l'autre. Et cela sera sans doute aussi beaucoup plus utile. Car, de nos jours non moins qu'au temps de Socrate [1], diviser est la condition et le chemin de toute science profonde et sûre, particulièrement en des questions difficiles et peu explorées, comme l'hypnotisme [2].

Qu'il soit donc bien entendu que nous ne parlons ici que de l'hypnotisme proprement dit, de l'hypnotisme des hypnotistes, non de magnétisme, ni de spiritisme, ni d'occultisme. L'objet exclusif de nos recherches sera

1. *Phèdre*.
2. MM. Binet et Féré font à ce propos une observation qui aurait dû être remarquée davantage. Le passage mérite d'être cité :

« Il y a des degrés dans le merveilleux, écrivent ces deux savants. La transmission de la pensée, ou suggestion mentale, qui constitue une première étape dans ce domaine, a été dernièrement étudiée par M. Ch. Richet, qui a essayé de démontrer l'influence que la pensée d'un individu exerce dans un sens déterminé, sans phénomène extérieur appréciable à nos sens, sur la pensée d'un individu voisin. Bien que *ces phénomènes ne se rattachent par aucun lien logique à l'hypnotisme,* puisqu'ils ont été provoqués sur des amis de M. Richet, sujets sains, éveillés et nullement hypnotisés, il n'en est pas moins vrai que *l'opinion publique a toujours confondu* sous le même nom de magnétisme animal, le trouble nerveux appelé hypnotisme, somnambulisme, etc, et les phénomènes surnaturels, au moins en apparence, de communication de pensée, de vision à travers un corps opaque, de prévision de l'avenir, etc. C'est la raison qui me détermine à dire quelques mots de la suggestion mentale... » *Le magnétisme animal,* 3e édition, p. 40. — Ainsi MM. Binet et Féré ont très bien vu que la transmission de la pensée à distance, la vision transparente, etc. ne sont point à leur vraie place dans un traité d'hypnotisme. S'ils en parlent eux-mêmes dans leur ouvrage, ce n'est que par condescendance pour une confusion de l'opinion publique. — Mais la science ne saurait faire indéfiniment une telle concession à un vulgaire préjugé.

les expériences de MM. Bernheim, Charcot, Pitres, Bérillon, Albert Moll, Forel, et non les histoires, vraies ou fausses, de Mesmer ou de Dupotet, de Gurney, de Paul Gibier[1] ou d'Aksakow[2], de Stanislas de Gouaita[3], de Lermina[4] ou de Papus[5]. Plus tard, s'il y a lieu, nous pourrons diriger de ce côté nos travaux; mais, pour le moment, ce que nous voulons apprécier et, si cela se peut, expliquer, ce sont les faits que tout le monde reconnaît comme appartenant à l'hypnotisme, l'hypnotisme pur de tout mélange, ce que j'ai cru pouvoir appeler : l'*hypnotisme franc*.

L'*hypnotisme franc* est-il immoral ?
L'*hypnotisme franc* est-il nuisible et malfaisant ?
L'*hypnotisme franc* est-il diabolique ?

Voilà les trois questions que l'on pose de toutes parts : trois petites questions, qui ont soulevé de grands débats. Car les avis sont partagés et absolument contradictoires. L'hypnotisme a ses accusateurs et ses défenseurs passionnés. On lui fait un procès en règle.

Pour que mes lecteurs puissent porter leur jugement en pleine connaissance de cause, je mettrai sous leurs yeux l'accusation et la défense : l'accusation d'abord.

1. *Le spiritisme ou fakirisme occidental.*
2. *Animismus und piritismus*, 2 vol.
3. *Essais de sciences maudites. — Le serpent de la Genèse.*
4. *Magie pratique.*
5. *Traité élémentaire de Magie pratique.*

I

L'adversaire le plus résolu de l'hypnotisme, c'est bien le R. P. Franco de la Compagnie de Jésus. Son mémoire sur la question est ce que l'on trouve de plus radical et en même temps de plus complet. Il fut publié, en 1886, par la *Civiltà Cattolica*, dans une série d'articles que la Revue anglaise *The Lyceum* qualifie d'excellents, « excellent series of articles [1] », encore qu'elle n'en admette pas la thèse fondamentale. La même année, cette étude paraissait en un volume intitulé : *l'Ipnotismo tornato di moda*, ou, *l'Hypnotisme revenu à la mode*; et l'auteur déclarait sans détour, dans la préface, que le but du livre était « d'aider à la démonstration scientifique que l'hypnotisme est, par nature, malfaisant et dangereux [2] ».

Les raisonnements du P. Franco, sa conviction profonde et communicative, l'habileté qu'il déploie, le fait aussi qu'il écrivait dans une Revue justement estimée, à Rome, et, comme quelques-uns disent si complaisamment et avec une bonne foi si charmante, « sous les yeux du Pape », tout se réunit pour assurer le succès de son livre. En 1888, il arrivait à la troisième édition, était traduit en espagnol et en français; et déterminait contre l'hypnotisme un courant d'opinion puissant, dans

---

1. March 1889.
2. P. 6.
3. *L'Ipnotismo tornato di moda*, p. 99.

le monde religieux. Les auteurs qui écrivirent plus tard pour soutenir la même doctrine ne firent guère que reproduire les raisons du P. Franco, en y ajoutant la marque de leur caractère ou de leur talent.

L'acte d'accusation du savant rédacteur de la *Civiltà Cattolica* s'impose donc à notre attention : c'est lui qu'il nous faut entendre, de préférence, et qui va nous initier à un débat dont la gravité égale l'intérêt.

« Quelle que soit la nature spécifique de l'hypnotisme, l'on peut toujours dire qu'il est une maladie, ou un état morbide. » Tel est le point de départ du P. Franco. C'est de là qu'il se propose de nous conduire, par la voie d'une logique rigoureuse et en s'appuyant toujours sur l'observation scientifique, à cette sévère conclusion que : l'hypnotisme est un phénomène préternaturel, essentiellement malfaisant, essentiellement immoral, diabolique, pour tout dire d'un mot, et par conséquent digne des condamnations de l'Église et de la réprobation de tout vrai chrétien.

D'abord, vous ne doutez pas, je pense, que l'hypnotisme ne soit une maladie. S'il vous restait sur ce point la moindre hésitation, vous n'auriez qu'à vous rappeler la définition qu'en donnent ses partisans : Charcot ne l'appelait-il pas, devant l'Académie de médecine de Paris, en 1882, « une névrose expérimentale ?[1] » Et Paul Richet n'a-t-il pas dit : « C'est un trouble artificiellement produit dans le fonctionnement normal du système nerveux,

---

1. *Études cliniques sur la grande hystérie*, p. 517.

une véritable névrose expérimentale. » M. Heidenhein disait de son côté : « C'est une catalepsie expérimentale », Hoffman, de Vienne : « un état névropathique », le Dʳ Mosso : « l'exagération morbide des phénomènes physiologiques que l'on observe dans le sommeil et dans le somnambulisme [1] ».

Il n'y a pas de doute possible, l'hypnotisme est une maladie.

« Mais est-il *simplement* une maladie ? Est-il seulement une maladie comme toutes les autres ? Ne s'y révèle-t-il point quelque élément étranger à la physiologie et à la pathologie ? Telle est la question qui se pose, d'autant plus vivement débattue, qu'elle est plus importante, qu'elle est capitale [2]. »

II

Tout le monde sait la méthode que suivent les nosologues et les nosographes sérieux. Placés en face d'une maladie, ils s'appliquent d'abord à en établir l'*étiologie*, c'est-à-dire à déterminer les causes certaines ou probables qui l'ont produite. Puis ils décrivent les symptômes, ou manifestations extérieures et caractéristiques du mal. A l'aide de ces causes, vraies ou présumées, et des symptômes, ils forment leur *diagnostic*, ou description de la maladie en elle-même. Faisant ensuite appel à l'expérience qui

---

1. *L'Ipnotismo tornato di moda*, p.101 et suiv.
2. P. 105.

leur révèle la marche ordinaire de ce genre d'affections, ils *pronostiquent* quelle en sera la durée et l'issue. Enfin, s'appuyant sur toutes les données qui précèdent, ils fixent la *thérapeutique*, ou le traitement.

Si nous étudions d'après une méthode si exacte cette maladie de l'hypnotisme, nous nous trouvons en face de choses fort ténébreuses, d'étranges mystères : bien plus, à chaque instant, nous nous surprenons à dire : « Mais ceci n'est pas selon les lois de la nature, *ma questo non è secondo le leggi della natura;* mais ce n'est plus de la physiologie ni de la pathologie cela ; nous voilà transportés dans un tout autre ordre de phénomènes [1]. »

De fait, quelles causes assigner à la névrose hypnotique ? Tout au plus, pourrait-on en signaler deux, avec quelque vraisemblance : un fluide, se transmettant de l'hypnotiseur au sujet; ou l'imagination du sujet lui-même. Braid a mentionné ces deux explications qu'il appelle, l'une, théorie *objective*, l'autre, théorie *subjective*[2]. Mais ces deux explications n'expliquent rien.

L'hypothèse du fluide se renverse d'un mot : elle contredit un fait indéniable, l'autohypnotisation. C'est un fait indéniable qu'un certain nombre de sujets se procurent à eux-mêmes l'état hypnotique. Il y a donc hypnose sans fluide émis ni reçu. La cause de l'hypnose n'est donc pas le fluide de l'hypnotiseur transmis au sujet. L'argument est décisif et sans réplique, *argomento invitto e senza replica*[3].

---

1. P. 106.
2. *Neurypnologie*, p. 227.
3. *L'Ipnotismo tornato di moda*, p. 112.

Serait-ce donc l'imagination du sujet lui-même qui produirait les phénomènes dont il nous donne le spectacle ? — Pas davantage.

S'il est une chose avérée, en effet, c'est que, dans la plupart des cas, pour ne pas dire toujours, les sujets ne font pas les moindres frais d'imagination pour entrer en hypnose. De leur propre aveu, aussi bien que d'après le récit des hypnotiseurs, ils se prêtent tout passivement aux expériences, ne demandent pas le moindre effort à aucune de leurs facultés, et consentent tout simplement à ce qu'on les hypnotise. Encore cet acte de consentement, ne le produisent-ils pas toujours ; comme cela arrive, soit quand on les hypnotise pendant leur sommeil, soit dans les tristes circonstances où ils sont les victimes de manœuvres criminelles.

Les deux causes naturelles, les deux seules, que l'on pourrait assigner à l'hypnose, doivent donc être écartées comme étant de nul effet et ne contenant pas la raison des événements. Nous voilà donc en présence d'un phénomène sans causes naturelles. Cela fait déjà quelque peu réfléchir [1].

L'on objectera, sans doute, que l'hypnotisme peut avoir d'autres causes que l'imagination et le fluide. L'on rappellera tous les moyens de provoquer le sommeil que nous avons énumérés et décrits précédemment : les passes, la fixation du regard sur un point lumineux, un bruit, ou bien léger, mais monotone et continu, ou bien violent et bref comme une détonation ; on parlera encore

---

1. *L'Ipnotismo*, etc., p. 112.

de fascination, et enfin de prédispositions latentes. — Mais ce sera en vain.

Nous n'ignorons pas la variété des moyens que l'on emploie pour endormir. Nous savons même qu'ils sont innombrables, puisque l'on peut endormir avec quoi que ce soit : tout y est bon. Mais c'est justement parce que tous les moyens sont bons, qu'aucun n'est vraiment efficace, et que nul ne peut être assigné comme cause du mal hypnotique. Est-ce donc que tout effet physique n'a pas sa cause physique propre et déterminée ? Étant donné que le feu réchauffe et que la glace refroidit, dépendra-t-il jamais d'une volonté d'homme que le contraire arrive ? que la glace réchauffe et que le feu refroidisse ? Seul l'hypnotisme fait exception à cette loi de la nature : que toute cause physique a son opération et son efficacité déterminées? « Est-il possible de reconnaître cette exception comme chose naturelle [1] ? »

Et que dire de la disproportion évidente qui existe entre ces causes présumées et les effets qu'elles sont censées produire ? Comment ! Voici un désordre physiologique d'une gravité extrême ; tout est bouleversé dans l'organisme, les nerfs, les muscles, le sang, le cerveau ; les symptômes des maladies les plus graves se déclarent...., et tout cela serait l'effet d'une passe, d'un tic tac de montre, d'un simple regard jeté sur un étui d'or ou d'argent ? En mécanique, la violence d'une secousse répond à la force de l'impulsion qui l'imprime ; en physiologie, l'altération d'un corps est en rapport constant

---

1. *L'Ipnotismo*, etc., p. 115.

avec la force dont il subit l'action : en hypnose, rien de semblable : la plus petite cause y produit le plus grand effet ! — Et il faudrait croire que tout cela est œuvre de la nature [1] !

On nous parle de fascination : c'est dérisoire : à Turin, à Milan, à Montpellier, à Paris, à Vincennes, à Breslau, etc., Hansen, Werbeck, Donato, etc., ont endormi des centaines d'hommes adultes et forts, des ouvriers, des étudiants, des journalistes, des savants, des professeurs, des soldats, des officiers : et vous croirez que tous ces hommes se sont laissé fasciner par le regard de tels charlatans ?

On nous parle de prédisposition des sujets : mais l'on se moque, sans doute. Quand Donato hypnotisait, au fort de Vincennes, toute une escouade de sous-officiers, à Lille vingt étudiants, à Turin quarante officiers de la garnison, etc., avait-il donc affaire à des prédisposés, à des névropathes, à des hommes portant le germe du mal de l'hypnose ?...

Ainsi toutes les causes naturelles que l'on voudrait assigner au sommeil hypnotique sont insuffisantes à l'expliquer. Braid et Charcot eux-mêmes ont fait l'aveu qu'ils ne pouvaient rendre raison du phénomène. Ce n'est pas étonnant : il est en dehors de toute la physique et de toute la physiologie. — L'hypnose est une maladie qui n'est pas naturelle dans ses causes.

Le serait-elle davantage dans ses symptômes [2] ?

1. P. 116.
2. P. 122.

Par symptômes, il faut entendre, ici, ces phénomènes étranges qui accompagnent l'hypnose, et que tout le monde connaît [1].. — Vous pensez peut-être qu'ils sont naturels ? Eh bien ! détrompez-vous. Ils ne le sont pas, et cela pour deux raisons : la première, parce qu'ils se produisent subitement, à l'improviste ; la seconde, parce qu'ils dépendent d'une volonté humaine.

L'on vous concédera, si vous le voulez, que chacun de ces phénomènes, considéré en lui-même, ne présente rien qui ne soit naturel. Mais ce qui n'est pas naturel, c'est la façon dont ils se produisent.

C'est un fait connu des médecins, et de ceux qui ne sont pas médecins, que tout symptôme a ses prodromes ; qu'une crise s'annonce ; qu'on en est prévenu par certains signes précurseurs. Soit, par exemple, l'hystérie, qui, selon l'école de Charcot, est la condition de l'hypnose, et, en tout cas, a beaucoup de ressemblances avec elle : « L'attaque d'hystéro-épilepsie, ou la grande attaque d'hystérisme, nous dit M. Richet, ne surprend pas : elle est toujours précédée, quelquefois pendant plusieurs jours, d'un cortège de phénomènes permettant aux malades de prévoir le moment où elles vont tomber en attaque. Ces signes précurseurs sont nombreux et variés ; ils trahissent le trouble de l'économie tout entière, et l'on peut dire qu'aucun des grands appareils n'en est exempt [2]. » La chose est notoire : un simple infirmier vous dira qu'un névropathe est averti de l'accès qui va lui arriver.

1. Voir plus haut : chapitres IV et V.
2. *Études cliniques sur la grande hystérie*, p. 1.

Rien de semblable dans l'attaque hypnotique. Voici un jeune homme, sain, robuste, plein de vie. On l'endort : et, après une minute, la sensibilité, chez lui, est éteinte, ou surexcitée à l'excès ; toutes ses perceptions sont confuses et désordonnées ; il délire ; il est somnambule, etc... Il présente coup sur coup autant de symptômes qu'on en pourrait observer en dix malades atteints de dix maladies différentes. Et quand il est au paroxysme de la crise, savez-vous ce qui arrive ? L'hypnotiseur lui souffle sur le visage : et, du coup, le voilà guéri et sain comme devant. Est-il naturel que des troubles physiologiques aussi graves, aussi profonds, se produisent et disparaissent *instantanément* [1]? Nous en faisons juges et les docteurs en médecine et les hommes de bon sens.

On invoque la suggestion. Par là on ne sauve rien ; puisque nous avons déjà démontré que le sommeil hypnotique n'est pas produit naturellement. Mais admettons qu'il le soit : vous croyez que la suggestion vous rendra compte de ce que nous observons dans l'hypnotisme ? La suggestion nous expliquera que l'hypnotisé devienne entre les mains de l'hypnotiseur un véritable automate, qu'il marche, s'arrête, s'assoie, se lève, sorte, monte, descende, chante, rie, pleure, perde et recouvre tour à tour la vue, l'ouïe, le goût, le tact, l'odorat, voyant, entendant, goûtant ce qui n'est pas, ne voyant, n'entendant ni ne goûtant ce qui est ? — Non, la suggestion n'explique point tout cela. « La vérité est que, pour produire un changement physique dans les muscles, une

---

1. *L'Ipnotismo,* p. 126.

cause physique est nécessaire et non une cause morale comme la suggestion. Pour qu'un homme sente, il faut qu'objectivement il y ait une chose sentie, c'est-à-dire la qualité qui produit l'impression sensible, et que l'objet ainsi qualifié soit en juste relation de contact ou autrement avec l'organe sensitif; ou bien que l'organe sensitif soit subjectivement changé de nature et modifié de la même manière qu'il serait affecté si la chose sentie faisait réellement impression. Mais la suggestion est une cause morale et non physique : elle ne peut donc obtenir les effets physiques, parce qu'elle ne change pas physiquement les organes des sens et ne crée pas la qualité physique qui doit être sentie. Donc la suggestion n'explique pas les phénomènes ou les symptômes de l'hypnotisme [1]. » S'il ne s'agissait que de quelques hallucinations, comme il s'en produit dans certaines maladies qui altèrent la sensibilité, passe encore; « mais un désordre sensitif aussi universel que celui de l'hypnotisé est impossible par la seule force d'une suggestion externe [2] ».

Du reste, voici une marque flagrante, *marchio flagrantissimo*, que la suggestion n'est pas, ici, une cause purement naturelle. Une cause naturelle a ses effets déterminés, spécifiques, qu'elle produit spontanément et nécessairement chaque fois qu'on la fait agir. Quiconque fait agir la cause est sûr d'obtenir l'effet. C'est une loi générale. Au contraire, dans l'hypnotisme, qu'observe-

---

1. *L'Hypnotisme revenu à la mode...*, traduit par M. l'abbé Moreau, p. 125.
2. *Ibid.*, Traduction Moreau.

t-on ? L'opérateur donne au sujet une suggestion : il est obéi. Il le sera à peu près toutes les fois qu'il intimera un ordre. Mais là sont présents mille spectateurs. Ils peuvent s'évertuer, l'un après l'autre, à donner des suggestions à l'hypnotisé : pas une ne sera entendue, ni ne se réalisera. « Comment expliquer ce mystère d'une cause physique qui, posée par l'un, opère, posée par l'autre, n'opère pas¹ ? » Avouez qu'une pareille observation vous rend soupçonneux.

Mais nous touchons à quelque chose de plus frappant encore. Interrogeons les médecins les plus expérimentés, qui ont fourni la plus longue carrière ; et qu'ils nous disent s'ils ont jamais vu qu'avec une seule parole, un simple commandement, on pût donner ou enlever une migraine ou une forte fièvre ? faire naître ou apaiser à volonté le plus violent délire ? Eh bien ! l'hypnotisme, à toute heure, opère ces prodiges. L'hypnotiseur dit à un sujet : « Vous ressentez un grand mal de tête » : effectivement, il accuse une vive souffrance. Une minute après il lui dit : « Vous ne souffrez plus » : aussitôt, la douleur s'en va. L'expérience se poursuit : « Vous êtes dans un jardin, au milieu d'un parterre rempli de fleurs... Vous êtes entouré de serpents... Voici un lion qui marche contre vous... Une musique militaire... un régiment qui passe... » Voilà les sens, l'imagination, l'émotivité, tout l'être humain en plein désordre, bouleversé. — « Il n'y a plus rien ; vous ne voyez plus rien. » Tout rentre dans le calme, la crise est finie.

1. *L'Ipnotismo,* p. 131.

Et qu'on ne revienne pas nous parler de suggestion. Est-ce donc qu'il suffit de dire à quelqu'un : « Vous êtes fou, vous délirez, vous êtes malade, vous êtes bien portant, » pour qu'il soit frappé de folie ou de délire, tombe malade ou cesse de l'être? Puis, encore un coup, si la suggestion, par elle-même, comme cause physique, opérait vraiment toutes ces merveilles, elle les produirait employée par n'importe qui ; et cela, nous l'avons vu, ne se réalise pas.

Elle les produirait, quel que soit l'état du sujet. Or la suggestion n'obtient de résultat que si le sujet est placé en état hypnotique. L'on avait dit à une personne endormie qu'après son réveil, elle resterait paralysée. Elle le demeura en effet. Les médecins eurent beau employer tous les remèdes et toutes les exhortations, rien ne put lui rendre le mouvement. Il fallut l'endormir de nouveau pour la guérir.

Et dans l'exécution des ordres à longue échéance, comment la suggestion agirait-elle, puisqu'elle n'existe plus? Un jour, le Dr Seppilli dit à un homme qu'il avait endormi : « Ce soir, à huit heures, le sommeil vous prendra, et vous dormirez jusqu'à demain matin, cinq heures. » A huit heures notre homme dormait profondément. Le docteur, s'approchant alors, lui dit : « Un quart d'heure après que vous serez éveillé, la lettre V apparaîtra sur votre bras, formée de deux lignes sanglantes. » Le malade dormit, puis eut une crise violente, à la fin de laquelle deux traits de sang formèrent sur son bras la lettre V [1]. — Donato, ayant endormi un officier

---

1. *L'Ipnotismo,* p. 140.

à Turin, lui suggéra de venir le trouver le lendemain, à tel endroit, à telle heure. Le lendemain, à l'heure dite, l'officier se dispose à partir. Ses camarades lui barrent le passage. Il veut partir quand même. On le retient par force : et il tombe dans une violente crise de nerfs...

Décidément, les symptômes de cette maladie de l'hypnose ne sont pas plus naturels que les causes. C'est un mal dont l'*étiologie* et la *diagnose* vous jettent en dehors de toutes les lois de la physique et de la pathologie [1].

Et que faut-il en dire au point de vue de la *prognose* et de la *thérapeutique?* Oh! c'est fort simple : comme un ordre de l'opérateur l'a fait naître, un ordre la fera disparaître. — « Dormez » : et l'on dort. — « Réveillez-vous » : et l'on se réveille. Mieux encore : sans dire un mot, cet étrange thaumaturge souffle légèrement sur le visage de la personne endormie ; et le sommeil, avec la perturbation profonde qu'il avait jetée dans tout l'être, s'évanouit à l'instant.

« Étant donné tout cela, voici nos conclusions : L'hypnose, de l'aveu de tous les médecins, est une maladie nerveuse, passagère mais violente, artificiellement provoquée. Elle présente des symptômes visibles et palpables, mais dont la naissance n'a rien de naturel. En vain crie-t-on : hypnotisme. Ce n'est qu'un mot. Si les hommes de science y réfléchissent un moment, ils constateront que ce mal très grave naît sans causes proportionnées, que l'acte hypnogène est insignifiant en comparaison du mal qu'il déchaîne, et que, par surcroît, il

---

1. *L'Ipnotismo*, p. 141.

dépend du bon plaisir de l'hypnotiste, ce qui répugne évidemment au caractère de cause réelle et physique. Les médecins demeureront convaincus que les symptômes, bien que matériellement physiologiques et possibles naturellement, ne sont pas le fruit naturel de la maladie, parce que, chose inouïe, ils dépendent, dans leur genèse comme dans leur variété, dans leur intensité et leur faiblesse, d'une volonté d'homme. La prognose n'en est pas naturelle, parce qu'au lieu de se terminer conformément à l'évolution symptomatique, le mal finit suivant le bon plaisir de l'hypnotiseur. Enfin la cure n'est pas naturelle, puisqu'un souffle guérit une affection de nature si opiniâtre qu'elle résiste à tous les autres remèdes. Que les savants nous permettent donc de penser que l'hypnose n'est pas une maladie *purement naturelle*. Sachant que rien n'arrive sans causes proportionnées, et n'en trouvant point à l'hypnose, ni dans la physiologie ni dans toute la nature, nous tenons qu'elle est extraphysiologique et préternaturelle. Telle est notre opinion, ou plutôt notre conviction inébranlable et absolue, *convinzione solidissima ed assoluta* [1]. »

III

Si je ne m'abuse, les lecteurs ont pu déjà se convaincre que le P. Franco, ainsi que je le disais en commençant, prend l'attitude la plus nette, en face de l'hyp-

---

[1]. *L'Ipnotismo*, p. 146.

notisme, et le poursuit avec une ardeur de logique et de conviction remarquable. Mais, après tout ce qu'il nous a fait entendre, le terrible adversaire n'est encore qu'à la moitié de sa tâche. Affirmer que l'hypnose est un phénomène préternaturel, ce n'est pas assez dire. Il faut préciser, et établir à quelle sorte de préternaturel appartient le sommeil hypnotique. C'est à quoi le P. Franco va s'appliquer maintenant. Suivons-le.

Un des caractères les plus frappants de l'hypnose, outre celui de se produire en dehors de toutes les causes naturelles, c'est d'être nuisible et fatal à la santé.

Braid lui-même fait cet aveu : « L'hypnotisme, dit-il, ne doit pas servir de jouet entre les mains des ignorants qui voudraient satisfaire une vaine curiosité. Dans les cas de tendance à l'apoplexie, quand il y a anévrisme, ou sérieuse affection organique du cœur, on ne doit pas s'en servir, à moins de grande précaution et en vue de diminuer la force et la fréquence de l'action cardiaque [1]. » Il avait déjà écrit auparavant : « J'ai toujours condamné, dans les termes les plus énergiques, l'usage de ce moyen dans les mains de personnes étrangères à la médecine, que ce fût par curiosité ou même par un sentiment plus élevé et plus charitable, le désir de soulager des malades ; je suis convaincu qu'il ne devrait servir qu'aux médecins seuls [2]. » Charcot, Paul Richet, Vizioli, Zanardelli, Grasset, Luys, etc., insistent pareillement sur les dangers de l'hypnotisme.

---

1. *Neurypnologie*, p. 52.
2. *Ibid.*, p. 19.

Ils ont hélas ! de trop bonnes raisons pour le faire. Voulez-vous connaître quelques-uns des beaux exploits de la nouvelle pratique ? Voici d'abord le témoignage du Dʳ Benedekt, de Vienne, hypnotiseur. On endormit un jour, en sa présence, un étudiant. Résultat : l'amaurose dans un œil, et l'ambliopie dans l'autre. Et longtemps après, l'on n'avait pas encore réussi à guérir l'infortuné jeune homme. Vizioli raconte qu'il a dû donner ses soins à un garçon de vingt ans qui, ayant été hypnotisé par Verbeck, à Montpellier, tomba fou. Mais une seule page du Dʳ Lombroso nous édifiera suffisamment: nous allons la traduire, sans commentaires.

« A Turin, le procureur du roi, M. Criv..., ayant assisté trois quarts d'heure à une séance de Donato, fut atteint de parésie[1]. Il guérit par les soins du Dʳ Bellosta. — A une autre séance, Mᵐᵉ F... tomba en sommeil hypnotique avec catalepsie. — Une personne hystérique, Mᵐᵉ R... se croit, sans l'être, continuellement hypnotisée et subit un véritable délire. — Une autre dame, en quittant Donato, est frappée de convulsions épileptiformes. — Lesc..., étudiant, est retombé plusieurs fois en hypnotisme, à la seule vue de quelque objet brillant. Et il n'a pu résister à l'invitation que lui avait faite Donato de se rendre à une heure déterminée au théâtre, en dépit de la volonté contraire qu'il en avait et malgré l'opposition de ses amis. — R..., étudiant en mathématiques, était repris par l'hypnose chaque fois qu'il fixait son compas. Il a dû s'interdire pendant quel-

---

1. Espèce de paralysie bénigne et passagère.

que temps de dessiner... — R..., marchand de vin, confesse que l'hypnotisation lui a fait perdre la mémoire, et que la nuit d'après l'expérience à laquelle il s'était soumis, il eut le cou et la poitrine couverts d'un eczéma qui lui dura huit jours. — Le lieutenant X... se sent entraîné, dans les rues, à courir après toute voiture qui a ses lanternes allumées. — Erc..., employé des télégraphes, est devenu d'abord somnambule, et présente un état d'hypnotisme continuel ; il a des convulsions épileptiformes et un délire maniaque. — Le lieutenant J..., trompé par quelques hypnotiseurs, qui avaient surpris le secret de Donato, est atteint de somnambulisme et d'une espèce de *miriachit*[1], avec exagération de tous les réflexes, idées noires, pressentiments de mort, etc. — Catt..., jeune homme maigre, mais parfaitement sain d'esprit jusque-là, a été saisi, après une double hypnotisation, d'accès de somnambulisme, et présente depuis un mois des symptômes d'aliénation. — Civ..., homme robuste, souffre de maux de tête et d'affaiblissement mental. — D. T..., jeune Milanais, intelligent, très honnête, de bonne famille, garda de l'hypnotisation une excitation nerveuse qui frappa tous ses amis ; insomnie, cris nocturnes, défaillances de mémoire, mauvaise humeur.. Un jour, il attaqua Donato, en le menaçant, s'il ne lui donnait une somme d'argent, de révéler son secret ; ce qui n'est évidemment que la manifestation d'une forme de folie morale...[2]. »

---

[1]. Névrose, fréquente en Russie, qui force le patient à imiter les actes et les gestes de ses voisins.

[2]. *L'Ipnotismo tornato di moda*, p. 156.

Qu'après tous ces faits, et mille autres semblables, les conseils sanitaires de Milan, Turin, Naples, Rome, etc., les gouvernements d'Autriche, d'Italie, de Hollande, de Belgique, etc., aient déclaré l'hypnotisme une pratique dangereuse et en aient interdit les séances publiques, personne ne pourra s'en étonner ni s'en plaindre. Les pouvoirs publics ont le droit et le devoir de proscrire, à tout le moins des réunions populaires et des théâtres, une pratique qui est une menace, un attentat à la santé du peuple.

Si encore l'hypnotisme ne nuisait qu'à la santé, mais il est, de plus, comme nous l'allons voir, profondément immoral.

« La question de la moralité ou de l'immoralité de l'hypnotisme se résout substantiellement, en démontrant qu'il n'est pas permis de renoncer à sa propre liberté morale, comme il arrive dans les pratiques hypnotiques. Cette démonstration est faite depuis longtemps et passée en force de chose jugée dans les codes des nations civilisées. Tout esprit raisonnable sent avec une profonde conviction qu'il n'est pas permis d'éteindre la lumière de l'intelligence ni d'étouffer le jugement de la conscience, parce que l'homme resterait indifférent à vouloir le bien qu'il doit faire et indifférent à repousser le mal défendu. Autant l'obligation de faire le bien et d'éviter le mal est grave, autant est absolu le devoir de ne pas se rendre impuissant à l'un et à l'autre. De là la condamnation, admise par tous, de l'ivresse, de l'usage de fumer l'opium ou de boire le haschisch, et de tout acte qui mette obstacle, même pour peu de temps, à la liberté morale. Il n'est pas d'homme si sauvage qui ne sente l'avilissement et la culpabilité de celui qui volontairement se dépouille de son libre arbitre, s'expose naturellement à mille périls matériels, et devient capable de toutes sortes de délits ; comme si pour lui n'existait plus de loi et qu'il fût changé en brute[1]. »

En vain essaierait-on, pour défendre l'hypnotisme, d'en comparer l'usage à celui du chloroforme. « L'usage du chloroforme lui-même est illicite, hors le cas de grave nécessité, et toujours avec les précautions nécessaires. Et, dans ce cas, le bien durable qu'on obtient compense le mal momentané de la suspension de la liberté morale. Mais ce qui constitue une disparité absolue entre l'hypnotisme et le chloroforme, c'est que le chloroforme n'expose pas le patient à un millième des périls auxquels l'hypnotisme expose, parce qu'il ne produit d'autre effet qu'un sommeil tenace et une bienfaisante anesthésie, durant laquelle le malade est non seulement insensible à toute douleur, mais incapable de toute action mauvaise. C'est tout le contraire qui arrive à l'hypnotisé. Sous l'influence de l'hypnose, son activité croît démesurément, et, au milieu des hallucinations et du délire, il agit aveuglément, suivant la suggestion extérieure. Il n'y a pas de désordre personnel qu'on ne puisse lui imposer, il n'y a pas de délit auquel il ne prête la main, du moment qu'on le lui ordonne. L'hyp-

1. *L'Hypnotisme revenu à la mode.* Traduction de M. Moreau p. 165.

notisé est un homme qui a signé une lettre de change en blanc et l'a mise en mains inconnues : le fiduciaire peut y écrire tout mal, toute honte, tout méfait[1]. »

Direz-vous qu'un sujet ne peut être endormi s'il n'y consent, et qu'il n'y consentira qu'après s'être assuré que le sommeil artificiel lui est nécessaire ou lui sera grandement utile, qu'après avoir pris toutes les garanties réclamées par la prudence ? L'on vous répondra que, fût-il vrai que personne ne peut être endormi sans le vouloir, la crainte, l'amour, la curiosité, suivant le cas, forceront le consentement ; que l'étourderie et l'insouciance feront négliger les précautions les plus élémentaires.

Direz-vous que la volonté et la conscience demeurent, même en hypnose ? Mais vous savez bien que le cas est rare, et que si, au commencement, le sujet oppose un simulacre de résistance, la lutte ne sera pas longue : l'on peut affirmer que sa défaite est certaine. « Sans doute, il y a des degrés dans le sommeil, mais quand l'hypnotisation est parfaite, la conscience est abolie[2]. »

Automate, voilà le terme consacré pour désigner l'homme qui a été endormi : tous les savants l'emploient, et l'expérience leur donne raison. Eh bien ! je fais appel à votre simple morale d'honnête homme : trouvez-vous tolérable qu'un être intelligent descende, de sa propre volonté, à la condition d'un *automate*, d'une *machine ;* qu'il se rende l'esclave d'un autre ; qu'il *se donne* à un autre, comme l'exigeait Donato ; qu'il se fasse « la *proie*

---

1. Traduction de M. Moreau, p. 166.
2. *L'Ipnotismo tornato di moda,* p. 172.

brute » de l'hypnotiseur, suivant l'expression si souvent rappelée de Lombroso ?

Cela est d'autant moins tolérable et d'autant moins permis que l'hypnotisme a encore pour effet d'énerver la vigueur de l'âme, de disposer aux vices et d'accroître les inclinations mauvaises. Le Dr Lombroso l'a constaté. Parlant des sujets que l'on soumet à une hypnotisation fréquente : « On a démontré, dit-il, que ces individus deviennent facilement faux, immoraux, ou du moins faibles, de façon à céder aux plus légères sollicitations, non seulement du suggestionneur, mais aussi des autres, comme, du reste, on l'observe dans l'hystérie [1]. » Et si cela est vrai en thèse générale, « qu'adviendra-t-il des femmes, des jeunes gens, des enfants ? Quels crimes ne leur pourra-t-on pas faire commettre ? Que devient la sécurité de l'individu, des familles, de la société elle-même [2] » ?

IV

L'on voit, dès lors, se dresser la conséquence où nous acculent inéluctablement les faits.

L'hypnotisme, nous l'avons montré, ne peut s'expliquer par une cause naturelle. Il suppose un principe qui est en dehors et au-dessus de la nature. Ce principe, d'ailleurs, doit évidemment posséder une intelligence

---

1. *Studi sull' Ipnotismo*, p. 22.
2. *Studi sull' Ipnotismo*, p. 179.

égale à son pouvoir malfaisant, — les suggestions à longue échéance suffiraient seules à le prouver. Quel pourrait-il être, sinon cet ennemi de Dieu et de l'homme, cet ange tombé, dont l'existence, soupçonnée par les philosophes païens eux-mêmes, nous est affirmée par la Révélation, et dont la puissance, telle que nous la montre la théologie catholique, rend si bien compte de tous les phénomènes que nous avons rapportés?

Diabolique, l'hypnotisme l'est incontestablement, si, comme beaucoup l'affirment, il fait connaître l'avenir, lire dans la pensée d'autrui, comprendre et parler des langues inconnues, voir ce qui se passe aux lieux les plus éloignés. Mais il le demeurerait encore pour tout esprit sérieux, quand même il faudrait restreindre son action aux phénomènes ordinaires que nous avons décrits, et que tous lui attribuent. Car il restera toujours que ces faits, en dehors de toutes les lois naturelles, nuisibles à l'homme, contraires à la morale, demandent une cause proportionnée qui ne peut être, tranchons le mot, que le diable en personne. Et comme tout s'explique bien, et devient lumineux, dans le domaine de l'hypnotisme, sitôt que l'on admet l'intervention d'un pareil agent! En présence des phénomènes hypnotiques, physiciens, physiologistes, médecins demeuraient bouche close : c'est qu'en réalité l'on avait affaire à toute autre chose qu'à des énergies physiques ou physiologiques [1]. Les scènes qui se déroulent sous nos yeux, dans les expériences de l'hypnose, offrent presque toujours quelques traits

---

1. *L'Ipnotismo tornato di moda*, p. 232.

cruels et des détails qui blessent ou alarment la pureté [1]. Comment voulez-vous qu'il en soit autrement, puisque l'acteur principal est ce démon dont le règne et le culte, aux longs siècles passés, ne respiraient que sang et luxure ? Enfin, l'hypnotisme compte surtout parmi ses partisans des incrédules et des impies déclarés : Richet, Figuier, Seppilli, Culler, Charcot, Bourneville, Regnard, Donato, Féré, Campilli, Morselli, Rummo, Skepto, etc. : c'est qu'un rationalisme impie seul s'en arrange. Il suppose ou il cause l'incrédulité [2].

Quand, dans un trousseau de clés, il s'en trouve une, une seule, qui ouvre la porte, vous dites : « Voilà la clef, la vraie. » Quand, de plusieurs hypothèses mises en avant, une seule rend compte de tous les faits, résout toutes les difficultés, vous dites : « Voilà la vraie explication scientifique [3]. » L'action diabolique expliquant tout, dans l'hypnotisme, et le reste n'expliquant rien, ou peu de chose, dites donc de même : « Le diable est le véritable agent de l'hypnose. »

Ainsi parlant, vous parlerez et penserez comme l'Église qui, condamnant l'hypnotisme dans le magnétisme, dont il n'est qu'une forme nouvelle, disait il y a longtemps déjà : « Employer des moyens physiques pour produire des effets *supranaturels* et les expliquer naturellement, cela est illusion pure et sent l'hérésie. *Applicatio principiorum et mediorum pure physicorum ad res et effectus vere supernaturales, ut physice explicentur,*

---

[1]. *L'Ipnotismo*, etc., p. 287.
[2]. *Ibid.*, p. 295.
[3]. *Ibid.*, p. 285.

non est nisi deceptio omnino illicita et hæreticalis [1]. »

Les pages qui précèdent donnent un résumé fidèle du livre sur *l'Hypnotisme revenu à la mode*, par le R. P. Franco. Ce livre a convaincu beaucoup de monde et inspiré beaucoup d'auteurs. M. Moreau [2], M. Grandclaude [3], M. Claverie [4], le P. Vila O. P., [5], Mgr Sancha Hervas, évêque de Madrid [6], M. Ribet [7], le P. Bucceroni S. J. [8], le P. Schiffini Sante, S. J. [9], le P. Marc, SS. R. [10], M. l'abbé Gombault [11], M. le Dr Imbert-Gourbeyre [12] etc., en ont reproduit la thèse et les arguments. Chacun a parlé suivant la trempe de son esprit et le degré de sa conviction, accentuant ou atténuant les formules, négligeant telle preuve ou la mettant en lumière ; et la thèse et l'argumentation qui l'appuient ont pris de

---

1. Réponse de la Sacrée-Congrégation du Saint-Office, 28 juillet 1847
2. Traduction de l'*Hypnotisme revenu à la mode*, avec appendice.
3. *Le Canoniste contemporain*, 1er mai 1887.
4. *Étude sur l'hypnotisme*.
5. *El Ipnotismo*.
6. *Lettre pastorale sur l'hypnotisme*, du 19 mars 1888, traduite par le P. Couderc, S. J.
7. *L'Hypnotisme au tribunal de la théologie* (Journal *l'Univers*, n^{os} du 22 et du 30 janvier 1894).
8. *Institutiones theologiæ moralis*. — Il semble toutefois que le savant professeur ne condamne pas l'hypnotisme d'une façon si absolue dans ses « *Casus conscientiæ* ».
9. *Disputationes metaphysicæ specialis*. (2^a édit.).
10. *Institutiones morales*.
11. *L'avenir de l'hypnose*.
12. *La stigmatisation, l'extase divine et les miracles de Lourdes*.

plus en plus corps et se sont toujours précisées davantage. Aujourd'hui le langage de l'Accusation est fixé et son procédé ne varie plus :

Considérez les faits, nous disent tous ces hommes de science et de talent, voyez comment naît l'hypnose, comment elle finit, de quels phénomènes elle est accompagnée, et cherchez l'explication : vous ne la trouverez ni dans l'hypothèse objective du fluide, de Mesmer, ni dans la théorie subjective, de Braid. La fascination, les prédispositions, la suggestion, toutes les hypothèses inventées par nos médecins matérialistes, ne donnent le dernier mot de rien. La science chrétienne seule le donne. Considérant que l'hypnotisme est supranaturel dans ses causes et dans ses effets, qu'il est immoral, qu'il est malfaisant, elle le ramène à un principe qui soit en rapport avec ces marques odieuses qu'il nous présente. Et, appuyée sur les données certaines de la science, forte des enseignements de la psychologie la plus exacte, au nom de la science, de la raison et du bon sens, au nom même de l'Église dont les indications et la pensée ne lui semblent pas douteuses, elle affirme que l'hypnotisme est satanique et que le démon en est toujours, sinon l'auteur direct, au moins l'inspirateur.

Ainsi parlent les adversaires de l'hypnotisme.

CHAPITRE VII

PROCÈS DE L'HYPNOTISME.

Arguments de la défense.

Foncièrement diabolique, essentiellement immoral, malfaisant par nature, — tel est l'hypnotisme au jugement, sans rémission, de ses adversaires.

Mais il est d'autres penseurs qui rejettent ce jugement aussi catégoriquement que les premiers le formulent, avec la même conviction et la même ardeur. « Il ne suffit pas, disent-ils, d'porter des accusations contre l'hypnotisme, il faut les justifier : or, c'est ce qu'on ne fait point. L'hypnotisme, considéré dans sa nature, n'est point l'œuvre de Satan, il n'est point essentiellement immoral, il n'est point nuisible par soi. Nous affirmons que les faits et les raisons articulés contre l'hypnotisme ne prouvent rien ; car les faits sont ou faux ou mal interprétés, les raisons sans valeur. »

Et les hommes qui parlent de la sorte sont, eux aussi, des théologiens, des philosophes, des hommes de science et de talent.

Ils méritent d'être entendus, et l'intérêt de la vérité réclame qu'on les entende.

Voilà pourquoi, après avoir mis sous les yeux de mes lecteurs, aussi fidèlement que j'ai su le faire, les griefs et les arguments des adversaires de l'hypnotisme, je vais maintenant leur soumettre la réponse de ses défenseurs.

Ils voudront bien seulement ne point oublier que, ici, je ne parle point en mon nom, et n'exprime ni mon avis, ni mes raisons, mais l'avis et les raisons des partisans de l'hypnotisme. Je suis et entends demeurer, pour l'instant, un simple rapporteur, dont toute la tâche est de s'identifier tellement avec ceux dont il se fait l'organe, qu'il reproduise aussi exactement que possible leur pensée dans toute sa force et jusque dans ses nuances, — mais sans en prendre la responsabilité.

I

« L'hypnose, de l'aveu de tous les médecins, est une maladie nerveuse, passagère, mais violente, artificiellement provoquée. La naissance n'en est point naturelle..... les symptômes n'en sont point naturels..... le pronostic n'en est point naturel..... la cure n'en est point naturelle. L'hypnose est donc une maladie extra-physiologique et préternaturelle. » — Ainsi raisonne, on s'en souvient, le R. P. Franco [1].

---

1. *L'Ipnotismo tornato di moda*, p. 146.

Mais, d'abord, le R. P. Franco est-il bien fondé à dire, d'une façon si absolue, que « l'hypnose est une maladie » ? N'y aurait-il pas lieu de distinguer entre le sommeil provoqué et les accidents qui peuvent survenir, entre un sommeil calme, tranquille, sans secousse nerveuse d'aucune sorte, et celui qui est caractérisé par des crises plus ou moins violentes ?

Puis, il est matériellement faux de dire que l'hypnose est une maladie « de l'aveu de tous les médecins ».

« Le sommeil réel suggéré ne diffère en rien du sommeil naturel. » Ainsi parle M. Bernheim [1]. M. Bernheim est un médecin, et même un professeur de médecine.

M. Liébeault, de même, affirme que, sauf la manière dont ils sont produits, « les deux sommeils (naturel et artificiel) sont identiques, sous tous les points de vue » [2]. M. Liébeault est un médecin.

M. Forel, de Zurich, écrit de son côté : « L'affinité de l'hypnose et du sommeil normal est indéniable, et je dois me ranger à l'avis de M. Liébeault, quand il dit que la seule différence qui distingue l'un de l'autre est le rapport qui existe entre le sujet hypnotisé et l'opérateur [3]. » Médecin et professeur de médecine est M. Forel.

Pour M. le Dr Ferrand, de Paris, l'hypnose se définit : « un état du système nerveux, en tout compa-

---

1. *De la Suggestion et de ses applications à la thérapeutique*, p. 23.
2. *Le sommeil provoqué et les états analogues*, p. 27.
3. *Der Hypnotismus und seine Handhabung*, p. 38.

rable au sommeil », ou bien « une sorte de sommeil provoqué et incomplet » [1]. M. Ferrand, encore un médecin, ne pense donc pas que l'hypnose soit, par définition et par nature, une maladie.

De l'aveu du R. P. Franco, le Dr Henri Morselli « soutient publiquement la même opinion » [2] en Italie. Je pourrais citer d'autres noms, et j'aurai bientôt l'occasion d'en citer d'autres.

Quand il faut compter de telles exceptions, et que l'on a pour contradicteurs des hommes d'un tel mérite, dont quelques-uns sont de véritables chefs d'école, a-t-on bien le droit d'écrire : « Que l'hypnose, *de l'aveu de tous les médecins*, est une maladie nerveuse »? et que les médecins « d'*une voix unanime*, ont jugé que l'état hypnotique est un état morbide » [3].

« — Braid et Charcot, ces deux colonnes maîtresses de l'hypnotisme » [4], l'ont dit les premiers. — Mais Bernheim et Liébeault, ces deux colonnes non moins maîtresses de l'hypnotisme, disent le contraire.

Et puis, comment les médecins qui tiennent que l'hypnose est une maladie, expriment-ils leur sentiment à ce sujet? Se donnent-ils pour inébranlablement convaincus et certains, ainsi que l'insinue le R. P. Franco? Il s'en faut de beaucoup, et, quand l'occasion s'en présente, plusieurs ne se font pas faute de déclarer que,

---

1. *Des suggestions dans l'hypnose,* p. 11.
2. *La nouvelle théorie de la suggestion,* traduction de M. Onclair, p. 40.
3. *La nouvelle théorie de la suggestion,* p. 38.
4. *Ibid.*

sur ce point, ils ont et entendent émettre simplement une opinion. Citons, par exemple, M. le Dr Ladame, de Genève, qui partage l'avis du R. P. Franco. Avec quelle réserve ne s'exprime-t-il pas? « Les troubles nerveux du sommeil et de la veille, dit-il, que l'on observe chez les individus hypnotisables, et qui forment les divers symptômes de la névrose hypnotique, ne me *paraissent* pas appartenir au fonctionnement normal de l'encéphale, et *je pense* qu'il serait difficile de prouver le contraire [1]. » Et il donne le motif qui lui fait tenir un langage tellement circonspect : c'est qu'entre la physiologie et la pathologie, il n'existe point de limites nettement définies, et que la science n'a point encore fixé les bornes qui séparent l'une de l'autre : « On ne saurait avoir la prétention, dit-il, de tirer une ligne de démarcation bien nette, entre ce qui est encore dans les limites de la physiologie et ce qui appartient déjà à la pathologie. Une telle ligne n'existe pas plus ici qu'ailleurs, et la zone intermédiaire entre la santé et la maladie cérébrale est aussi large et aussi variable que pour les autres organes [2]. »

Voilà qui est parler raison, mais voilà aussi qui ne ressemble guère à l'affirmation, si sûre d'elle-même, des adversaires de l'hypnotisme.

Il ne faudrait pas croire, du reste, que l'on attribue par fantaisie et pour le plaisir de contredire, au sommeil

---

1. *L'hypnotisme et la médecine légale*, p. 20.
2. *Ibid.* On peut voir encore M. le Dr Pitres, *Leçons cliniques sur l'hystérie et l'hypnotisme*, t. II, p. 345; MM. Binet et Féré, *Le magnétisme animal*, p. 71.

artificiel la qualité de phénomène purement physiologique. Si on le fait, c'est sur bonnes preuves.

Pourquoi, en effet, ne pas identifier deux sommeils qui se produisent par les mêmes moyens, présentent les mêmes phénomènes, et se transforment si facilement l'un dans l'autre ? Or, le sommeil **naturel** et le sommeil hypnotique, nous le verrons bientôt, ont essentiellement les mêmes causes ; l'un et l'autre peuvent s'accompagner de rêves de la même façon ; enfin « ils se transforment l'un dans l'autre. Par exemple, un dormeur artificiel abandonné à lui-même, cesse d'être cataleptique peu à peu et finit par entrer dans le sommeil ordinaire; ainsi un dormeur ordinaire, si on le touche en même temps qu'on lui parle avec douceur, parvient lentement et sans s'éveiller à se mettre en communication et à devenir cataleptique [1]. »

De fait, si le sommeil hypnotique relève essentiellement de la pathologie, il sera ou une *psychose* ou une *névrose*. Mais il n'est ni l'une, ni l'autre, nous dit M. le Dr Albert Moll, de Berlin. La preuve, c'est qu'aucune maladie ne cesse, pas plus qu'elle ne se produit, instantanément. Or, je puis faire cesser le sommeil hypnotique, avec tous les phénomènes produits, instantanément, puisque je n'ai qu'à dire au sujet : « réveillez-vous », il se réveillera. L'hypnose n'est donc pas une maladie; mais il faut l'identifier avec le sommeil naturel ou reconnaître au moins qu'elle présente avec lui les plus intimes rapports, et constitue un état tout à fait analogue [2].

---

1. Liébeault. *le Sommeil provoqué*, p. 27. Bernheim, *De la suggestion*, etc., p. 220.
2. *Der Hypnotismus*, 2e édit., p. 165-167.

Et comment l'hypnose serait-elle essentiellement une maladie, si l'on s'en sert justement pour soulager les malades et améliorer leur état? Or, c'est ce qui a lieu. « Contrairement à beaucoup de médecins, écrit M. le Dr Beaunis, je regarde le sommeil hypnotique *sans suggestion* comme plus réparateur que le sommeil ordinaire; et d'après les observations que j'ai pu faire chez le Dr Liébeault ou que j'ai faites par moi-même, une partie des effets thérapeutiques produits par l'hypnotisme doit être attribué à ce caractère bienfaisant du sommeil provoqué[1]. » De quel droit appeler morbide un pareil sommeil, puisque morbide, il ne l'est ni dans ses causes, ni dans ses effets.

En présence de pareils faits et de pareils arguments, l'on s'explique fort bien que beaucoup de médecins, et des plus illustres, se refusent à voir dans le sommeil hypnotique un phénomène ou un état essentiellement morbide, et que ceux qui le regardent comme un événement pathologique ne formulent leur opinion qu'avec réserve. En tout cas, il est incontestable que l'opinion qui regarde l'hypnose comme étant, de soi, un simple état physiologique a pour elles de nombreuses autorités médicales de premier ordre, et de graves raisons. Aussi n'est-on pas sans éprouver quelque surprise, quand, après avoir pris connaissance d'une aussi sérieuse controverse, l'on entend le R. P. Franco parler comme il suit : « Nous autres, appuyés sur le bon sens universel, et sur la manière de voir commune des médecins, nous

---

1. *Le Somnambulisme provoqué*, p. 211.

considérons l'affirmation de Bernheim, non pas comme une doctrine, mais comme une *hérésie en médecine* [1]. » Il est à craindre qu'ici le bon sens universel n'ait laissé le Révérend Père parler tout seul, et ne lui abandonne la responsabilité entière de ce qu'il a dit.

II

Du reste il faut convenir que cette théorie rien moins que démontrée de la névrose hypnotique est, au fond, pour le R. P. Franco un point de départ plutôt qu'une base de démonstration, et aussi que le Révérend Père pardonnerait volontiers à l'hypnotisme, s'il n'était qu'une maladie. Mais c'est qu'il est une maladie de provenance diabolique. Vous vous souvenez de la preuve qui l'établit invinciblement : Deux causes naturelles seulement pourraient avec quelque vraisemblance être assignées à l'hypnose, l'une *objective*, le fluide, l'autre *subjective* l'imagination du sujet. Or, l'hypnose ne procède ni de l'imagination, ni du fluide. Donc l'hypnose ne procède point de cause naturelle. Et cette conclusion reçoit encore une éclatante confirmation de ce fait que tout est bon pour endormir, des passes, un souffle, un rayon de lumière, un bruit léger, un bruit étourdissant, un choc électrique. On y peut employer ce que l'on veut, précisément parce que rien de ce qu'on emploie n'est la vraie cause du sommeil.

1. *La nouvelle théorie de la Suggestion*, p. 40.

Ainsi parlent et raisonnent les adversaires de l'hypnotisme. Nous allons voir que, dans la circonstance, ils parlent avec bien peu d'exactitude et raisonnent bien faiblement.

D'abord est-il exact de dire, sans apporter aucune distinction, que l'on peut employer pour endormir un sujet n'importe quel moyen? Nous demandons, par exemple, s'il est jamais arrivé qu'un hypnotiste ait endormi un homme sain de corps et d'esprit, qui n'eût point encore été hypnotisé, qui n'eût point actuellement le besoin, l'idée, ni la volonté de dormir, simplement par un coup de tam-tam, ou par un souffle ou par la seule projection d'un rayon lumineux. Cela ne s'est jamais vu : jamais hypnotiste ne s'est vanté d'un pareil tour de force.

S'il s'agit d'une personne hystérique, oui, un coup de tam-tam, un choc électrique ou une vive lumière pourra l'endormir sur-le-champ.

Si le sujet a été déjà plusieurs fois hypnotisé, le moindre signe lui *rappelant qu'il doit dormir*, un simple regard, un souffle, le seul mot « dormez », un doigt fixé devant ses yeux, pourra le rendormir.

Mais l'infirmité, dans le premier cas, l'habitude, « l'éducation suggestive[2] », dans le second, nous donnent l'explication toute naturelle du phénomène. Ces moyens extraordinaires n'obtiennent d'effets que sur des sujets névrosés ou déjà formés au sommeil hypnotique.

---

1. M. l'abbé Lelong, *la Vérité sur l'hypnotisme*, p. 61.
2. Le mot est de M. Bernheim *(De la Suggestion*, p. 5).

Il n'est donc pas exact de dire qu'on peut employer n'importe quel moyen, pour endormir n'importe qui. L'on vous met au défi d'endormir un homme sain, à son état normal, et qui n'a pas encore été hypnotisé, en lui soufflant une fois sur les deux yeux, ou même en tirant à son oreille un coup de revolver.

— Mais, n'y a-t-il pas quand même, dans la manière dont on endort les sujets bien portants, quelque chose d'étrange, qui sent l'occultisme, une disproportion plus qu'inquiétante, absolument suspecte, entre les procédés d'hypnotisation mis en œuvre et le sommeil ?

— La seule chose étrange, inquiétante, mais pas suspecte, en toute cette affaire, c'est la facilité avec laquelle de bons esprits voient ou soupçonnent des puissances occultes et au-dessus de nature là où tout se passe et arrive de la façon la plus simple et la moins extraordinaire. L'on pourra s'en convaincre, si l'on veut bien lire avec quelque attention la belle page où M. le Dr Liébeault compare, au point de vue de leur genèse, le sommeil ordinaire et le sommeil provoqué.

« Si l'on considère, l'un après l'autre, les signes de la formation du sommeil ordinaire et du sommeil artificiel, on remarquera qu'ils sont les mêmes.

« Les psychologues qui se sont occupés du sommeil ordinaire, ont déjà observé que cet état ne peut le plus souvent se manifester sans un consentement préalable de l'esprit. Il est aussi acquis à la science que, lorsqu'on veut s'abandonner au repos, on recherche l'obscurité et le silence ; on se couvre la tête et le corps pour éviter le contact d'un air trop vif ou la piqûre des insectes ; on se place sur un lit moelleux et l'on chasse de son esprit toutes les idées qui pourraient le préoccuper ; bref, on s'isole de ce qui amène la distraction des sens et de ce qui alimente activement les facultés intellectuelles ; l'on ne songe qu'à une chose, reposer ; l'on ne se berce que d'une idée, dormir. Et ce n'est pas seulement l'homme qui entre ainsi dans le sommeil, les animaux à sang chaud s'isolent de même ; les oiseaux se mettent la tête sous l'aile, les mammifères se réfugient dans une retraite ou se roulent en boule, la tête entre leurs pattes ; tous cherchent une place commode et profitent du silence et de l'obscurité de la nuit. Et l'enfant, dès lors qu'il est fatigué par les excitants extérieurs des sens, ne fait-il pas aussi de même quand il se replonge de nouveau dans le sommeil ? En se repliant instinctivement sur soi-même, en s'isolant ainsi du milieu qui l'entoure, il entre dans l'état de repos bienfaisant où il était dans le sein de sa mère et où s'accomplissaient les mystères de son développement. Et, quand un élément nouveau, le rêve, s'ajoute à ce sommeil, n'est-ce pas que l'enfant a déjà appris à sentir et à penser ?

« Outre ces causes essentiellement psychiques du sommeil, il en est qui leur sont antérieures et qui leur viennent en aide. Les unes se révèlent sous forme de besoins ; c'est d'abord un léger degré de faiblesse ou de fatigue, dans lequel les sens sont émoussés, et, par conséquent, peu susceptibles de distractions. C'est ensuite le travail digestif qui exerce une révulsion puissante de l'attention vers l'estomac et les intestins, aux dépens de celle qui se porte aux sensations et au remuement des idées, fonctions qui, devenant moins actives, prédisposent par cela même à un laisser-aller, à la pensée naturelle de reposer. Les autres causes sont de véritables procédés pour déterminer le sommeil : ainsi, une lecture ou une conversation ennuyeuse, le bercement, un bruit monotone, la récitation de formules dont la tête est ressassée, toutes choses qui ont pour résultat, en imposant à l'esprit un aliment sans attrait, de conduire l'attention à s'immobiliser sur l'idée plus habituelle et plus agréable de dormir. Les bains tièdes, qui ont la propriété de calmer le sens le plus étendu et le plus impressionnable, le tact, peuvent aussi être rangés dans cette seconde catégorie ; ce sont des calmants de la sensibilité, ils éloignent des distractions.

« Ainsi, consentement au sommeil, isolement ménagé des sens, afflux de l'attention sur l'idée de s'endormir, ce qui, physiologiquement, se traduit par le retrait de cette force des organes sensibles pour s'accumuler dans le cerveau sur une idée ; puis, enfin, subsidiairement, besoin plus ou moins pressant de reposer et moyens mécaniques facilitant l'immobilisation de l'attention : tels sont, au premier aperçu, les divers éléments du mode de la formation du sommeil ordinaire.

« Pour le développement du sommeil artificiel, ce mode n'est pas différent. On s'est aperçu que les personnes que l'on veut endormir ne sont nullement influencées, si leur attention va d'une sensation à une autre ou voltige, tour à tour, sur une foule d'idées sans s'arrêter à aucune ; si enfin, elles font des efforts pour résister à la pensée de dormir ou sont convaincues qu'elles ne dormiront pas. De plus, on peut faire la remarque que, dans leurs procédés pour amener le sommeil artificiel, les endormeurs mettent d'abord ces personnes dans l'isolement des sens en privant, autant que possible, ces organes de leurs excitants et en empêchant, par là, l'attention de s'y diriger comme d'habitude. Aussi, leur recommandent-ils le silence et les placent-ils dans l'obscurité, sur un siège commode et dans une chambre dont la température est douce. Pour aider à l'immobilisation de l'attention de ces personnes, ils veillent encore à ce qu'elles fixent les yeux sur les leurs, ou à ce qu'elles regardent un objet qui frappe la vue par son éclat, et ils ont soin, ensuite, de les inviter à ne songer à rien autre chose qu'à dormir, comme lorsqu'elles veulent d'habitude se livrer au repos. Au bout de quelque temps, si leurs paupières ne sont pas closes, ils les leur ferment, et d'une voix impérative, ils leur ordonnent le sommeil.

. . . .

« On le voit, au fond des procédés des endormeurs, on retrouve, pour le sujet, les mêmes éléments psychiques et rationnels que ceux par lesquels on entre dans le sommeil ordinaire : conviction que l'on peut dormir, consentement au sommeil, isolement des sens, concentration de l'attention sur un seul objet ou une seule idée, et cette idée est ordinairement celle vers laquelle l'esprit tend de lui-même. Il n'y a qu'un élément en moins, le besoin de repos et un autre en plus, l'injonction de dormir ; ce dernier n'est qu'une stimulation au cumul de l'attention sur l'idée de se livrer au sommeil : c'est-à-dire, un moyen de concentrer la pensée avec plus de rapidité.

« De la comparaison qui précède, on peut conclure que, dans sa formation et par les côtés mis en regard, le sommeil artificiel ne diffère pas du sommeil ordinaire, et que, dans l'une et l'autre forme de l'état passif, c'est le retrait de l'attention loin des sens et son accumulation dans le cerveau, sur une idée, qui en est l'élément principal [1]. »

Cette analyse comparée des moyens de produire le sommeil est classique, et personne n'en pourra contester l'exactitude. Mais si les faits se passent de la sorte, si les deux sommeils ont les mêmes antécédents psychiques et physiologiques, pourquoi s'en va-t-on nous parler d'occultisme, de préternaturel, de diabolique ? Pourquoi nous dire que la naissance de l'hypnose n'est point naturelle ? Rien de plus naturel, au contraire ; et M. le Dr Liébeault vient de nous le montrer si clairement que, d'avance, l'on est convaincu de la faiblesse et du néant des preuves par lesquelles on voudrait essayer d'établir le contraire.

Le R. P. Franco nous dit : « Ou vous expliquerez l'hypnose par le fluide, ou vous l'expliquerez par l'imagination. Or, il ne peut s'expliquer ni par l'un, ni par l'autre. Donc... »

Il est visible au premier coup d'œil que voilà un dilemme qui ne tient pas debout. Pour le jeter par terre, il suffit de nier que l'énumération des parties soit com-

[1]. *Sommeil provoqué*, p. 10-12.

plète. C'est ce qu'on n'a pas manqué de faire. M. l'abbé Lelong s'en est chargé. « On peut répondre, dit-il fort bien, qu'entre ces deux thèses (*objective*, explication par le fluide, *subjective*, explication par l'imagination) il y a place pour une troisième qui leur emprunte ses éléments. L'objective fournit ses moyens physiques : **passes**, regard, commandement, etc. (je ne rangerais pas le commandement parmi les moyens physiques); la subjective, ses éléments psychologiques : volonté, imagination ; et de ces éléments surgi le phénomène hypnotique de la manière la plus naturelle [1]. »

N'était-il pas juste de dire que l'argument ne tenait pas debout ?

M. Liébeault fait suivre le passage de son livre que nous avons cité, sur les causes du sommeil provoqué, de cette sage réflexion : « Une chose m'étonne, c'est que la plupart de ceux qui ont écrit sur le sommeil artificiel, en sont restés à des hypothèses pour s'en expliquer la formation. En pratique, ils n'ignoraient nullement les conditions du développement de cet état, et, cependant, au lieu de s'appuyer sur des faits tout trouvés et de les interpréter, ils ont inventé des théories comme celle du fluide, ou des esprits, ou de l'imagination.

« C'est un travers de l'esprit humain de ne jamais se contenter de ce qui est simple : quand il n'a qu'à conclure, il se jette dans les hypothèses [2]. »

Que ce soit ce travers de l'esprit humain, ou un au-

---

1. *La Vérité sur l'Hypnotisme*, p. 59.
2. *Le Sommeil provoqué*, p. 12.

tre, qui ait créé la thèse de la « naissance préternaturelle » de l'hypnose, il demeure toujours établi que cette thèse est sans fondement. Rien, absolument rien, ne prouve que ce phénomène ne soit pas purement et simplement naturel.

Mais que penser des faits étranges qui accompagnent le sommeil hypnotique ?

III

Avant tout nos lecteurs voudront bien se souvenir que, par faits hypnotiques, j'entends exclusivement ceux que les hypnotistes s'accordent à reconnaître comme relevant de l'hypnose, les faits notoires, observés universellement et dûment contrôlés par l'expérience scientifique. Nous n'avons donc point à nous occuper ici des tables qui parlent ou qui écrivent, de la matérialisation des esprits, de ceux qui se communiquent leurs pensées à distance et sans intermédiaire, de ceux qui voient par les oreilles ou entendent par les yeux, de ceux qui lisent des lettres enfermées au fond d'une boîte, etc. Ces faits, ou n'étant pas notoires et n'ayant pas été dûment contrôlés par l'expérience scientifique, ou ne relevant pas de l'hypnose du commun aveu des hypnotistes, nous les laisserons pour ce qu'ils valent sans les discuter, et nous examinerons seulement les phénomènes incontestablement hypnotiques, tels que je les ai précédemment rapportés et décrits [1].

1. Voir chap. IV et V.

Or, ces phénomènes-là même, selon le R. P. Franco, non moins que les phénomènes dits supérieurs « *fatti chiamati superiori* », sont préternaturels, c'est-à-dire diaboliques. Il est juste de reconnaître toutefois que le Révérend Père se montre large, et veut bien nous faire une concession. « Ces faits, dit-il, considérés dans leur substance, pourraient être admis comme naturels : mais si l'on regarde la manière dont ils se produisent, manifestement ils sont préternaturels [1]. »

— Et pourquoi ?

— Pour deux raisons capitales très fortes, « *fortissime ragioni* [2] », dont la première est : qu'ils arrivent à l'improviste, sans que rien les annonce, sans que rien les prépare « *subitanei ed improvisi* [3] ». Et si vous en voulez un argument en forme, le voici :

Tout symptôme naturel de maladie naturelle a ses prodromes.

Or, les symptômes de l'hypnotisme n'ont pas de prodrome.

Donc les symptômes de l'hypnotisme ne sont pas symptômes naturels de maladie naturelle.

La *majeure* se prouve par le consentement unanime des médecins et de ceux qui ne le sont pas « *fatto notorio ai medici e ai non medici* [4] », en particulier par l'affirmation catégorique de M. Paul Richet qui, parlant de l'hystérie, fondement et substratum de l'hypnose au

---

1. *L'Ipnotismo*, etc., p. 124.
2. *Ibid.*
3. *Ibid.*
4. *Ibid.*

jugement de M. Charcot, a pu dire : « L'attaque d'hystéro-épilepsie, ou la grande attaque d'hystérisme ne surprend pas : elle est toujours précédée, quelquefois pendant plusieurs jours, d'un cortège de phénomènes permettant aux malades de prévoir le moment où elles vont tomber en attaque [1]. »

La *mineure* est trop sûre : qu'un homme soit endormi, et vous le verrez vous présenter successivement et sans transition, au gré de l'opérateur, les symptômes de toutes les maladies imaginables.

Voilà donc un argument solide dans toutes ses parties et inattaquable.

— Hélas! il est si peu solide dans toutes ses parties que sa base même manque de consistance.

Que suppose, en effet, le R. P. Franco, quand il raisonne comme nous venons de le voir? Il suppose que l'hypnose est une maladie qui, comme telle, doit avoir ses symptômes, lesquels, à leur tour, s'ils sont naturels, doivent avoir leurs prodromes. Mais, nous l'avons vu, il n'est pas le moins du monde démontré que l'hypnose soit une maladie. L'argument du Révérend Père, au lieu d'être bâti sur le roc d'une certitude, repose donc sur le sable d'une pure probabilité. C'est un vice irrémédiable.

Mais accordons que l'hypnose soit une maladie, l'argument ne s'en portera pas mieux pour cela : car la majeure est fausse, et nous la nions.

Oui, nous nions que tout symptôme naturel de ma-

1. *Études cliniques sur la grande hystérie*, p. 1.

ladie naturelle ait ses prodromes : et, chose plus étrange, nous le nions de par l'autorité de ce même M. Paul Richet que cite en sa faveur le R. P. Franco, et qui, pour lui, représente l'universalité des médecins et de ceux qui ne le sont pas, « *medici e non medici* ».

Ici, en effet, le Révérend Père joue de malheur. Ces paroles qu'il nous oppose : « L'attaque d'hystéro-épilepsie, ou grande attaque d'hystérie ne surprend pas, etc. », sont bien, comme il le dit, les « premières paroles [1] » du grand traité de M. Paul Richet, intitulé *Études cliniques sur la grande hystérie;* mais il n'a pas remarqué qu'elles se trouvent sous ce titre : PREMIÈRE PARTIE. DE LA GRANDE ATTAQUE HYSTÉRIQUE COMPLÈTE ET RÉGULIÈRE. Nous sommes donc bien avertis que M. Paul Richet ne parle ici que de la grande attaque hystérique « *complète et régulière* ». L'assertion de M. Paul Richet ne s'étend pas nécessairement à toute espèce d'attaque d'hystérie, et n'implique point du tout, par conséquent, que tout symptôme hystérique doive avoir son prodrome. Et de fait, si le R. P. Franco avait voulu pousser sa lecture jusqu'à la « DEUXIÈME PARTIE. DES PRINCIPALES VARIÉTÉS DE LA GRANDE ATTAQUE HYSTÉRIQUE, » il eût trouvé, entre les pages 166 et 167, « un tableau synoptique de la grande attaque hystérique et des *variétés qui résultent de modifications apportées aux éléments qui la constituent* » [2], modifications dont l'une consiste précisément dans l'absence de prodromes. M. Paul Richet

---

1. *L'Ipnotismo*, etc., p. 125.
2. *Études cliniques sur la grande hystérie,* p. 167.

reconnaît donc et admet explicitement que l'attaque d'hystérie peut avoir lieu sans prodromes. Que la chose arrive ainsi, c'est, du reste, « un fait notoire pour les médecins, » — nous n'osons plus ajouter « et pour ceux qui ne le sont pas, » — comme chacun pourra s'en convaincre en lisant cette intéressante leçon de M. Pitres, dont le « Sommaire » est ainsi formulé : « Attaques convulsives incomplètes : *a) par absence de la période prodromique ;* b) par absence d'hypnose consécutive ; c) par absence des périodes præ et post-convulsives...[1] »

C'est donc de plein droit que nous nions la majeure de ce premier argument qui devait être décisif : et, par le seul fait, l'argument tout entier tombe.

La première des deux raisons « très fortes, *fortissime ragioni* » du R. P. Franco est, nous venons de le voir, plus que faible. Examinons maintenant la seconde.

Il y suppose encore que l'hypnose est une maladie — mais passons là-dessus — et, s'adressant à tous les médecins ensemble, il les adjure de dire si, parmi les maladies naturelles, il en est une seule, à leur connaissance, dont les symptômes dépendent de leur bon plaisir, à eux médecins, si bien que la maladie commence et finisse, augmente ou diminue, bref se comporte en toutes ses phases absolument selon leur gré, et comme il leur convient. Les médecins ainsi consultés répondent unanimement qu'il n'existe aucune maladie pareille. Sur quoi le Révérend Père conclut :

---

1. *Leçons cliniques sur l'hystérie et l'hypnotisme*, t. I, p. 220.

Donc, les symptômes de l'hypnose ne sont pas naturels.

Car les symptômes du mal hypnotique sont entièrement à la discrétion des hypnotiseurs qui, comme nous le savons, donnent à leurs sujets, selon leur bon plaisir, la souffrance ou le bien-être, le froid ou le chaud, l'agitation ou le calme, des larmes ou des éclats de rire [1].

Et la conclusion est rigoureuse ; car, pour la nier, il faudrait reconnaître à la volonté de l'opérateur le pouvoir d'influencer directement le sujet, chacun de ses sens, ses veines, ses artères, ses muscles, tous ses organes ; ce qui ne peut convenir à une cause extérieure, et toute en dehors de l'hypnotisé. Pour expliquer naturellement tous ces symptômes, il faudrait une cause naturelle intrinsèque au patient ; et, ici, de cause naturelle intrinsèque il n'y en a pas. « *E qui la causa intrinseca non ci è, ci è solo la volontà altrui imperante* [2]. »

Que répondre à un tel raisonnement ?

Nous répondons au R. Père qu'il a bien raison de demander une cause intrinsèque pour expliquer les symptômes qui se produisent dans l'intime des organes de l'hypnotisé ; mais qu'il a tort quand il suppose qu'une telle cause, et toute naturelle encore, n'existe point. Cette cause existe.

— Quelle est-elle ?

— La suggestion, oui, la suggestion communiquée par l'opérateur au sujet, reçue dans le sujet. C'est la sug-

---

1. *L'Ipnotismo*, etc., p. 132 et suiv.
2. *Ibid.*, p. 133.

gestion du bien-être, reçue dans l'âme de l'endormi, qui cause le bien-être, et la suggestion du malaise, reçue de la même façon, qui cause le malaise : en général, chez l'hypnotisé, c'est la suggestion du symptôme qui donne naissance au symptôme, et qui l'explique. Et, parce que la suggestion est chose toute naturelle et qui opère tout naturellement, il s'ensuit que les symptômes de l'hypnose sont naturels, et nullement préternaturels.

Mais c'est à quoi le R. P. Franco ne veut rien entendre : et le voilà qui fait appel à toutes les ressources de sa dialectique, pour prouver que la suggestion est insuffisante à expliquer les symptômes hypnotiques. C'est un suprême assaut qu'il livre contre la thèse du caractère naturel de l'hypnose. L'on sent bien, à l'impétuosité et aux audaces de notre vaillant adversaire, qu'il en est réduit à ses derniers moyens, et que la lutte est arrivée à son moment décisif.

IV

Écoutons le R. Père. Voici son premier argument « capital et invincible, *capitale ed invitto* »[1]. « Pour produire un changement physique dans les muscles, une cause physique est nécessaire, et une cause morale y est insuffisante. Or, la suggestion est une cause morale : elle

---

1. *L'Ipnotismo*, etc., p. 135.

ne peut donc produire des effets physiques. Il faudrait, pour cela, ou qu'elle changeât physiquement les organes des sens, ou qu'elle créât la qualité physique qui doit être sentie, par exemple, le chaud, le froid, la paralysie, etc. Donc, la suggestion n'explique pas les phénomènes de l'hypnotisme. »

Au lieu d'un argument capital et invincible, ne semble-t-il pas plutôt que nous ayons ici une argumentation et une audace de désespéré ? La réponse à faire saute aux yeux, et M. l'abbé Lelong ne nous la fera pas non plus attendre longtemps :

« L'argument est en forme et serré, dit-il, mais le principe sur lequel il repose est faux : pour produire un effet physique sur les muscles, ou mieux un changement physiologique, une cause physique n'est pas nécessaire ; une cause morale peut le produire aussi bien qu'elle, et plus efficacement quelquefois. Une surprise, par exemple, une vive émotion, l'épouvante causée par l'appréhension d'un péril, même imaginaire, sont tout aussi propres à déterminer une perturbation considérable dans l'organisme, même une crise violente, la paralysie, la catalepsie, l'anesthésie, des hallucinations, jusqu'à la folie. L'expérience journalière ne permet pas d'en douter. Or, la suggestion est une cause morale de ce genre. Il n'est donc pas étonnant qu'elle arrive à des effets similaires.

« Mais il n'est pas besoin pour cela de changer physiquement les organes des sens, ou de créer la qualité physique qui doit être sentie. Il suffit que les organes se prêtent à produire l'impression et que les fibres sensitives soient affectées comme si elles recevaient la sensation désignée : c'est ce qui a lieu par le concours de l'imagination mise en activité [1]. »

Le R. P. Franco, l'on se souvient à propos de quelle question, accusait M. Bernheim d'avoir commis une hérésie en médecine. Si le R. Père maintient son principe : « que pour produire un changement physique dans les muscles, une cause physique est nécessaire, et qu'une cause morale n'y peut suffire, » M. Bernheim pourra accuser le R. Père, mais avec autrement de raison, d'être hérétique..... en psycho-physiologie.

Mais, n'insistons pas, nous aurons plus tard l'occasion de faire la démonstration scientifique de cette influence profonde de l'imagination sur l'organisme. En ce moment, le R. Père ne nous écouterait pas. Il est trop occupé à nous chercher une nouvelle preuve que la suggestion est incapable de causer et d'expliquer les symptômes hypnotiques.

Je vous ai déjà accordé, poursuit-il, que ces symptômes, pris en eux-mêmes, peuvent s'expliquer naturellement, et, si vous le voulez, par la suggestion ; mais ce que la suggestion n'expliquera jamais, c'est cette excessive variété de symptômes, c'est la rapidité avec laquelle ils se succèdent, c'est cette révolution de toute l'organisation, c'est ce bouleversement universel de la sensibilité « *universale disordine sensitivo* », ces métamorphoses, ces changements à vue de tout l'être des sujets. Rappelez-vous donc les faits : ce même homme qui, dans un quart d'heure,

---

1. *La Vérité sur l'hypnotisme*, p. 62.

avait successivement trois maladies différentes, étouffait de chaleur, grelottait de froid ; était gai, était triste, et tour à tour empereur, paysan, avocat, prêtre, général, vieille femme. Il est clair que la suggestion ne fait point tout cela : « *è chiaro che il suggerimento non basta a commutare le sensazioni con tale excesso* [1]. »

— Mais cela n'est pas clair du tout. C'est même si peu clair, que là-dessus roule le débat entre vous et nous, et que c'est là justement ce que vous avez à prouver. Nous vous demandons une preuve, et vous nous donnez une affirmation : *è chiaro*.

D'ailleurs, ce que vous jugez impossible vous apparaîtra comme à nous tout naturel, mon Révérend Père, si vous voulez bien vous rappeler deux choses : la première, que l'imagination est, non pas l'unique, mais le grand facteur des symptômes hypnotiques ; la seconde, que ces phénomènes auxquels vous faites allusion ne s'observent pas d'emblée dans tous les sujets, mais seulement dans une élite, c'est-à-dire chez les prédisposés et chez ceux qui ont reçu « l'éducation hypnotique [2] ».

Vous savez aussi bien que nous que là où préside et domine l'imagination, on peut s'attendre à la variété, au disparate même, et que, sur la scène où elle joue, l'imprévu et les coups de théâtre deviennent la règle ; et que cela est plus vrai encore si nous sommes en présence d'une imagination exaltée, soit de nature, soit par entraînement. Pour ébranler la conviction des hypnotis-

1. *L'Ipnotismo*, p. 127-130.
2. Voir les tableaux de la suggestibilité comparative des sujets dressés par MM. Bernheim, Liébeault, Beaunis, etc.

tes, il faudra d'autres arguments. Il est vrai qu'ils ne manquent pas, à ce qu'il paraît. En voici un troisième, dans lequel le R. P. Franco n'a pas moins de confiance que dans les précédents ; car il va, nous assure-t-il, fournir une « marque flagrante, *marchio flagrantissimo* » que la suggestion n'est pas une cause naturelle.

Une cause naturelle, n'est-il pas vrai, opère son effet nécessairement et infailliblement, quel que soit celui qui l'emploie ; ainsi un morceau de fer rougi au feu brûle, un morceau de glace refroidit quelle que soit la main qui les applique. Or, la suggestion échappe à cette loi. Si elle est donnée par l'hypnotiseur, ordinairement il est obéi ; si elle est donnée par un autre, elle demeure sans effet. La suggestion n'est donc pas une cause *naturelle*.

Ce qu'il y a de plus « flagrant » dans ce raisonnement, ce n'est assurément pas la « marque » qu'il devait mettre en évidence. M. l'abbé Lelong en fait justice sans peine. « La réponse est facile, dit-il. C'est vrai, la suggestion, cause naturelle, doit produire ses effets, quel que soit l'agent qui la provoque, si elle est imposée dans les mêmes conditions ; mais, si ces conditions sont différentes, il est clair que l'effet peut l'être aussi. C'est justement ce qui a lieu dans le cas présent : la situation est tout à fait autre. Seul, de tous les spectateurs, l'hypnotiseur s'est mis en rapport avec le sujet par le sommeil provoqué et par la puissance absolue que ce sommeil procure sur la volonté et l'organisme ; seul, par conséquent, il est en mesure de se faire écouter et obéir.

Pour qu'une autre personne pût jouir du même avantage, il faudrait qu'elle fût dans la même situation, qu'elle se fût mise en communication avec le sujet. Le contraire a eu lieu : elle s'est laissé devancer par l'hypnotiseur, qui s'est emparé de la volonté de ce sujet ; il n'y a donc plus de place pour elle. Est-il étonnant que sa tentative demeure infructueuse ? La dissemblance des situations explique celle de l'effet [1]. »

Argumenter *a pari* de l'une à l'autre est un vrai paralogisme.

Évidemment, M. l'abbé Lelong ne dit pas sur ce raisonnement tout ce qu'il y aurait à dire ; mais il en montre bien le vice essentiel et « flagrant ». Cela lui suffit, et à nous aussi, pour le moment.

Le R. P. Franco est bien convaincu que les raisons dont nous venons de faire l'examen doivent entraîner l'assentiment de tout esprit sage et non prévenu ; cependant, comme abondance ne nuit point, il continue son argumentation ; et pour porter à l'hypnotisme un dernier coup, il nous demande malicieusement de lui expliquer trois phénomènes : le phénomène de l'hallucination négative, celui de la suggestion dite à longue échéance, enfin, l'apparition des marques sanglantes, véritables stigmates, sur le corps de certains hypnotisés [2].

Voilà un médecin, nous dit-il en substance, qui affirme à une de ses malades, après l'avoir endormie, qu'une fois réveillée elle ne le verra plus ; à une autre,

---

1. *La Vérité sur l'hypnotisme*, p. 64.
2. Voir plus haut chapitre V.

qu'elle ne le reconnaîtra pas ; à une troisième, que, le dixième jour qui suivra la présente expérience et qui sera le vingtième du mois courant, à neuf heures du matin, elle viendra lui faire une visite de remerciements ; enfin, à une quatrième, que, après avoir dormi huit heures, la lettre V se formera sur son avant-bras gauche, en deux traits sanglants. Cela dit, il réveille ses quatre sujets, et toutes les suggestions se réalisent à point nommé. Expliquez-nous comment elles se réalisent. Vous ne l'expliquerez pas ; et c'est pourquoi je conclurai de nouveau contre vous :

Donc l'hypnose n'est pas un phénomène naturel [1].

— Vous n'expliquerez pas comment se réalise tel phénomène : donc ce phénomène est préternaturel.

A coup sûr, le Révérend Père serait aussi embarrassé de nous expliquer comment, dans son argument, la conclusion suit de l'antécédent, que pourront l'être les hypnotistes, quand l'heure en sera venue, de lui expliquer comment se produisent les phénomènes qu'il leur objecte. Le Révérend Père accepterait-il, en principe, de regarder comme préternaturels tous les faits dont il n'est pas capable de nous assigner les causes et la genèse ? La liste en serait longue, malgré tout son savoir et son habileté, et le domaine de la nature deviendrait bien réduit.

Nous n'expliquons pas ces phénomènes ; eh bien ! soit, vous n'en pouvez rien inférer contre l'hypnotisme. Pour avoir le droit d'inférer quelque chose, il vous

---

1. *L'Ipnotismo*, etc., p. 137-140.

faudrait établir, non pas seulement qu'ici nous n'expliquons rien, mais *qu'il est impossible que rien soit expliqué par des causes naturelles.* L'avez-vous fait ? Pouvez-vous le faire ?

Du reste, il n'est pas exact que nous ne puissions, à l'aide de la physiologie et d'une bonne psychologie, jeter un jour très suffisant sur ces phénomènes surprenants ; et, s'il plaît à Dieu, nous vous le ferons voir. En attendant, après avoir constaté que votre argument ne conclut pas, nous allons vous donner brièvement la raison pour laquelle ni celui-là ni d'autres ne pourront conclure : c'est que l'hallucination, la suggestion à longue échéance et les marques sanglantes ont leurs analogues, ou à tout le moins leurs éléments, dans les faits notoirement naturels.

On nous parle d'hallucinations, et on s'exclame sur l'étrangeté de pareils événements. Mais rien n'est plus commun chez les hommes distraits, préoccupés, et chez les somnambules. Si un homme est sous le coup d'une vive émotion, ou s'il a simplement une absence, il passera près de vous, vous regardera en face, et ne vous verra pas ; il se heurtera à un mur, se déchirera la figure ou la main, recevra un coup, une blessure, et ne s'en apercevra pas. Faut-il rappeler l'histoire d'Archimède, et les stupéfiantes aventures de M. Ampère et du D' Robert d'Hamilton d'Aberdeen [1] ? Hallucinations positives, hallucinations négatives, amnésies, mais c'est de

---

1. Carpenter, *Mental Physiology*, p. 564.

tout cela qu'est faite l'histoire quotidienne du somnambulisme naturel. Pourquoi se croire obligé d'en appeler au diable, quand on rencontre ces faits dans l'hypnose, qui n'est qu'un somnambulisme artificiel ?

Relisons ensemble, si vous le voulez, le récit tant de fois reproduit mais toujours si émouvant de Dom Duhaguet, prieur de Pierre-Châtel, et vous allez y trouver un exemple typique des deux hallucinations :

« Un soir que je ne m'étais point couché à l'heure ordinaire... j'entendis ouvrir ma porte, et je vis entrer un religieux, connu pour être somnambule, mélancolique et sombre. *Les yeux ouverts* mais fixes, vêtu de sa seule tunique, un grand couteau à la main, il alla droit à mon lit dont il connaissait la position, *eut l'air de vérifier, en tâtant de la main, si je m'y trouvais effectivement :* après quoi, il frappa trois grands coups, tellement qu'après avoir percé les couvertures, la lame entra profondément dans la natte. Il se retourna et j'observai que son visage, tout à l'heure contracté, était détendu et qu'il y régnait quelque air de satisfaction. *L'éclat des deux lampes qui étaient sur mon bureau ne fit aucune impression sur ses yeux ;* et il s'en retourna comme il était venu, ouvrant et fermant avec discrétion deux portes qui conduisaient à ma cellule. Le lendemain le pauvre somnambule se souvenait de cette aventure comme d'un rêve, mais non comme d'un acte accompli : il avait rêvé que sa mère avait été tuée par le prieur, et la vue du cadavre de sa mère l'avait porté à la vengeance. »

Vous l'avez entendu : le moine, *les yeux grands ouverts,* n'avait vu ni les deux lampes allumées, ni le prieur à son bureau. Voilà bien l'hallucination négative. Par contre, ses yeux avaient *vu*, et sa main avait *touché* le prieur dans son lit... où, par bonheur, il n'était pas : hallucination positive.

Si le prieur s'était levé, et lui avait barré le passage, le pauvre somnambule, comme on peut le déduire avec certitude d'autres histoires similaires, aurait tourné le prieur, simplement comme on tourne un obstacle quelconque, sans le reconnaître, et nous aurions eu, en plus, un exemple d'amnésie somnambulique.

Mais, que dirons-nous des suggestions à longue échéance ? — Nous dirons que tous les éléments dont elles se composent, font partie de notre activité psychologique à l'état de veille, qu'elles ne réclament aucun pouvoir extraordinaire et mystérieux et que nous ne voyons, en conséquence, aucune raison de les tenir pour extranaturelles.

« Ce phénomène, comme le remarque judicieusement M. l'abbé Méric, implique trois éléments : une suggestion, la conservation ou la permanence de cette suggestion dans le cerveau inconscient de l'hypnotisé, et enfin son accomplissement au jour indiqué [1]. »

Or, en premier lieu, l'hypnotisé reçoit la suggestion : « vous viendrez me voir dans dix jours », tout, comme il recevrait le même ordre ou la même invitation, à l'état de veille.

— Mais cette suggestion, il va la garder pendant dix

---

[1]. *Le Merveilleux et la Science*, p. 270.

jours. — Oui, mais il garderait de la même façon, le même ordre, si on le lui avait donné pendant qu'il était éveillé.

— Mais dans dix jours, il exécutera la suggestion. — Oui encore : mais si vous lui aviez intimé l'ordre, avant de l'endormir, de venir vous visiter au jour marqué, il aurait agi absolument de même.

Suggestion réalisée à longue échéance, ordre exécuté à longue échéance sont deux phénomènes dont les éléments essentiels sont les mêmes, et qui sont d'ordre naturel au même titre.

S'il s'agit d'expliquer le mécanisme intime de ces deux faits, l'on peut soutenir, nous le verrons plus tard, des théories différentes, mais l'on n'apportera point de raisons démontrant que l'un est moins naturel que l'autre.

Reste donc l'apparition des marques sanglantes, stigmates, vésications, etc. Le R. P. Franco signale ce fait comme étant favorable à sa thèse, sans insister toutefois autant que d'autres le font : et cela se comprend. Les anciens théologiens auraient déjà suffi à le rendre circonspect sur ce chapitre, mais à la suite des récentes études sur ce qu'on appelle « *le Dermographisme, les hémorrhagies et les ecchymoses spontanées* »[1], la réserve du Révérend Père est plus que justifiée. « On conçoit, en effet, et nos savants l'expliquent physiologiquement, d'une manière assez satisfaisante ; on conçoit

---

[1]. Voir *Étude sur le Dermographisme ou Dermoneurose toxivasomotrice*, par Toussaint Barthélemy.

que l'imagination, surexcitée par l'état de somnambulisme artificiel, détermine, à un point donné du corps, un de ces afflux de sang qu'une affection morbide opère fréquemment dans l'état ordinaire ; et qu'alors il y ait un gonflement des chairs, voire même une exsudation de quelques gouttelettes de sang [1]. » « Tous ces phénomènes sont de simples troubles circulatoires qui démontrent l'influence de l'âme sur le corps [2]. » Ils ne dépassent point le pouvoir de l'imagination. « Par elle-même que ne fait pas cette humaine faculté [3] ! »

1. M. l'abbé A. Lelong, *La Vérité sur l'hypnotisme*, p. 132.
2. Dr Bonjour, *Hypnotisme, Télépathie et Spiritisme*, p. 16.
3. Abbé Schneider, *l'Hypnotisme*, p. 342.

CHAPITRE VIII

PROCÈS DE L'HYPNOTISME.

Les arguments de la défense.

(Suite.)

J'ai montré de quelle manière les hypnotistes se défendent d'être, dans leurs pratiques, les compères de Satan, et comment ils savent répondre aux raisons par lesquelles leurs adversaires voudraient prouver que l'hypnotisme est, dans son essence, diabolique. Mais avoir démontré que l'hypnotisme n'est pas œuvre de diable, ce n'est pas l'avoir suffisamment justifié. Il reste encore à sa charge, si vous voulez vous en souvenir, deux graves, très graves accusations : on soutient qu'il est foncièrement immoral et malfaisant par nature.

Il pourrait même se faire qu'il nous fût plus difficile d'établir le mal fondé de ce reproche que le mal fondé de l'inculpation de satanisme. Le fait est que je vois plusieurs auteurs paraissant assez disposés à la conciliation, près de s'entendre avec nous sur le chapitre du sommeil provoqué et de la suggestion, qui se redressent en attitude d'intransigeants, sitôt que l'on aborde la question de moralité. Je puis citer, comme exemple, M. le chanoine Ribet, le docte auteur de la *Mystique divine distinguée des contrefaçons diaboliques et des analogies humaines*. Parlant du sommeil provoqué, il avait dit :

« Dormir est une fonction régulière de la vie organique. En lui-même le sommeil n'excède donc point la nature. Au fond la léthargie artificielle ne diffère pas physiologiquement de la léthargie spontanée. Les procédés mécaniques qui la déterminent, tels que les passes, les compressions, la fixation d'un point précis, le commandement de la voix et la fascination du regard — nous réservons la suggestion mentale — présentent un rapport physique avec l'effet produit. Il est donc logique d'admettre que le sommeil provoqué par ces moyens est aussi naturel que le sommeil ordinaire [1]. »

Un hypnotiste n'aurait pas mieux parlé. Quant à la suggestion, M. Ribet fait, il est vrai, ses réserves à propos de la suggestion mentale et des suggestions à longue échéance, mais il reconnaît de bonne grâce que « la simple direction des pensées et des impressions du sujet endormi s'explique naturellement ». Et il ajoute : « Ce phénomène se reproduit dans les rêves ordinaires, où les fantaisies de l'imagination se mêlent aux incidents des réalités ambiantes. Jusque-là, on n'aperçoit rien que de connaturel et d'humain [2]. »

---

1. Journal l'*Univers*, 30 janvier 1894.
2. *Ibid.*

Jusque-là aussi tout va bien pour la cause de l'hypnotisme. Mais écoutez la suite. Après avoir défini la suggestion, comme il la comprend, M. Ribet poursuit : « La conclusion la plus impérieuse et la plus pressante est qu'il faut tenir la suggestion subie et exercée, passive et active, pour illicite et immorale [1]. »

Il paraît bien que, pour le savant écrivain, l'immoralité de l'hypnotisme est plus évidente que son caractère extranaturel. Et telle est aussi la manière de voir de plusieurs autres auteurs, en particulier, du R. P. Touroude [2] et de M. l'abbé Claverie [3], si j'ai saisi exactement la pensée fondamentale de leurs livres.

D'après cela, nous serions arrivés à l'endroit le plus dangereux pour l'hypnotisme, et il s'agit maintenant de défendre le point par où il serait le plus vulnérable. Voyons si nous allons y réussir, et si nous avons affaire, ici, à des préventions ou à des raisons.

I

« La question de la moralité ou de l'immoralité de l'hypnotisme se résout substantiellement en démontrant qu'il n'est pas permis de renoncer à sa propre liberté morale comme il arrive dans les pratiques hypnotiques.

---

1. Journal l'*Univers*, 30 janvier 1894.
2. *L'Hypnotisme, ses phénomènes et ses dangers.*
3. *Étude sur l'hypnotisme.*

Cette démonstration est faite depuis longtemps et passée en force de chose jugée dans les Codes des nations civilisées. Tout esprit raisonnable sent avec une profonde conviction qu'il n'est pas permis d'éteindre la lumière de l'intelligence ni d'étouffer le jugement de la conscience, parce que l'homme resterait indifférent à vouloir le bien qu'il doit faire et indifférent à repousser le mal défendu. Autant l'obligation de faire le bien et d'éviter le mal est grave, autant est absolu le devoir de ne pas se rendre impuissant à l'un et à l'autre. De là, la condamnation admise par tous de l'ivresse, de l'usage de fumer l'opium ou de boire le haschisch, et de tout acte qui mette obstacle, même pour peu de temps, à la liberté morale. Il n'est pas d'homme si sauvage qui ne sente l'avilissement et la culpabilité de celui qui, volontairement, se dépouille de son libre arbitre, s'expose naturellement à mille périls matériels et devient capable de toutes sortes de délits; comme si pour lui n'existait plus de loi et qu'il fût changé en brute [1]. »

Ainsi parle le R. P. Franco, et, après lui, tous les adversaires de l'hypnotisme emploient leurs ressources de talent à faire ressortir combien monstrueuse est une pratique qui, « de sa nature, exige le renoncement à la liberté, à la conscience, au jugement intellectuel, rend incapable de choisir librement le bien, de se couronner par conséquent du mérite des bonnes œuvres, et réduit l'homme à l'humiliante condition d'un simple instru-

---

1. Franco, *L'Hypnotisme revenu à la mode*, traduction de M. l'abbé Moreau, p. 165.

ment pour commettre toute sorte de crimes, comme s'il n'y avait pas des lois à observer et des commandements à garder [1] ».

Voilà des pages véritablement éloquentes : mais il faut se défier de l'éloquence dans les questions délicates et subtiles qui réclament une observation exacte, et une grande précision dans l'analyse des faits.

Voyons, vous nous dites que l'hypnose enlève, dans les sujets, la liberté, la conscience, la raison : en parlant ainsi, entendez-vous la faculté, ou seulement l'exercice de la faculté ? Entendez-vous que l'hypnose tue et supprime radicalement la liberté et la raison, ou simplement qu'elle en suspend les actes ?

Évidemment vous devez entendre que le sommeil hypnotique suspend seulement l'activité des puissances et ne les détruit pas. Nous connaissons, en effet, des centaines d'hommes, par le monde, officiers, magistrats, étudiants, professeurs, qui se sont fait hypnotiser dix fois, vingt fois, quarante fois, un grand nombre afin d'expérimenter sur eux-mêmes les effets de l'hypnotisme, et qui, à cette heure, jouissent de leur liberté et de leur raison, tout aussi bien que vous et moi [2].

---

[1]. Lettre de Mgr Sancha-Hervas du 19 mars 1888. Trad. du R. P. Couderc. S. J. — V. M. l'abbé Méric, *le Merveilleux et la Science*.

[2]. A lire ces quelques lignes de M. Delbœuf, le distingué professeur de philosophie et hypnotiste de l'Université de Liège : — « Fait éminemment caractéristique, Lucile, le célèbre sujet qui a fait la vogue de Donato, *a su parfaitement lui intenter un procès*, comme ayant pu abuser d'elle à son insu. — A rapprocher de cette aventure celle de cet autre sujet de Donato, l'honnête A. de Th., qui essaya d'escroquer à son tout-puissant dominateur un billet de

Quand donc vous criez à l'anéantissement de la liberté et de la raison par le sommeil hypnotique, malgré l'emphase de vos paroles, vous voulez dire tout simplement : que l'hypnose arrête l'exercice de nos deux facultés maîtresses, pendant sa durée, soit pendant cinq minutes, un quart d'heure, une heure, une journée, si l'on veut.

Cela bien établi, nous vous demandons : Admettez-vous qu'il soit immoral, par soi, absolument et toujours, de se laisser mettre dans un état où l'activité de la liberté et de la raison se trouve, pour un moment, suspendue ?

Si vous admettez que cela soit immoral intrinsèquement, absolument et toujours, le chloroforme empêchant momentanément la pensée et le vouloir libre, vous devrez proclamer intrinsèquement immoral le sommeil provoqué par le chloroforme, et soutenir que la morale interdit, absolument et toujours, au médecin de chloroformiser son malade, en quelque état que celui-ci se trouve, quelque opération qu'il doive subir. Condamnez-vous ainsi l'emploi du chloroforme ? Non, vous déclarez au contraire qu'il est permis de s'en servir « dans les cas de grave nécessité, et pourvu que l'on s'entoure de précautions nécessaires [1] ».

---

mille francs, *en le menaçant de dévoiler ses trucs en plein théâtre.* »
L'hypnotisme devant les Chambres législatives Belges, p. 42. — Compar. *Lettres à M. Thiriar*, du même auteur, p. 33, 79 et 86.

« *L'expérience* nous apprend qu'il est faux de croire à une soumission permanente de la volonté du malade à celle de l'opérateur. » D.r Bérillon, *Revue de l'hypnotisme*, décembre 1891, p. 186.

1. *L'Ipnotismo tornato di moda*, p. 168.

Dans les cas de grave nécessité, et les précautions nécessaires étant prises, il n'est donc pas immoral de se laisser mettre dans un état qui comporte la suspension momentanée de la raison et de la liberté.

Dans les cas de grave nécessité, et les précautions nécessaires étant prises, le sommeil hypnotique n'est donc pas immoral, au moins de ce chef qu'il nous prive de la liberté et de la raison.

Comme on le voit, ce premier argument des adversaires repose tout entier, suivant la remarque fort juste de M. le Dr Grasset, sur « une exagération qui dénature complètement l'essence et la portée de l'hypnotisme [1] ». Il n'en subsiste plus rien, devant cette simple observation : l'hypnose, de soi, laisse intactes nos puissances de raisonner et de vouloir, elle ne fait que suspendre, pour un moment, leur exercice.

II

Mais l'on insiste : quand bien même il faudrait accorder que l'hypnose ne mutile pas l'âme humaine, il

---

[1]. Ces paroles sont tirées d'une étude composée par M. le Dr Grasset et intitulée : *l'Hypnotisme et les Médecins catholiques.* La science et les convictions religieuses de l'éminent professeur de médecine, universellement reconnues, rendent son écrit doublement précieux et utile ; et je ne saurais assez lui exprimer ma reconnaissance, soit de la communication qu'il a bien voulu m'en faire, soit de l'autorisation de m'en servir qu'il m'a accordée si gracieusement.

n'en reste pas moins vrai que le sommeil hypnotique, par rapport à la morale, expose le sujet aux plus grands dangers. « L'hypnotiseur prend sur le sujet un empire à peu près absolu. Il peut donc lui suggérer toute sorte de pensées, de paroles et d'actions : cela fait, certains cas exceptés, assez rares d'ailleurs, où le sujet, par suite des habitudes générales de la vie, oppose comme une résistance instinctive à l'acte proposé, la suggestion s'accomplira fatalement, quelle qu'en soit la nature et quel qu'en soit l'objet, qu'il s'agisse d'assassiner un homme ou de se livrer à des passions honteuses. Qui ne voit à quel danger l'hypnotisé s'expose ? Comme l'esclave antique, devenu la chose de son maître, il devient, lui aussi, la chose et l'instrument de son magnétiseur[1]. »

Voilà qui prouve très bien que l'hypnotisme est dangereux ; mais s'ensuit-il de là qu'il soit immoral ? Non, car tout ce qui est dangereux n'est pas immoral. Pour condamner absolument l'hypnotisme, il faudrait encore établir que les dangers qu'il présente ne peuvent absolument pas être conjurés. Or, ils le peuvent être aisément. M. Beaunis nous en indique le moyen bien facile. « Il faut, dit-il, et c'est là une règle dont on ne doit jamais se départir, que le sommeil ne soit provoqué qu'en présence d'un tiers autorisé, parent, mari, père, etc. *qui garantisse à la fois l'hypnotiseur et l'hypnotisé*[2]. » Qu'on applique seulement cette règle, et, du coup, « tous

---

1. F. Claverie, *Étude sur l'hypnotisme*, p. 70.
2. *Le Somnambulisme provoqué*, p. 89.

les crimes à commettre pendant le sommeil hypnotique deviennent absolument impossibles[1] ».

Comme on le voit, nous répondons victorieusement à l'objection, en mettant les choses au pire, et en accordant que, durant l'hypnose, le sujet ne peut opposer aucune résistance à son hypnotiseur. Mais il est loin d'en être ainsi toujours[2]. M. l'abbé Claverie le reconnaissait loyalement tout à l'heure. Et nous le constatons, afin d'être exact, sans vouloir, à cet endroit, nous y arrêter davantage et sans nous en prévaloir autrement.

Oui, admettons encore une fois qu'il obéisse toujours, l'hypnotisé, comme tel, et nécessairement, nous représente-t-il donc pour cela l'esclave antique, et peut-il être appelé « la chose » de son hypnotiseur ? Non. Car s'il est hypnotisé, c'est qu'il le veut bien, et qu'il a accepté à l'avance le rôle qu'on lui fera jouer : il a consenti ou même prescrit de son propre chef les suggestions qu'on lui donnera. Dès lors il ne faut plus dire que l'hypnotisé est absolument et quoi qu'il fasse « la chose de l'hypnotiseur[3] ».

C'est quand même, dira-t-on peut-être, une dépendance humiliante. — Mais les dépendances humiliantes sont la loi de notre vie. Tous les êtres, hormis Dieu,

---

1. Dr Grasset, *L'hypnotisme et les Médecins catholiques*.
2. V. dans la *Zeitschrift für Hypnotismus*, II. Jahrgang, les articles de M. le Dr Delbœuf : Die Verbrecherischen Suggestionen, p. 177, 221, 247, et celui de M. le Dr Ionc : Der Hypnotismus und der Widerstand gegen die Suggestion. — Voir encore *Der Hypnotismus*, de M. le Dr Forel, dritte Auflage, p. 72 et suiv.
3. Delbœuf, *L'hypnotisme devant les Chambres Belges*, p. 41 et *Lettres à M. Thiriar représentant*, p. 52.

sont dépendants. Quel est le plus humiliant de recevoir, décemment assis dans un fauteuil, les suggestions verbales d'un médecin, ou d'être là, gisant sur une table, enivré et abruti par le chloroforme, au milieu de trois chirurgiens qui vous découpent, sanglant ?

Non ; employé « en cas de nécessité et les précautions nécessaires prises », suivant la formule du R. P. Franco [1], l'hypnotisme n'offre pas, en lui-même, la moindre tache d'immoralité.

Il est vrai qu'on lui reproche encore d'être immoral à cause des moyens qu'on met en œuvre pour le produire, et d'un certain effet, particulièrement condamnable et redoutable, qu'il entraînerait après lui. Faisons brièvement justice de ces accusations.

III

Voici le bel argument que l'on tire des procédés pour endormir, employés par les hypnotiseurs :

Les hypnotiseurs emploient pour endormir leurs sujets des procédés que la morale condamne.

Donc, l'hypnotisme est immoral.

Et l'on fait appel, pour établir ce fait qui sert de base à ce soi-disant raisonnement, au rapport de Bailly de 1784 [2], aux déclarations ou aveux de MM. Dumontpallier, Ochorowicz, Richet, etc.

---

1. Voir plus haut.
2. *Rapport secret* destiné au Roi.

— Est-ce que tous les hypnotiseurs emploient ces moyens condamnables? Est-ce qu'ils n'en ont pas de parfaitement honnêtes à leur disposition? Un malade vient prier M. Bernheim de l'hypnotiser. Le docteur lui dit : « Prenez ce fauteuil, asseyez-vous bien à votre aise, fermez les yeux et pensez uniquement à ceci : que vous devez dormir... vous pouvez dormir... vous allez dormir... voici le sommeil... vous dormez... dormez... » Et le malade dort. Ainsi procède toute l'École de Nancy, qui est maintenant la grande école de l'hypnotisme. Que voit-on de condamnable dans ce procédé? Rien, à coup sûr. Ne dites donc pas : « Les hypnotiseurs emploient pour endormir des moyens que la morale condamne »; dites : des hypnotiseurs... Avec cette seule petite distinction entre *les* et *des*, c'est-à-dire entre les aventuriers ignobles et les hommes de science et d'honneur, vous verrez votre difficulté, et votre argument, s'en aller en fumée claire.

Mais c'est ce déplorable effet de l'hypnotisme, dont il ne faut parler qu'à voix basse, qui peut-être va nous causer plus d'embarras.

L'on affirme donc que l'hypnose fait naître « une passion violente et une attraction presque irrésistible [1] dans le sujet hypnotisé, à l'égard de son hypnotiseur ». Et l'on cite des faits qui ne laissent pas que d'impressionner; celui, par exemple, dont fut témoin au Havre

---

1. Touroude, *L'Hypnotisme, ses phénomènes et ses dangers*, p. 80.

M. Ochorowicz : cette dame, épouse et mère de famille, traversant la ville en courant pour se rendre près de M. le Dr Gibert qui l'avait magnétisée, en lui donnant rendez-vous à son cabinet de consultation, et qui, une fois arrivée, « se livre à une joie folle, saute sur le canapé comme une enfant et frappe des mains en criant : « Vous voilà !... vous voilà enfin !... Ah ! comme je suis contente !... [1] » ; et cette jeune femme tellement éprise de son médecin qui la traitait par l'hypnotisme, qu'elle ne peut supporter son départ, et va le rejoindre, au grand scandale de la ville qu'elle habitait, dans la nouvelle résidence où il s'était transporté [2] ; et cette autre dame disant à un médecin célèbre que la discrétion a empêché de nommer : « Docteur, vous êtes un honnête homme, et moi je suis une honnête femme ; eh bien ! je ne me prêterai plus à ce traitement ; car à mon réveil, je l'avoue, je ressens pour vous un attrait si violent que je ne pourrais pas y résister [3]. »

— J'admets les faits : mais je demande quelle en a été la vraie cause. Est-ce l'hypnotisme ? L'hypnotisme en a-t-il été la cause, ou seulement l'occasion ? Est-ce que cette passion violente est en quelque sorte l'effet spécifique de l'hypnose ? Qu'on le prouve. L'a-t-on prouvé ? A-t-on même essayé de le prouver ? Non.

Une passion violente, mais un médecin non hypnotiste, un avocat, un notaire, un officier, que dis-je ? un valet, un tailleur, un coiffeur peuvent l'inspirer, et l'ins-

---

1. Touroude, *l'Hypnotisme, ses phénomènes et ses dangers*, p. 80.
2. *Ibid.*, p. 7.
3. *Ibid.*, p. 88.

pirent de fait. En irez-vous conclure à l'immoralité de ces professions?

M. Bernheim et M. Liébeault hypnotisent, à eux seuls, plusieurs milliers de personnes. Allez-vous croire qu'ils inspirent, chaque année, des milliers de « passions violentes »? En deux ans, M. le D⁽ʳ⁾ Wetterstrand a hypnotisé, à Stockholm, 3,148 personnes [1]. Vous figurez-vous M. le D⁽ʳ⁾ Wetterstrand en présence de 3,148 sujets ayant conçu pour lui « une passion violente et presque irrésistible »?

Pourquoi serait-il défendu aux hypnotisés de concevoir un sincère et profond attachement pour un homme qui parfois comptera parmi leurs grands bienfaiteurs? « Cette affection, dit avec sa grande autorité M. le D⁽ʳ⁾ Grasset, faite de reconnaissance pour le bien ressenti, ne me paraît avoir aucun inconvénient possible avec un médecin honnête qui connaît tous les devoirs de sa dignité professionnelle. Elle le dédommage un peu de l'ingratitude de tant d'autres, et ne peut être invoquée pour faire proscrire l'emploi de cet agent thérapeutique puissant [2]. »

Et qu'est-ce donc enfin que l'on pourra invoquer, avec quelque fondement solide pour condamner et prescrire l'hypnotisme? L'on avait dit : il détruit la raison et la liberté : ce n'est pas vrai; il asservit le sujet à l'hypnotiseur, il le fait « sa chose » : ce n'est pas vrai; on ne le produit qu'en usant de moyens condamnés par la décence : ce n'est pas vrai; il est une source fatale de pas-

1. Forel, *Der Hypnotismus*, p. 28.
2. *L'Hypnotisme et les Médecins catholiques.*

sion et de sentiments inavouables : ce n'est pas vrai. Pour quel motif voulez-vous donc qu'on le proscrive? Vous n'avez pas pu prouver qu'il soit diabolique ; vous l'accusez faussement d'être immoral. S'il est sans reproche, l'heure vient où il sera sans adversaires.

— L'hypnotisme est malfaisant par nature.

— Examinons si cette dernière accusation est plus fondée que les autres.

IV

M. le professeur Pitres, dans son grand ouvrage : *Leçons cliniques sur l'hystérie et l'hypnotisme,* a écrit un chapitre intitulé : LES MÉFAITS DE L'HYPNOTISME [1]. Il faut l'avouer, la liste de ces méfaits est longue, et le tableau en est troublant :

Un jeune homme de dix-huit ans se laisse endormir par Hansen : grande faiblesse, après l'hypnose, céphalalgie persistante, somnolence invincible, torpeur intellectuelle qui le force à interrompre ses études... séjour à la campagne et repos complet de l'esprit déclarés nécessaires... ne guérit que lentement. — Plusieurs étudiants distingués, après un certain nombre de séances d'hypnotisme, éprouvent une diminution de mémoire étrange, et, pendant plusieurs semaines, ont le travail extrêmement difficile... — Un jeune ecclésiastique, professeur, d'un esprit vif et très cultivé, est hypnotisé par

---

1. T. II, p. 331.

un amateur : pendant la nuit, cauchemars, céphalalgie, grande lassitude... est bouleversé de l'idée qu'il a livré sa volonté à la domination d'un autre... s'imagine être encore au pouvoir de son hypnotiseur... véritable obsession psychique. — Un ouvrier faible d'esprit assiste à quelques séances de « magnétisme »... Le malheureux en est tellement impressionné qu'il se croit poursuivi par un esprit dont l'influence invisible le pousse au suicide... devient fou, et se brûle la cervelle. — Une femme tombe folle pour avoir servi pendant quelque temps comme sujet extralucide dans un cabinet de consultations somnambuliques... après dix-huit mois de traitement n'a encore qu'un équilibre mental très instable. — Deux fillettes de quinze ans, soumises à des hypnotisations fréquentes, deviennent hystériques. — Une dame de trente-huit ans, nerveuse sans attaque, se trouve sujette à des accès de contracture après s'être livrée aux expériences d'un « magnétiseur » de foire. — Un jeune homme de dix-huit ans s'étant soumis à des expériences d'hypnotisation, dans une représentation publique, des convulsions hystériques apoplectiformes lui surviennent, qui persistent pendant deux années. — Certaines personnes, après avoir été hypnotisées, deviennent sujettes à des attaques de somnambulisme spontané... comme ces deux pauvres filles qui, ayant été hypnotisées par un amateur, s'endormaient à tout propos, en marchant, en travaillant. L'une, il est vrai, fut guérie par suggestion ; mais l'autre fut moins heureuse : elle perdit sa place et finit par se suicider. — Enfin, parfois la sensibilité hypnotique se développe à un point tel chez les sujets, qu'ils deviennent vraiment le jouet et tombent à la merci de leur entourage : témoin cet infortuné garçon de dix-neuf ans, qui, s'étant laissé endormir par deux de ses amis s'occupant d'hypnotisme, devint si facilement hypnotisable que ses camarades de magasin s'amusaient à l'envoyer crier : « Vive la République ! » à l'oreille de son patron, réactionnaire convaincu, et tenir, devant tout le monde, des propos grivois aux commises.....

En présence de tels faits, et autres semblables que nous connaissons, qu'on pourrait compter par centaines, qui oserait encore soutenir que l'hypnotisme n'est pas malfaisant ?

— Il l'est. Mais l'est-il *par nature ?* Voilà ce qui est à établir. L'eau, le pain, la viande, ont fait beaucoup plus de victimes encore que l'hypnotisme. Voulez-vous pour cela, que nous proclamions ces substances malfaisantes par nature ? Non, puisque vous savez bien qu'elles ne deviennent malfaisantes que par l'excès, que prises à contretemps, que par l'abus enfin. Il en va de même de l'hypnotisme. Appliqué à toutes sortes de personnes, sans égard au tempérament, aux antécédents et aux prédispositions, à l'état actuel, sans compter les séances, par tous moyens, doux ou violents, indifféremment, l'hypnotisme pourra être, sera même certainement fatal : mais il n'en faudra pas rapporter la faute à l'hypnotisme, la faute en sera tout entière aux étourdis, aux coquins ou aux maladroits, qui l'appliquent ou le subissent.

Employé avec prudence et avec tact, par des médecins psychologues et observateurs, juste dans la mesure où l'on juge que le réclament l'état et l'intérêt du malade, l'hypnotisme n'est pas malfaisant.

« Je crois, écrit encore M. le Dr Grasset, que les conséquences désastreuses de l'hypnotisme peuvent être absolument évitées dans l'hypnotisme médical... et je peux dire, en toute simplicité, que *j'ai conscience d'avoir rendu de vrais services à certains malades par ce moyen, sans avoir jamais porté préjudice à aucun*[1]. » Du reste l'éminent professeur est le premier à reconnaître « que, dans certains cas, l'hypnotisme peut faire du mal, et ne doit pas être employé même médicalement[2] ». Mais, ajoute-t-il aussitôt fort judicieusement, « ceci ne fait que rapprocher ce moyen des autres agents thérapeutiques, qui ont tous, dans leur étude, un chapitre des indications et des contre-indications[3] ».

V

Les méfaits de l'hypnotisme! On ne m'accusera pas du moins de les avoir dissimulés. Mais la justice évidemment réclame qu'après avoir étalé les méfaits, je dise aussi quelque chose des bienfaits[4]. Car l'hypnotisme est

---

1. *L'Hypnotisme et les Médecins catholiques*.
2. *Ibid*.
3. *Ibid*.
4. Voir plus haut, chapitre VI.
La justice m'impose un autre devoir : celui de dire que les ac-

bienfaisant, quoi qu'on en dise ; et l'histoire du bien qu'il a déjà produit, si on pouvait l'écrire, serait longue et émouvante.

Mais ici je tiens à m'effacer encore plus que je ne l'ai fait jusqu'à présent. Je ne veux pas que rien, dans ce qui va suivre, rappelle une apologie ou un plaidoyer. Des faits, rien que des faits. Si, par instants, j'ai pu sembler un avocat qui s'efforce de gagner l'esprit des juges, je veux désormais me réduire au modeste rôle de l'huissier, qui ne fait qu'introduire les témoins.

L'action de l'hypnotisme est particulièrement remarquable et impressionnante, quand un opérateur habile l'emploie à régulariser les troubles de la motilité. Braid nous en fournit un exemple digne de mention : « Une dame de trente-trois ans, à la suite d'une grossesse

---

cidents imputés aux hypnotisations de Donato et que j'ai rapportés, d'après le R. P. Franco, ont été formellement démentis.

Voici la protestation que dix-huit sujets endormis par Donato, et la plupart étudiants, publiaient dans le journal *le Secolo*, n° du 31 mai 1886 :

« Les allégations du docteur Lombroso ne sont ni vraies ni sérieuses. Nous nous portons tous fort bien, sauf le manque d'appétit après un copieux repas (textuel). Il n'y a qu'un seul homme que les expériences de M. Donato aient rendu fou, c'est le docteur Lombroso. Quant au sujet que M. Lombroso cite nommément comme ayant contracté des attaques d'épilepsie, M. Bonorandi, il figure parmi les protestataires et il doit à la vérité de déclarer ici qu'il était sujet à ces attaques longtemps avant l'arrivée de Donato à Turin. » Suivent dix-huit signatures.

M. Delbœuf donne des renseignements précis et curieux sur toute cette affaire dans son livre : *L'hypnotisme et la liberté des représentations publiques*, p. 74 et suiv.

très pénible, vit ses jambes devenir de plus en plus faibles, et finalement, être frappées de paraplégie avec anesthésie. Pendant quatre mois on tenta, sans résultat aucun, les médications les plus diverses. Lorsque Braid l'examina, non seulement la sensibilité et les mouvements volontaires des pieds et des jambes étaient abolis, mais encore les genoux étaient fléchis et rigides, les talons relevés, les pieds courbés et fixes dans la position d'un varus équin... « Je la mis, dit-il, en hypnotisme
« et j'essayai alors de régulariser l'action morbide des
« muscles et la mauvaise position des pieds et des
« jambes. Cinq minutes après, je la réveillai ; elle se mit
« à remercier le ciel de ce qu'elle sentait le plan-
« cher sous elle et de ce qu'il lui était possible de
« remuer ses orteils. Je la fis lever, et, soutenue par
« son mari d'un côté, par moi de l'autre, elle put tra-
« verser la chambre. » Elle fut hypnotisée quotidiennement pendant un certain temps : l'amélioration fut constante. Au bout de quinze jours, elle marchait seule ; peu de temps après, elle était guérie [1]. »

Le succès, en ce genre, de M. le D^r van Velsen, de Malines, ne fut peut-être pas moins éclatant : « Il avait été invité à traiter une jeune fille de dix-sept ans, qui, ayant eu, après des chagrins de famille, une violente crise d'hystérie, se trouva paralysée du corps entier. La paralysie était complète, sauf au cou et à la face; de plus il y avait anesthésie généralisée. La malade était depuis trois ans dans cet état. On avait tout essayé :

---

1. Dr Cullère, *La Thérapeutique suggestive*, p. 93.

électricité, douches, massage ; l'hypnotisme avait même été tenté sans succès. Malgré ces circonstances défavobles, M. van Velsen reprit le traitement psychique. Le sujet tomba bientôt dans un sommeil profond ; en moins de six semaines tous les symptômes avaient disparu graduellement, et, quatre mois après le début du traitement, la maladie était définitivement guérie [1]. »

Mais le maître, sous ce rapport, est encore M. Bernheim ; et l'on ne se lasse point de lire ces récits de cures merveilleuses, rédigés sous forme « d'observations », qui composent une grande partie de son livre sur *la Suggestion*. Je ne puis malheureusement en citer que quelques traits.

OBSERVATION LXXX. — G... (Jean-Baptiste), quarante-neuf ans, terrassier, se trouvait au café le 21 juin 1884, à six heures du soir, quand il sentit, tout à coup, qu'il ne pouvait plus soulever la main droite : les doigts et le tiers inférieur de l'avant-bras étaient anesthésiés et présentaient une sensation d'engourdissement et de pesanteur. Il y a sept ans, il avait eu un rhumatisme articulaire localisé aux membres supérieurs ; la douleur et le gonflement durèrent quatre jours, puis disparurent ; mais les bras restèrent paralysés pendant six semaines. G... n'accuse aucun antécédent, ni syphilitique, ni alcoolique ; il travaille dans l'humidité. Diagnostic : *paralysie rhumatismale*.

Il vient à la consultation de l'hôpital pendant quatre jours ; son bras fut électrisé sans résultat.

Il vint alors consulter mon ancien chef de clinique, le Dr Emile Lévy, qui constata une *paralysie complète avec anesthésie du membre ;* le malade ne pouvait faire le moindre mouvement.

1. Dr CULLÈRE, *Ibid.,* 94.

Il l'hypnotisa (sommeil profond). A son réveil, la *sensibilité était restaurée et le malade pouvait relever la main*. Après une seconde séance, les mouvements étaient plus prononcés encore.

Il l'envoya à notre consultation le 30 juin. Nous trouvons la main droite légèrement tuméfiée ; le médius, l'annulaire sont encore infléchis dans la paume de la main sous un angle de 120°. Le malade serre assez bien avec la main, il redresse le poignet, mais avec une certaine difficulté. Pas d'anesthésie.

Après deux nouvelles séances d'hypnotisme, le malade ouvre la main très facilement, redresse parfaitement le poignet : la guérison était complète.

Mais voici une autre « observation » qu'il faut rapporter encore, et tout entière, malgré sa longueur, car elle est souverainement intéressante et suggestive :

Observation LV. — H... C..., quarante-sept ans, est comptable depuis vingt-cinq ans ; il vient pour me voir le 13 novembre 1885 pour une crampe des écrivains. C'est un homme bien constitué, intelligent, nullement nerveux, qui n'a jamais eu de maladie. Il raconte qu'il y a environ trois ans, il a ressenti les premiers phénomènes de sa crampe, se traduisant d'abord par une flexion des cinq doigts, quand il avait écrit cinq ou six lignes ; après un certain temps d'arrêt, il écrivait de nouveau quelques lignes et la crampe reprenait. Ces phénomènes allèrent en augmentant ; il y a deux ans, la crampe se manifestait après trois lignes d'écriture ; il y a un an, il pouvait tout au plus écrire une demi-ligne, et la crampe en flexion survenait. Il attacha alors la plume de tout son long à l'index, et, grâce à cet expédient, il put écrire encore assez bien pendant trois à quatre mois ; mais bientôt les autres doigts s'infléchissaient au point de « s'incruster dans la chair », dit-il. Depuis six mois, s'il écrivait une adresse, arrivé à *Mons*, la crampe se produisait, les cinq doigts se fermaient ; la crampe disparaissait quand il rejetait la plume, et reparaissait au bout de deux ou trois lettres, avec une intensité telle que la plume perçait le papier.

La fixation de la plume sur l'index ne réussissant plus, il chercha un autre moyen, il tint la plume appuyée par son bout contre l'extrémité du pouce, et sa tige était tenue horizontalement entre les doigts infléchis, l'extrémité passant entre les deux derniers doigts; mais bientôt le pouce, dit-il, appuyait tellement fort sur la plume, qu'il a fallu arrêter. Depuis deux ans, il a dû quitter sa place de comptable pour entrer dans les assurances. Depuis trois mois, il a exercé sa main gauche à écrire.

Le 18, je l'endors ; il est au troisième degré. Je suggère la disparition de la crampe. A son réveil, il écrit deux lignes et demie avant que la flexion des doigts ne l'arrête.

Le 19, nouveau sommeil, troisième degré ; au réveil, il écrit bien huit lignes sans crampe.

Le 20, je le mets en somnambulisme, sans souvenir à son réveil. Il écrit bien à son réveil ; à la neuvième ligne seulement se produit une flexion légère des trois derniers doigts qui disparaît par simple affirmation, mais qui reparaît plus légère à la ligne suivante ; il éprouve aussi une certaine raideur dans le poignet.

Le 21, il me montre une lettre de commerce qu'il avait pu écrire la veille ; il n'a presque plus de crampes, mais toujours de la raideur dans le poignet. — Continuation de la suggestion.

Le 22, la raideur a disparu ; il écrit bien ; il y a encore, quand il écrit, une tendance à la flexion, mais qui n'aboutit pas entièrement : il redresse les doigts immédiatement. De plus, avant la suggestion, il ne pouvait pas écrire un seul chiffre avec un crayon court n'appuyant pas sur la commissure interdigitale entre le pouce et l'index. La flexion était immédiate, aussitôt que le crayon était sur le papier ; il lui fallait le tenir presque horizontalement. Depuis hier, il a pu écrire avec un crayon court.

Le 23, ce résultat se maintient ; il n'a plus ressenti ni crampe ni flexion dans les doigts. — Suggestion quotidienne.

Le 24, il dit que cela va bien, sauf le poignet qui reste immobile ; les doigts sont plus souples. Je le fais écrire pendant le sommeil, en suggérant de la souplesse dans le poignet. Les jours suivants, même état ; il accuse toujours de l'immobilité dans le poignet, qui se manifeste surtout quand il écrit quelque temps.

Obligé de m'absenter le 30 pendant deux mois, je prie M. Liébeault de continuer les suggestions.

Voici ce que le malade a noté :

« Le 30, j'écris après la séance : le poignet est toujours immobile, il ne fait aucun mouvement, ce qui gêne beaucoup pour écrire ; les doigts vont bien.

« Le 1er décembre, le poignet a un peu remué, et il me semble, en ce moment, moins raide.

« Le 2, après la séance, et avant de quitter M. Liébeault, j'ai très bien écrit au crayon, le poignet étant plus mobile ; mais, en ce moment, il redevient moins mobile, et le pouce appuie plus fort que les autres doigts.

« Le 5, en écrivant très lentement et en pensant toujours qu'il ne faut pas appuyer, cela va mieux ; mais c'est toujours le pouce qui presse sur la plume. Après avoir dormi, le pouce exerce bien moins de pression sur la plume ; j'écris mieux surtout en écrivant lentement. Le poignet lui-même est moins raide.

« Le 7, il y a certainement du mieux dans le poignet ; le pouce n'a plus qu'une petite tendance à presser la plume. »

Le 8, H... C... dit avoir écrit trois lettres ; les deux premières allaient bien, la troisième allait moins bien, et il écrivait de nouveau assez mal. Le poignet fonctionne un petit peu ; c'est le pouce qui exerce une pression sur la plume.

Le 16, le pouce continue à appuyer davantage ; cependant des spécimens d'écriture de chaque jour, présentés par le malade, montraient qu'il écrivait très bien.

Mais le sommeil hypnotique est moins profond depuis

quelques jours, ce qu'il attribue à ce que M. Liébeault l'endort dans une salle pleine de monde, où il y a beaucoup de bruit, tandis que chez moi il dormait seul et sans bruit dans mon cabinet. Il ne retourne plus chez M. Liébeault et discontinue le traitement jusqu'au 29 janvier, après mon retour à Nancy. La flexion du pouce appuyant sur la plume avait augmenté et entravé l'amélioration.

Le 29, cette flexion avec un moment d'arrêt dans l'écriture se produit assez souvent, tous les trois mots; les autres doigts ne s'infléchissent plus, mais le poignet est immobile.

Après une nouvelle séance le 29, le pouce ne fléchit plus immédiatement après la séance, dans mon cabinet; mais chez lui la flexion se reproduit.

Le 30, il écrit quatre lignes chez lui et ne peut plus continuer, le pouce et l'index fléchissant tous deux; la plume lui échappe de la main. Il essaya en vain de continuer, les lettres n'avaient plus de forme.

1er février. Il écrit assez bien avant la suggestion, et très bien après.

Le 2, il dit qu'il écrit bien à certains moments; d'autres fois, le pouce et l'index fléchissent et alors il est obligé de s'arrêter; une fois que ces doigts commencent à fléchir, il sent un picotement dans l'avant-bras; ce picotement; il l'éprouve aussi surtout le soir quand il est tranquille et sans écrire.

Je le mets en somnambulisme et je le fais écrire dans cet état, les yeux ouverts : il écrit très bien ; je lui suggère la disparition du picotement.

Le 3, il dit n'avoir plus ni douleur ni picotement ; il écrit bien. Mais quand il écrit chez lui, en dehors de ma présence, au bout d'un certain temps le pouce et l'index fléchissent; les picotements douloureux ont cessé.

Le 4, il écrit très bien chez moi. Toujours un peu de flexion dans le pouce chez lui, et sa main devient lourde au bout d'un certain temps.

Le 5, il a pu écrire chez lui une lettre d'une page et demie; l'écriture se maintenait bonne jusqu'à la fin, mais il sentait une fatigue dans la main. — Il continue à très bien écrire les jours suivants.

Le 8, il accuse encore une flexion du pouce et de l'immobilité dans le poignet. Après chaque suggestion dans mon cabinet, il écrit très bien, sans flexion et sans raideur. Celles-ci ne se produisent que chez lui.

Le 11 février, il a pu écrire pendant une heure de suite. A ce moment seulement le pouce commençait à fléchir; il reposa sa main pendant vingt minutes, et put recommencer sans nouvelle flexion ni raideur.

Je lui suggère que plus il écrit, mieux il écrira, que la main s'assouplit par l'exercice et ne se fatiguera plus.

Cet état continue les jours suivants en s'améliorant graduellement. Le 18, il écrit une heure et demie à deux heures. Au bout de ce temps-là seulement le pouce commençait à fléchir, et il sentait une lourdeur dans la main.

Le 19, il sent la main très légère et dit écrire comme s'il n'avait jamais rien eu.

Le 20, en écrivant le matin, le pouce fléchit encore deux fois, et la plume lui échappe des doigts; cependant son écriture se maintient toujours bonne. Je le fais écrire vite, *currente calamo*, en somnambulisme, les yeux ouverts.

Le 20, dans l'après-midi, il lui fut presque impossible d'écrire; il dut même de nouveau attacher la plume à l'index. Le lendemain, sans suggestion nouvelle, cela allait beaucoup mieux; mais il ne put écrire longtemps; après une demi-heure d'écriture, il ne put continuer et il lui fut impossible d'écrire les adresses de ses lettres.

Le 23, il travaille toute la matinée à faire des comptes; après un certain temps, il ressentait des tiraillements dans le dos du poignet qui l'empêchaient de continuer. Voulant poursuivre, la plume lui échappe de la main; mais il put recommencer, et, ce matin, il ne reste plus aucun tiraillement.

Le 25, il constate encore que, chez moi, il écrit très bien;

mais, arrivé à la maison, sa main est plus raide, et il n'écrit plus avec la même facilité. Je suggère qu'il écrive chez lui comme chez moi.

A partir du 27, il n'accuse plus aucune sensation de raideur ni de flexion; il écrit beaucoup le 26 et le 27, et tout va parfaitement. Il fait des lettres, des comptes, comme avant sa crampe.

Il revient le 2 mars; puis les séances, quotidiennes jusque-là, sont suspendues jusqu'au 8. Il écrit toute la journée pendant cet intervalle, et ne sont plus absolument aucun phénomène de sa crampe. « J'écris, dit-il, comme je veux. » Le 8, nouvelle séance. Celles-ci sont plus espacées; il revient le 11, le 13, le 16, le 22, le 27, et la guérison complète s'est maintenue depuis le 27. Je continue pendant un mois encore à l'endormir deux fois par semaine, pour réprimer toute tendance à la rechute. Il a repris son état de comptable; il écrit toute la journée, absolument comme avant sa maladie. La guérison s'est maintenue.

Voici bien encore les Observations XCIX, C, CI, CII, qui mériteraient d'être entendues : « Sciatique datant de sept semaines... : guérison par suggestion en six jours. — Sciatique datant de quinze jours... : guérison par la suggestion en deux semaines. — Sciatique datant de trois jours, enlevée par une seule suggestion. — Sciatique datant de trois mois... : guérison en quatre semaines... » Mais il faut se borner.

C'est pour ce motif que je ne dis rien de tant de cures vraiment remarquables qui se lisent dans les deux livres portant même titre : « *Thérapeutique suggestive* », de M. Liébeault et de M. Cullère, ainsi que dans la *Revue de l'Hypnotisme* de Paris et dans celle de Berlin. Pourtant il se trouve dans cette dernière publication un récit de guérison que je veux traduire ici, ne serait-ce que pour rendre hommage à la persévérance de l'éminent hypnotiste qui accomplit cette bonne autant que belle œuvre, M. le Dr Otto Wetterstrand... « Cinquième cas. — Une dame non mariée, quarante-quatre ans. Dès l'âge de seize ans, commença à souffrir de douleurs de tête si violentes qu'elles l'obligeaient souvent à garder le lit. Depuis dix ans est jugée incurable, pour avoir essayé, sans résultat, tous les traitements qu'on peut imaginer. Quand je la vis pour la première fois, elle était extrêmement souffrante et malheureuse. Son hypnotisation fut d'une difficulté extraordinaire, car ses douleurs violentes ne lui permettaient pas de rester un instant tranquille. Enfin, après *soixante-dix* tentatives, je réussis à l'influencer. A partir de ce moment, son état commença de s'améliorer. Grâce à la suggestion, il s'améliora constamment pendant l'année 1889. En 1890, la guérison était complète[1]. »

Mais je trouve tout près, dans la même *Revue*, un fait qui vaut bien aussi la peine d'être mentionné. Un prêtre dans le ministère, jeune encore — quarante-quatre ans — d'apparence exceptionnellement forte et robuste, souffre depuis quelque temps d'une oppression telle que la respiration lui manque à tout instant, quand il marche, quand il mange, quand il est en société. La prédication lui est devenue absolument im-

---

1. *Zeitschrift für Hypnotismus*, II Jahrgang, p. 306.

possible, et, le mal se montrant rebelle à tout traitement, il se voit à la veille d'abandonner le service des âmes. M. le Dr Brügelmann, un hypnotiste distingué de sa connaissance, soupçonnant que la maladie a une cause nerveuse, lui parle de l'hypnotisme et lui conseille de se soumettre à l'hypnotisation. Pour ne pas négliger une dernière chance de salut, le prêtre y consent... « Après vingt séances, écrit le docteur, il me quitta guéri et plein d'entrain. Et, après quatre ans, rencontrant ces jours derniers son frère, qui est lui-même médecin, j'ai eu la satisfaction d'apprendre que l'abbé se porte à merveille et supporte sans peine les fatigues de sa profession [1]. »

L'hypnotisme exerçant une telle influence sur le système nerveux, il était tout naturel qu'on cherchât à utiliser l'anesthésie hypnotique pour pratiquer les opérations chirurgicales. Et, en effet, l'hypnotisme, sous ce rapport, a donné les plus précieux résultats. Si l'on veut se faire une idée des services qu'il a déjà rendus, et surtout qu'il est appelé à rendre dans l'avenir, que l'on veuille bien prêter quelque attention à cette communication de M. le Dr Fort au Congrès de l'hypnotisme de 1889 :

« Le 21 octobre 1887, un jeune Italien, employé de commerce, âgé de vingt ans, Jean Marabotti, se présente à moi et me demande de lui faire l'extraction d'une loupe siégeant à la région frontale, un peu au-

---

1. *Ibid.*, p. 301.

dessus du sourcil droit. La tumeur a le volume d'une noix.

« Reculant devant l'emploi du chloroforme, que le malade désire, je me livre sur lui à une courte expérience d'hypnotisation. Voyant que j'ai affaire à un sujet hypnotisable, je lui promets de lui faire l'extraction de sa tumeur sans douleur et sans employer le chloroforme.

« Le lendemain je le fais asseoir sur une chaise et je le plonge dans le sommeil hypnotique par la fixation du regard, ce qui a lieu en moins d'une minute.

« Les docteurs Triani et Colombo, médecins italiens, présents à l'opération, constatent que le sujet a perdu toute sensibilité et que ses muscles conservent toutes les positions qu'on leur donne, comme dans l'état cataleptique. Il ne voit rien, il ne sent rien, il n'entend rien ; son cerveau reste en communication avec moi seul.

« Dès que nous eûmes constaté que le malade était complètement plongé dans le sommeil hypnotique, je lui dis : « *Vous dormirez pendant un quart d'heure,* » sachant que l'opération ne durerait pas plus longtemps. Il resta assis, parfaitement immobile. Je fis une incision transversale, de 0^m,06 de long ; je disséquai la tumeur que j'enlevai entière, je pinçai les vaisseaux avec les pinces hémostatiques de Péan, je lavai la plaie et j'appliquai le pansement. Je ne fis pas une seule ligature. — Le malade dormait toujours. — Pour maintenir le pansement, j'enroulai une bande autour de la tête. Je disais au malade : « *Baissez la tête, levez la tête, penchez la tête à droite, à gauche* »; il obéissait avec une précision mathématique.

« Lorsque tout fut terminé, je lui dis : « *Réveillez-vous* ». Il se réveilla, déclara qu'il n'avait rien senti, qu'il ne souffrait pas; et il se retira à pied, comme s'il n'avait pas été touché.

« L'appareil fut enlevé cinq jours après; la cicatrisation était complète [1]. »

Une fois la voie si brillamment ouverte, les opérateurs, comme cela devait arriver, s'y sont engagés à l'envi, et l'expérience a prouvé que, en beaucoup de cas, l'hypnose a sur le chloroforme de sérieux avantages [2].

L'hypnotisme a soulagé dans une large mesure les douleurs humaines, et guéri bien des infirmités corporelles. N'eût-il fait que cela, que déjà il mériterait nos sympathies; mais il a fait davantage. Outre les infirmités du corps, il y a celles de l'âme, souvent plus humiliantes et plus cruelles. Sur ce domaine, si vaste hélas! l'hypnotisme exerce encore une influence glorieuse à force d'être bienfaisante. Venons aux preuves :

Voici ce que racontait M. le Dr Briand, médecin en

---

1. *Premier Congrès international d'Hypnotisme*, p. 202.
2. Comment l'anesthésie obstétricale a mérité d'être appelée « un des succès de la psychothérapie », M. Cullère et M. Liébeault le montrent fort bien dans leur livre : *La thérapeutique suggestive*. Voir aussi *Zeitschrift für den Hypnotismus*, passim.

chef de Villejuif, au premier congrès international de 1889 : « Il y a quelques mois, un médecin m'adressait une dame qui poussait toutes les nuits, à la même heure, des vociférations qui effrayaient son mari et aussi les voisins. Elle n'avait elle-même aucune conscience de ses cris. Un confrère qu'elle avait consulté en premier lieu, se basant sur la régularité des accès, avait conseillé le sulfate de quinine; un autre, s'appuyant sur la perte des souvenirs de l'impulsion et pensant à l'épilepsie larvée, avait administré, sans plus de succès, des doses élevées de bromure de potassium. J'essayai d'endormir Mme X..., et, comme j'avais réussi assez facilement, je lui fis ma première suggestion en ces termes : « Vous ne crierez plus pendant la nuit. » Deux jours après, le mari revenait m'informer que, contrairement à mon attente, le résultat du traitement avait été négatif. Je pensai alors que peut-être il eût été préférable de suggérer à la malade, que les raisons qui la faisaient crier n'existaient plus; et j'engageai son mari à l'interroger au moment même de la crise et à me livrer le résultat de son enquête. Il fut très difficile au mari de me fournir les renseignements demandés. Cependant, il finit par comprendre, d'après les réponses de sa femme, qu'elle était en proie à un cauchemar épouvantable : s'imaginant assister à son convoi funèbre, elle était obsédée par l'idée qu'on allait l'enterrer vivante, et ses appels déchirants coïncidaient avec le moment où les fossoyeurs jetaient de la terre sur son cercueil.

« Lorsque je la revis, je fis repasser sous ses yeux, pendant l'hypnose, toute la scène de l'enterrement, en ayant soin d'affirmer à la malade qu'avant la fin du rêve je l'arracherais aux mains des croquemorts ; je lui affirmais aussi qu'elle assistait à cette scène pour la dernière fois et que jamais elle ne serait la victime d'un pareil accident. A la suite de cette seconde séance, Mme X... dormit cinq nuits sans être obsédée par son cauchemar. Une deuxième suggestion lui procura un mois de tranquillité. Depuis la troisième séance, je la considère comme complètement guérie. »

M. le Dr de Jong (de la Haye), après avoir rapporté devant le même auditoire choisi, comment, en trois semaines, il avait guéri, par la suggestion, un pauvre charpentier atteint de « mélancolie aiguë », poursuivait en ces termes : « Un homme souffrant depuis plusieurs années de ce terrible mal de l'agoraphobie [1], sollicita mon secours. Tous les traitements que j'avais employés auparavant pour guérir des cas semblables étant demeurés sans effet, je résolus d'employer l'hypnotisme. Il me fut très facile d'endormir mon malade et de le mettre en somnambulisme. Je le fis rêver pendant l'hypnose. Je le fis se promener, en rêve, dans toutes les rues et sur toutes les grandes places, dans toutes les circonstances possibles, par un soleil éblouissant, par un temps de neige, etc., et, par suggestion, je lui donnai l'idée qu'il n'éprouvait pas la moindre peur, ce dont il convint, en hypnose. Je lui ordonnai, par suggestion toujours, de se rendre, étant éveillé, dans une rue,

---

1. « Agoraphobie, folie consistant en angoisses et palpitations devant un espace vide. » *Dictionnaire des Sciences Physiques et Naturelles*. (Thévenin et de Varigny.)

sans être accompagné, de se promener dans telles rues et sur telles places déterminées. Après dix séances, son agoraphobie avait disparu sans laisser la moindre trace. Il s'est écoulé depuis lors plus d'un an et demi, et, il y a peu de temps, il m'assura qu'il ne s'apercevait plus de rien, même qu'il lui était impossible de comprendre comment il avait pu éprouver autrefois ces impressions désagréables [1]. »

M. de Jong ne fut pas moins heureux dans le cas suivant, assez singulier : Une dame était venue le supplier de la guérir d'une peur de l'orage et des voyages en chemin de fer telle « qu'elle lui rendait, suivant sa propre expression, la vie insupportable ». L'habile docteur l'endormit, et la mit en somnambulisme. « Je lui fis rêver qu'elle voyageait en chemin de fer : je fis disparaître, par suggestion, toute sa peur, et lui assurai que, éveillée, le chemin de fer ne lui inspirerait plus la moindre crainte. Par suggestion, j'éveillai aussi en elle le goût des voyages. Après six séances, je rencontrai par hasard cette dame à la gare revenant d'une visite à une ville voisine. Elle m'assura n'avoir pas éprouvé la moindre angoisse. De la même manière j'éveillai en elle l'idée du tonnerre, la supposant dans toutes les circonstances imaginables, chez elle, dans la rue, en chemin de fer, et je lui suggérai qu'elle n'éprouverait plus la moindre peur. De fait, pendant l'hypnose, ses traits, calmes et tranquilles, me prouvèrent, elle en convint du reste, qu'elle n'éprouvait pas la moindre inquiétude.

---

1. *Premier Congrès international d'Hypnotisme*, p. 137.

« Il y a quelque temps, après environ douze séances, la malade partit pour Bruxelles avec l'intention d'aller plus tard à Paris, où elle se trouve à présent, si je ne me trompe. Dans une lettre de Bruxelles, adressée à un de ses parents, elle assurait qu'elle n'avait pas eu la moindre peur en voyageant, et, qu'ayant eu à subir un orage violent, elle avait étonné, par son calme, tout son entourage [1]. »

Vous connaissez cette terrible « folie toxique » si commune de nos jours, la morphinomanie. L'hypnose en est un des meilleurs remèdes : « J'ai traité vingt-deux cas de morphinomanie par la suggestion hypnotique, nous dit M. Wetterstrand. Dans deux cas, l'entêtement des malades empêcha la guérison. Dans un troisième, le malade me laissa sans nouvelles ultérieures : les dix-neuf autres ont été suivis de guérison. Un malade qui absorbait plus d'un gramme de morphine par jour depuis plus de trois ans (il en avait pris l'habitude pendant une maladie au Caire), fut débarrassé de son habitude en quinze jours. Il mourut plus tard d'une pneumonie. Mon expérience m'a enseigné qu'il est difficile d'acquérir de l'influence sur les morphinomanes : on a besoin de temps et de beaucoup de patience pour arriver au but ; mais le médecin accoutumé au traitement suggestif peut être sûr du succès [2]. »

En fait de succès, l'on obtiendra difficilement quelque chose de plus remarquable que M. Auguste Voisin.

---

1. *Premier Congrès international d'Hypnotisme*, p. 199.
2. *Revue de l'hypnotisme*, juillet 1894.

médecin de la Salpêtrière, dans les circonstances que l'on va lire :

« Une fille âgée de vingt-deux ans, séquestrée à Saint-Lazare à la suite de vols et d'abus de confiance, avait été reconnue aliénée et envoyée à la Salpêtrière. C'était une fille grande et forte, d'une intelligence peut-être au-dessous de la moyenne, pensive et sournoise. Sauf un front bas, on ne remarquait chez elle aucune conformation défectueuse. Indocile, paresseuse, ordurière, elle manifestait toujours de la mauvaise humeur, et récriminait à propos de tout. Quand elle était inoccupée, elle prononçait des paroles incohérentes qui annonçaient l'existence d'un délire maniaque. Bientôt, elle a des accès d'agitation, devient furieuse, et on ne peut la maintenir qu'avec la camisole de force. Elle a aussi, de temps en temps, des attaques d'hystérie sous forme de perte de connaissance, sans convulsions.

« M. A. Voisin pensa à l'hypnotisme pour calmer cette violente agitation. Étant un jour venu à l'improviste dans son service, il trouva la malade camisolée, assise dans la salle des douches, le bonnet d'irrigation d'eau froide sur la tête. Il essaya de l'hypnotiser en lui faisant fixer des yeux le doigt placé au-dessus de son nez; mais, à cause de la difficulté de lui faire regarder fixement un objet, il n'obtint le sommeil qu'en la regardant de très près, à quelques centimètres de son visage et en suivant tous les mouvements de ses yeux. Au bout de dix minutes survint un strabisme convergent auquel succéda bientôt un sommeil stertoreux. Après cinq minutes de ronflement, elle se mit à bavarder d'une façon incohérente.

« Les jours suivants, nouvelles tentatives d'hypnose, plus difficiles que la première, mais cependant suivies aussi de succès ; à la suite des séances, on constate un peu de calme. Voici un échantillon des difficultés que rencontra M. Voisin dans ses expériences : « Elle ré-
« siste, se débat, lui crache au visage ; la grande diffi-
« culté est de lui faire fixer un objet. M. Voisin est
« obligé de lui tenir les paupières entr'ouvertes et de
« suivre ses yeux ; après sept ou huit minutes, elle se
« débat, devient somnolente, prononce quelques mots,
« puis s'endort. » Peu à peu le sommeil devient de plus en plus parfait : « Elle est assise sur une
« chaise, la tête renversée en arrière et appuyée sur
« un lit ; les mains pendantes se cyanosent, les mem-
« bres sont dans la résolution absolue, l'anesthésie
« est complète ; une grosse épingle enfoncée dans
« la peau n'est nullement sentie. C'est à partir de
« cette séance que nous l'avons interrogée, et qu'elle
« nous a donné sur sa vie les détails qu'elle nous avait
« cachés jusqu'alors. »

« Peu à peu, sous l'influence d'hypnotisations répétées, cette malade se calma, devint lucide, et put être rendue à la liberté. Un point remarquable, c'est qu'en même temps que l'intelligence reprenait son équilibre le moral se modifiait d'une façon avantageuse, et qu'elle abandonnait son langage et ses habitudes de prostituée [1]. »

---

1. Dr Cullère, *La Thérapeutique suggestive*, p. 211.

C'est qu'en effet l'hypnotisme, au service d'un honnête homme et d'un praticien bon psychologue, n'est pas seulement un moyen thérapeutique efficace contre certaines maladies organiques ou les troubles de l'imagination ; il devient encore sans peine un instrument de relèvement moral à l'égard des individus frappés de déchéance.

Écoutez M. A. Voisin, dont nous avons pu admirer tout à l'heure la patience et le dévouement véritablement héroïques : « La moralisation des enfants dépravés, dit-il, est encore un des côtés les plus intéressants et les plus importants du sujet. J'ai pu transformer absolument du tout au tout les habitudes de penser, d'agir, d'enfants et de jeunes adolescents. Je leur ai fait aimer le bien alors qu'ils n'aimaient que le mal. Je les ai amenés à détester les vices auxquels ils s'adonnaient : c'est ainsi que j'ai fait disparaître chez eux les habitudes de mensonge, de vol, de débauche, etc[1]. » Combien le langage de M. Voisin est légitime, on pourra en juger par ce seul trait qu'il racontait lui-même dans un numéro de la *Revue de l'hypnotisme* de 1889. Une famille lui avait amené un garçon de seize ans, dominé par les instincts les plus pervers, afin qu'il le soumît au traitement de l'hypnotisme. Le jeune homme était menteur, indiscipliné, méchant, voleur... « Dans ces deux dernières années, les idées de vol ont beaucoup augmenté et, de plus, il est devenu débauché. Il vole sa mère pour courir les filles. Les pratiques

---

1. *Congrès international de l'Hypnotisme*, p. 152.

solitaires vicieuses sont devenues pour lui une passion, et il s'y livre sans pudeur... Dès le jour même de son arrivée, on essaya le traitement par l'hypnotisme. Le sommeil a été obtenu après quelques minutes de fixation d'un objet brillant et après l'injonction de ce dernier. Sitôt le sommeil obtenu, on commence des suggestions qui portent sur la cessation du vol et sur le changement de caractère. A partir de la première séance, le jeune homme n'a plus volé, et son caractère s'est modifié dans un sens favorable. Le traitement était appliqué tous les trois jours, et les suggestions ont porté tour à tour sur son mauvais caractère, sur ses instincts vicieux, sur le vol et ses habitudes de débauche.

« Moins d'un mois après, ce jeune homme était absolument transformé, et sa famille se plaisait à en donner à M. Voisin le témoignage reconnaissant [1]. »

M. Bernheim raconte à son tour : « Un enfant de huit ans s'abandonnait depuis trois ans aux pratiques solitaires, cédant à l'exemple d'un camarade plus âgé qui lui avait appris la chose. Il s'y livrait plusieurs fois par nuit et par jour. Il était intelligent, laborieux, docile, sans antécédents nerveux héréditaires. La médication bromurée, l'intimidation, les menaces furent essayées en vain. Cependant, l'enfant avait connaissance de la nature vicieuse de son habitude et désirait guérir, sans avoir la force de résister à l'impulsion. Dès la première séance, il est mis en sommeil profond avec amnésie au réveil : on lui suggère qu'il n'aura plus

---

[1]. D' Cullère, *La Thérapeutique suggestive*, p. 308.

jamais l'idée de faire le mal, ni le jour ni pendant le sommeil de la nuit ; qu'il sera désormais assez fort pour résister à toute tentation.

« La suggestion hypnotique est répétée plusieurs jours de suite. Dès les premières séances, l'enfant a été guéri ; il n'a plus eu l'idée de faire le mal. En même temps la santé s'améliore, il prend un embonpoint rapide. Depuis plusieurs mois la guérison ne s'est pas démentie [1]. »

M. le Dr Bérillon, le distingué fondateur et directeur de la *Revue de l'Hypnotisme*, écrit de son côté : « En limitant nos expériences aux traitements des vices, des troubles mentaux, des instincts pervers qui pourraient, dans un avenir prochain, placer l'enfant qui en est atteint dans les conditions sociales les plus défavorables..., nous avons pu guérir, par suggestion, un certain nombre d'enfants qui présentaient des habitudes de *mensonge irrésistible*, de *kleptomanie* [2], de *cruauté*, de *pratiques solitaires*, de *paresse invincible*, de *malpropreté*, d'*indocilité*, de *pusillanimité*. Les résultats complètement favorables enregistrés jusqu'à ce jour sont trop nombreux pour ne pas entraîner la conviction de tous ceux qui seraient tentés de les contrôler de bonne foi [3]. »

---

1. *De la suggestion*, p. 506.
2. « Kleptomanie, aliénation mentale poussant au vol. » (Thévenin et de Varigny.)
3. *Premier Congrès international*, p. 175. Compar. *L'onycophagie, sa fréquence chez les dégénérés et son traitement psychothérapique*, par le même auteur.

De fait, comme le remarque M. le docteur Bérillon, ses observations personnelles sont conformes à celles qui ont été recueillies par d'éminents confrères, au nombre desquels nous citerons particulièrement MM. les docteurs Bernheim, Liébeault, Aug. Voisin, Van Rantengher, Van Eeden, Ladame, de Jong, Wetterstrand, Moll, Herrero [1].

Il faut ajouter que tous ces habiles praticiens n'ont pas opéré seulement sur des enfants et des adolescents, mais que, au prix parfois de beaucoup de patience et de beaucoup de peine, ils ont réalisé sur des hommes faits les merveilles que nous admirions tout à l'heure dans des sujets très jeunes. M. Ladame, de Genève, en particulier, M. Von Krafft-Ebing, de Vienne, et M. Von Schrencknotzing [2], de Munich, ont obtenu la guérison, ou l'amélioration, d'habitudes vicieuses et de perversions qui avaient résisté à tous les moyens employés.

Mais il est un vice dont les progrès de nos jours sont visiblement effrayants, et contre lequel on ne pouvait manquer d'éprouver la vertu de la suggestion ; je veux dire l'alcoolisme. Voyons si, là encore, l'hypnotisme s'est montré bienfaisant.

M. Beaunis, parlant des transformations successives que peut amener l'hypnotisation chez les individus adonnés aux boissons alcooliques, écrit : « J'en ai vu

---

1. *Premier Congrès international*, p. 176.

2. Il va sans dire qu'en citant M. le docteur Von Schrencknotzing, je n'entends nullement approuver les suggestions qu'il raconte avoir données à quelques-uns de ses malades.

chez M. Liébeault un exemple frappant. M. D... étant grand fumeur et en même temps grand buveur de bière, ce qui va souvent ensemble, et cela à un tel degré que sa santé en était réellement compromise et inquiétait sa famille, M. Liébeault l'hypnotisa et lui suggéra pendant son sommeil qu'il ne fumerait plus et ne boirait plus de bière ; il lui traça en un mot tout un programme hygiénique qui, suivi docilement par le sujet, amena un résultat excellent, que toutes les exhortations de la famille et la volonté même de M. D... avaient été impuissantes à obtenir. Quelques séances d'hypnotisation et la suggestion avaient suffi [1]. »

M. Beaunis ajoute : « Le même effet fut obtenu par le même moyen sur un médecin, très distingué d'ailleurs, mais trop adonné à l'alcool : chez lui aussi quelques séances suffirent ; mais, au bout de trois mois, il retomba dans ses habitudes d'intempérance, et je ne sais s'il a de nouveau eu recours au docteur Liébeault [2]. »

A ces récits il faut joindre le témoignage suivant de M. le docteur Forel. Après avoir raconté ses insuccès hypnotiques auprès des aliénés, il poursuit : « Au contraire, j'ai obtenu d'excellents résultats durables sur les alcooliques (non pas pendant le *delirium tremens,* mais après), en leur suggérant l'horreur des boissons alcooliques, l'abstinence totale de ces boissons pour toute leur vie, et leur incorporation à une société d'abstinence totale. Cette dernière leur procure de vraiment bons

---

[1]. *Le Somnambulisme provoqué,* p. 151.
[2]. *Ibid.*

amis, qui continuent par leur fréquentation, devenue définitive, la suggestion (sans hypnotisme !), c'est-à-dire l'habitude de l'abstinence totale pour toute la vie. De même pour les morphinistes et cocaïnistes. Seulement ici les sociétés font défaut [1]. »

A la réunion de la « British Medical Association » tenue à Nottingham, en 1892, M. le docteur Charles Lloyd Tuckey fut admis à lire une étude sur le traitement par l'hypnose, de l'alcoolisme chronique. Écouté avec intérêt par cette grave et docte assemblée, qui si longtemps avait trouvé indigne d'elle de s'occuper de l'hypnotisme, il terminait ainsi sa lecture :

« Voici les conclusions où je suis arrivé, en ce qui concerne le traitement de l'alcoolisme chronique par l'hypnotisation : 1° L'hypnotisme est un agent de grande valeur (of great value) dans le traitement de l'alcoolisme chronique. 2° Il agit en développant à un degré extraordinaire la suggestibilité du sujet, et son aptitude à réaliser les suggestions. 3° Il réussit spécialement dans les cas d'habitude d'alcoolisme contractée, sans prédisposition héréditaire, quand le sujet désire sa guérison, mais n'a pas l'énergie de volonté suffisante pour faire le premier pas. 4° Bien qu'il soit de règle générale que, plus le sommeil est profond, plus le traitement est efficace, il ne s'ensuit pas cependant que tous les somnambules guérissent, ni que ceux qui sont légèrement influencés ne reçoivent pas d'amélioration. Le résultat dépend de la constitution, du tempérament, du milieu des

---

1. *Premier Congrès international*, etc. p. 155.

sujets autant que du degré de l'hypnose. 5° Une hypnotisation de passage est généralement sans effet. Pour réussir il est nécessaire d'organiser un traitement suivi et méthodique, et de tenir le sujet, un certain temps, sous une stricte surveillance. 6° Une rechute ne compromet pas nécessairement le succès définitif, aussi longtemps que le patient garde le désir d'être guéri, et la confiance dans le traitement [1]. »

M. Lloyd Tuckey avait traité par l'hypnose 31 alcooliques, 20 hommes et 11 femmes. Voici le tableau des résultats qu'il avait obtenus : « guéris depuis plus de deux ans, 3 ; encore en traitement, mais allant bien, 5 ; sont retombés mais restent en traitement et ont chance de guérir définitivement, 4 ; se maintiennent améliorés, (*permanently benefited*), 4 ; insuccès complets, 3 ; retombés après une amélioration temporaire, 11. Un sujet donnant de belles promesses est mort de la fièvre typhoïde, après six mois d'abstinence [2]. »

Voilà les faits, et voilà cet hypnotisme qu'on voudrait nous représenter comme étant, de soi et par nature, malfaisant, immoral, diabolique. Malfaisant, de soi, l'hypnotisme, quand il guérit tant d'infirmités et de douleurs! Immoral, quand il aide si efficacement la volonté défaillante à secouer le joug des vices! Diabolique, quand il nous est un si précieux instrument pour

---

1. *The Value of Hypnotism in Chronic Alcoholism*, p. 47. Lire l'appendice II où M. Lloid Tuckey rapporte les expériences encourageantes de plusieurs médecins de l'Ancien et du Nouveau Monde.
2. *The Value of Hypnot.*, Appendice I, p. 45.

écarter de l'homme les deux choses où le génie du mal doit particulièrement se complaire : la souffrance dans les corps et la corruption dans les âmes! Ces trois épithètes, les plus dures qu'on puisse infliger, la science et le bon sens protestent de concert, si on veut en flétrir l'hypnose.

Sans doute, sous le nom et sous couleur d'hypnotisme, on peut se livrer à des pratiques d'un ordre transcendant; sans doute l'hypnotisme est d'un emploi délicat et peut offrir des dangers, donner lieu à des abus; mais cela n'empêche point que l'hypnotisme vrai, scientifique, ne se ramène à des causes absolument naturelles; et qu'employé avec prudence, uniquement pour le bien des sujets, il ne soit un agent tout à la fois très puissant et très bienfaisant. Quoi qu'on en puisse dire, l'hypnotisme « restera une des plus belles acquisitions de la Biologie contemporaine [1] », un des riches présents qu'ait faits à l'homme la bonté de Dieu.

Ainsi raisonnent les défenseurs de l'hypnotisme : M. l'abbé Lelong [2], M. l'abbé Méric [3], M. l'abbé Guillemet [4], le R. P. Berthier [5], O. P., M. l'abbé Charles Trottin [6], le R. P. Lehmkuhl [7], S. J., M. l'abbé Schnei-

---

1. Dr Grasset, Étude citée.
2. *La Vérité sur l'hypnose.*
3. *Le merveilleux et la science.*
4. *Hypnotisme et psychologie.*
5. *L'étude de la Somme théologique*, Appendice.
6. *Étude morale sur l'hypnotisme.*
7. *Theologia moralis.*

der [1], le R. P. Victor Van Tricht [2], S. J., l'auteur des articles sur l'hypnotisme de la Revue *The Lyceum* [3], M. le Chanoine Emile Berardi [4], etc.

1. *L'hypnotisme.*
2. *L'hypnotisme, causerie.*
3. Nos de février, mars, avril, mai 1889.
4. *Casus conscientiæ*, an. 1893.

CHAPITRE IX

POURQUOI NOUS ALLONS REPRENDRE L'ÉTUDE DE L'HYPNOTISME. — QUELQUES REMARQUES PRÉLIMINAIRES.

Je dois avouer que, ayant lu avec une attention égale et une entière impartialité, l'argumentation des adversaires de l'hypnotisme et celle de ses défenseurs, c'est l'argumentation de ces derniers qui, dans l'ensemble, m'a laissé l'impression la plus favorable. Des deux côtés, sans doute, l'on fait preuve de talent, de science et d'habileté : mais je trouve que les partisans de l'hypnotisme montrent une connaissance et une analyse des faits plus précises, une logique plus correcte et plus ferme, une psychologie plus exacte et plus profonde. Je le reconnais, un grand et noble zèle pour la défense des âmes contre l'action et les influences sataniques anime les adversaires ; cela se voit bien à l'ardeur, à la verve, à la fécondité qui distinguent leurs écrits. Mais, généralement, l'on est plutôt édifié que convaincu par ce qu'ils disent. Parfois, on a le sentiment qu'ils ne présentent pas les phénomènes sous leur vrai jour, avec leur vraie physionomie : que, dans le feu de l'attaque et sans qu'ils le soupçonnent, ils exagèrent les inconvénients et dissimulent les avantages : ailleurs, il paraît bien qu'une distinction nécessaire leur a échappé, qu'ici ils concluent du particulier au général, que là ils raisonnent sur une circonstance accidentelle, fortuite, comme s'il s'agissait de la substance même des choses.

Mais, à la réflexion et à la suite des études personnelles que j'ai dû faire, cette première impression aurait pu se modifier : il n'en a rien été. Plus j'ai étudié l'hypnotisme tel qu'il se révèle d'après les résultats obtenus dans les cliniques et les laboratoires, moins il m'a paru condamnable sans rémission : et, aujourd'hui, puisque je dois prendre parti, ce n'est point du côté de ses adversaires que mes convictions m'obligent à me ranger, mais parmi ses défenseurs, — si par adversaires de l'hypnotisme l'on entend ceux qui soutiennent que son emploi n'est jamais permis, et si, par défenseurs, l'on désigne ceux qui soutiennent qu'il est permis quelquefois.

Toutes mes réserves faites et maintenues au sujet du magnétisme [1], du spiritisme et de l'occultisme [2], je prétends donc que l'hypnose, réduite aux phénomènes

1. M. E. Boirac, professeur de philosophie au lycée Condorcet, a publié, dans le n° du 1er octobre 1895 de la *Nouvelle Revue*, un article digne d'attention où il raconte comment des expériences personnelles, fort intéressantes et fort bien conduites, je dois le dire, l'ont amené à conclure que le magnétisme et l'hypnotisme, la suggestion et l'influence magnétique, *sont deux agents distincts* « *aussi réels l'un que l'autre* ». *Ibid.*, p. 20.

2. Voir plus haut, chapitre V.

produits par suggestion verbale et que j'ai rapportés précédemment, n'est pas toujours défendue, mais est quelquefois permise, qu'elle n'est ni toujours diabolique ni toujours immorale, et que, si délicate et si dangereuse qu'en soit la pratique, on peut, en certains cas et moyennant certaines précautions, l'employer utilement en toute honnêteté et prudence.

I

Je me range à l'opinion qui est favorable à l'hypnotisme. Est-ce à dire que, dans ma pensée, cette opinion a été aussi approfondie qu'elle doit l'être, que la preuve en a été faite d'une manière définitive et que les difficultés des adversaires ont été résolues avec pleine évidence ? — Non, plusieurs auteurs [1] ont exprimé le très vif regret que les partisans de l'hypnotisme donnent plus de place, dans leurs livres, au récit des faits qu'à leur interprétation, s'attardent à l'exposé des phénomènes et ne trouvent plus de temps pour en rechercher sérieusement la nature. J'admets que le reproche est fondé, et moi-même je n'ai pas éprouvé une mince déception lorsque, prenant un auteur récent et fort répandu de théologie morale afin de me renseigner, je me suis trouvé en face de ces paroles : « L'hypnotisme est-il, *de soi*, illicite ? — *Quoi que l'on en doive penser,*

---

1. Entre autres M. l'abbé Ribet, dans les articles déjà cités.

il ne saurait être permis, si l'on ne prend des précautions, et si... etc. ». De réponse à la question essentielle, pas d'autre que le petit point d'interrogation. Encore dois-je ajouter que, dans une édition nouvelle, la question elle-même a été supprimée, — avec le petit point d'interrogation, comme si on l'avait jugé déjà trop compromettant. En réalité, l'on évite d'aborder bien en face, de front, le problème de la nature et de la moralité de l'hypnose, et, content d'avoir détourné le coup des objections ou satisfait aux exigences pressantes de la casuistique, l'on s'abstient de formuler une théorie proprement dite.

Mais nos philosophes et nos théologiens catholiques ne sauraient en demeurer là. La question est à l'ordre du jour, et l'étude s'en impose. Qu'elle soit fort délicate et complexe en même temps que nouvelle, cela crée bien le devoir de procéder avec circonspection et de se tenir toujours prêt à accepter un avis plus éclairé et meilleur que le sien ; ce n'est pas une raison de fermer les yeux et de garder le silence sur le problème.

C'est inspiré par cette manière de voir que je voudrais reprendre la question de l'hypnotisme, et que je propose à mes lecteurs d'en étudier à nouveau la moralité et la nature. Si je ne m'abuse, les œuvres philosophiques et théologiques de saint Thomas d'Aquin peuvent apporter beaucoup de lumière sur ce sujet : nous les consulterons ; et le travail que j'aurai ébauché, d'autres plus compétents et plus habiles sauront le parfaire.

Je parlerai d'abord de la moralité pour deux raisons :

la première, parce que bon nombre de nos lecteurs désirent avant tout s'éclairer sur ce point ; la seconde, parce que c'est dans cette question de la moralité que nos adversaires semblent se croire, et sont peut-être, les plus forts. Nous l'avons vu, plusieurs reconnaissent volontiers que beaucoup de faits hypnotiques peuvent s'expliquer par des causes naturelles ; mais cela, disent-ils, n'innocente point l'hypnotisme : il n'en est et n'en demeurera pas moins condamné par la morale. C'est donc en morale surtout qu'ils espèrent vaincre. Mieux vaut descendre tout de suite sur leur terrain préféré et voir si, réellement, l'hypnose étant supposée de provenance naturelle, ce qu'ils sont disposés à accorder pour plusieurs phénomènes et ce que nous prouverons être vrai d'un plus grand nombre encore, elle est de telle nature que, partout et toujours, l'emploi en soit condamnable et ne puisse être jamais légitime au jugement d'une conscience d'homme et de chrétien.

II

Avant tout, nous nous demanderons, comme il convient à des philosophes et à des théologiens, quelle est la moralité intrinsèque et spécifique de l'hypnotisme.

Saint Thomas, recherchant comment avait pu se produire l'erreur étrange qui admettait deux principes suprêmes, l'un du mal, l'autre du bien, dit que les premiers auteurs d'une pareille conception y furent amenés par ce double fait : qu'ils méconnurent la cause universelle de tout l'être, et s'imaginèrent qu'il existait des choses mauvaises par nature, comme il en existe de bonnes par nature. Quelle fausse méthode avait amené les Anciens à se figurer de la sorte des êtres naturellement mauvais, le saint Docteur l'explique en ces termes : « S'ils rencontraient un être qui causât du dommage à un autre, ils jugeaient de ce seul fait que la nature de cet être nuisible était mauvaise, tout comme si quelqu'un disait que la nature du feu est mauvaise, parce qu'il a brûlé la maison de quelque pauvre. Mais quand il s'agit de juger de la bonté d'une chose, il ne faut pas ainsi regarder à un fait particulier et accidentel, il faut la juger selon ce qu'elle est en elle-même et d'après le rôle et la place qui lui ont été fixés dans l'ordre de l'univers. *Judicium de bonitate alicujus rei non est accipiendum secundum ordinem ad aliquid particulare, sed secundum seipsum et secundum ordinem ad totum universum* [1]. »

Cette règle que saint Thomas, ou plutôt la raison, veut que l'on suive, quand il s'agit d'apprécier la bonté des êtres, elle s'impose, avec une force égale, à qui doit porter un jugement sur la moralité spécifique d'un acte humain, d'un fait relevant de l'activité libre de l'homme; car, dit le saint Docteur, « il faut raisonner de la bonté et de la malice dans les actions, comme l'on raisonne du bien et du mal dans les choses [2] ».

---

1. *Sum. theolog.*, I, q. 51, a. 1.
2. *Sum. theolog.*, I, q. 50, a. 3.

Si vous êtes autre chose qu'un casuiste, si vous avez à vous prononcer sur la qualité ou la valeur d'une action, d'une pratique, non pas en des circonstances données et tout individuelles, mais en général et par un jugement absolu, vous devez regarder ce qu'est l'action en elle-même, ce qu'est, dans son fond, le procédé, et non pas l'un ou l'autre des mille accidents qui peuvent bien venir se greffer sur sa nature, mais n'ont avec elle aucun rapport obligé, aucun lien nécessaire. Dans l'hypothèse, par exemple, que vous deviez définir si l'aumône est bonne et le vol mauvais, vous ne ferez pas dépendre votre décision du fait que le pharisien du Temple donnait aux pauvres pour se faire admirer, et que tel pauvre de votre connaissance vole pour la décoration d'une église. De même, ayant à décider en général si l'hypnotisme est une pratique morale ou immorale, licite ou non, nous perdrions notre temps à raisonner sur une multitude infinie de détails dont nous le voyons, en fait, s'accompagner, mais qui ne lui tiennent pas de plus près que l'habit au corps : c'est en lui-même qu'il faut le considérer, dans son fonds immuable et ses dépendances essentielles. Autrement, nous nous exposons à juger à la façon de ces Anciens dont nous parlait tout à l'heure saint Thomas, et qui affirmaient que le feu est mauvais essentiellement, mauvais par nature, parce qu'on l'avait vu brûler la maison d'un pauvre, « *quia combussit domum alicujus pauperis* [1] ».

---

1. *Loc. cit.*

Si donc on vient nous dire qu'un hypnotiseur s'est servi d'un moyen malhonnête ou brutal pour endormir un sujet, qu'un autre a fait tomber dans l'hystérie une jeune fille, un troisième rendu fou un jeune homme, un quatrième tué le malade qu'il voulait guérir, tous ces récits nous laisseront absolument indifférents en ce qui concerne le problème de moralité spécifique que nous avons à résoudre, tant que l'on n'aura pas ajouté, mais avec preuves à l'appui bien entendu : et ces malheurs sont la suite fatale, inéluctable de l'hypnotisme, et l'hypnotisme ne peut être employé sans que, sinon tous, au moins l'un ou l'autre n'arrive. Car, si l'hypnotisme peut être employé quelquefois sans dommage, cela nous prouvera que nuire n'est pas de son essence, puisque, comme le dit saint Thomas, le signe qu'une chose n'appartient pas essentiellement à une autre, c'est qu'elle ne l'accompagne pas toujours « *quod enim accidit alicui naturæ, non invenitur universaliter in natura illa*; sur quoi nous jugeons, par exemple, qu'avoir des ailes n'est pas de l'essence de l'animal, puisque tout animal n'a pas des ailes »[1]. L'hypnotisation pouvant être pratiquée sur cinquante individus sans qu'il en résulte dans l'organisme d'un seul le moindre accident, comme chacun peut s'en convaincre et comme j'ai pu le voir moi-même à Toulouse, à Paris, à Montpellier, à Nancy, à Genève, à Zurich, tous ces accidents mentionnés ne font point partie de la nature de l'hypnose et n'en sont pas davantage des propriétés. Ils ne doivent donc pas entrer di-

---

1. *Sum. theolog.*, I-II, q. 18, a. 1.

rectement en ligne de compte quand il s'agit de déterminer ce qu'est, par nature, l'hypnotisme, au point de vue de la morale. Si nous devons en faire l'objet d'une enquête — et nous devrons la faire, cette enquête — voici simplement pourquoi : c'est afin de pouvoir établir quel degré de chance ou de probabilité il y a que ces accidents surviennent, et d'inférer de là à quel point la propriété de dangereux convient à l'hypnotisme, mais non pas pour conclure immédiatement et directement à sa nature. Nous ne voulons point renouveler en morale l'argumentation que l'on fit autrefois dans un autre domaine : Le feu a brûlé la maison d'un pauvre : donc le feu est mauvais.

Il est de toute évidence que la même remarque doit être appliquée aux abus dont l'hypnotisme peut être l'occasion. L'abus est étranger à la nature des êtres qu'il profane : il rend les personnes coupables, mais ne rend pas les choses mauvaises. Si vous condamnez l'hypnotisme, parce que d'aucuns en abusent, condamnez aussi le repos, la nourriture, la liberté, la science. Tout peut être à l'homme occasion et instrument de mal. C'est ce fait aussi triste qu'indéniable qu'exprimait saint Thomas par ces belles paroles : « Il n'est rien dont l'humaine malice ne puisse abuser, puisqu'elle abuse même de la bonté de Dieu, *Nihil est quo humana malitia non possit abuti, quando etiam ipsa Dei bonitate abutitur* [1]. »

Mais le principe que, pour juger sainement la moralité intrinsèque d'une action ou d'une pratique, il faut la considérer en elle-même, dans sa nature, bien dégagée

---

1. *Sum. Theolog.*, III, q. 53, a. 8, ad 1.

de tout ce qui n'est pas elle, nous amène à une troisième observation que voici : pour être assuré d'avoir l'hypnose en quelque sorte pure et sans mélange, l'on ne doit pas s'adresser à des hommes qui, à raison de leur profession, de leur intérêt, de leur caractère, peuvent être soupçonnés d'employer concurremment avec le sommeil artificiel d'autres pratiques, de faire appel par exemple à la prestidigitation, aussi bien qu'au spiritisme et à l'occultisme, de fausser et d'outrer intentionnellement les expériences, pour exciter l'opinion, provoquer les applaudissements, attirer les foules, et faire de grosses recettes. L'on doit s'adresser, et nous nous adresserons au contraire à ces hommes d'une honorabilité reconnue, qui, étudiant l'hypnose dans un but scientifique et thérapeutique, ont le même désir que nous d'en découvrir la vraie nature, y travaillent d'après une méthode rationnelle, respectent le cours normal des phénomènes et poursuivent comme but principal l'avancement du savoir et le bien de l'humanité. Ceux qui, pour établir leur jugement sur la moralité de l'hypnotisme, invoquent les hauts faits de Donato, de Hansen, de Pickmann, etc., me représentent un homme qui choisirait les pièces des faux monnayeurs pour apprécier la valeur des espèces ayant cours dans un pays, ou un chimiste qui voulant étudier la nature et les propriétés du vin irait acheter ses échantillons dans un cabaret de faubourg. Accorder la même confiance aux aventuriers de tréteaux qu'aux savants de laboratoire, ne serait pas seulement blesser la justice et les convenances, ce serait encore méconnaître les lois élémentaires de toute recherche sérieuse.

III

Mais quels sont ces éléments essentiels de l'hypnose, ou qui du moins ne s'en séparent pas ? En première ligne il faudra mettre, sans doute, le sommeil ? Eh bien, non, ce serait une erreur. Bien que le sommeil l'accompagne ordinairement, l'hypnose, en dépit de son nom, peut exister sans sommeil. Le fait est constant, comme nous l'allons voir.

M. Bernheim l'affirmait déjà, au PREMIER CONGRÈS INTERNATIONAL DE L'HYPNOTISME EXPÉRIMENTAL ET THÉRAPEUTIQUE DE PARIS, en 1889. « Certains sujets, disait-il alors, c'est l'exception, mais ils ne sont pas rares, sont si faciles à impressionner, qu'un simple mot suffit à provoquer chacun des phénomènes de l'hypnose *avec ou sans sommeil*. Dès la première fois et sans qu'il ait assisté à aucune expérience de ce genre, je lève le bras d'un tel sujet, et je lui dis : « Vous ne pouvez plus le baisser. » Il ne le peut plus. Je dis : « Votre corps est insensible. » Et je le pique sans qu'il manifeste aucune douleur. Je dis : « Vous êtes obligé de vous lever et de marcher. » Et il marche sans pouvoir résister. « Tenez ! voici un gros chien qui aboie. » Il le voit et recule épouvanté. J'ajoute : « *Dormez !* » Il ferme les yeux *et dort, par-dessus le marché*. Tout cela s'exécute, chez lui, le plus simplement du monde. Ce sont là des suggestibles, des somnambules, *sans artifice de préparation* [1]. »

---

1. *Premier Congrès international*, etc., p. 85.

Deux ans plus tard, M. le docteur J. Déjerine écrivait à son tour, dans un article remarquable de la *Médecine moderne* [1] : « J'ai observé deux sujets n'ayant jamais été hypnotisés, qui étaient suggestibles à l'état de veille à un degré aussi prononcé que peut le réaliser l'hypnotique le plus suggestible. Il s'agissait, dans ces deux cas, de jeunes campagnards (dont un est encore actuellement dans mon service), fraîchement débarqués à Paris, au sortir du service militaire. Le jour où je les examinai pour la première fois, j'obtins chez eux, par simple suggestion verbale, dans le domaine psychique, sensoriel ou moteur, des résultats qui ne s'obtiennent pas souvent d'emblée, même chez les hypnotiques très suggestibles (contractures, paralysies, anesthésies, hallucinations sensorielles, dédoublements de la personnalité, suggestions à échéance plus ou moins lointaine et qui se réalisèrent à l'époque fixée, etc.). En d'autres termes, j'obtins chez eux le premier jour, *par suggestion à l'état de veille,* les mêmes résultats que j'obtins le lendemain, *en employant alors la suggestion pendant le sommeil.* »

M. le Dr Forel reconnaît le fait comme absolument incontestable, dans la troisième édition qu'il vient de donner de son livre : *Der Hypnotismus*. « Ordinairement, dit-il, on ne fait appel à la suggestibilité à l'état de veille que chez des personnes ayant déjà été mises en sommeil hypnotique une ou plusieurs fois. Mais on peut aussi réussir des suggestions avec des hommes éveillés, et que l'on n'a jamais endormis. C'est ce qui arriva pour

---

1. N° du 29 janvier 1891.

une dame de ma connaissance, très intelligente et d'un caractère très énergique, à qui un magnétiseur, par suggestion, immobilisa le bras en catalepsie, alors qu'elle était parfaitement éveillée, et que jamais auparavant elle n'avait été mise en sommeil hypnotique. Moi-même ayant tenté l'expérience sur quatre personnes, j'ai vu le phénomène se produire deux fois. Il est beaucoup moins rare et beaucoup plus facile à obtenir qu'on ne pourrait le croire. Mon collègue, M. le Dr Barth, de Bâle, a souvent recours à ce procédé pour opérer les sujets sans douleur, quand il s'agit de courtes opérations, — de pratiquer quelques incisions dans la bouche, par exemple. Il prend une simple solution de sel, laisse croire que c'est de la cocaïne, affirme sans hésiter que l'insensibilisation sera complète, et l'obtient pour les quelques instants qu'elle lui est nécessaire [1]. »

Il est bien vrai que « beaucoup ne deviennent très suggestibles que par l'effet du sommeil provoqué. Celui-ci augmente la suggestibilité ou la crée. Aussi cherche-t-on en général dans l'hypnose à provoquer le sommeil ou un état aussi voisin que possible du sommeil, pour rendre la suggestion aussi intense que possible. Mais il importe de savoir que *les deux phénomènes ne sont pas absolument corrélatifs* »[2].

Le sommeil « n'est donc pas nécessaire pour obtenir l'état de suggestion, l'état hypnotique. *Il y a hypnose sans sommeil* »[3]. Et ainsi l'on comptera un cas de plus

1. P. 87.
2. Bernheim, *Premier Congrès international*, etc., p. 82.
3. *Ibid.*, p. 81.

où, comme cela arrive souvent dans les langues, selon la remarque de saint Thomas, un mot désignant à l'origine une propriété tout accidentelle d'une chose, sera venu à signifier dans l'acception usuelle la chose elle-même ; de telle sorte que autre soit la signification d'origine et autre l'acception reçue et courante, « *sicut substantiam lapidis denominamus ab aliqua actione ejus, — quia lædit pedem* »[1].

Mais à quoi donc va se réduire l'hypnose ? Le voici : l'hypnose est un état de la sensibilité, du système nerveux, ou bien naturel et spontané, ou bien provoqué soit artificiellement et volontairement, soit accidentellement et involontairement, dans lequel une personne se montre suggestible à des degrés fort divers, c'est-à-dire apte à être impressionnée et influencée par une image qu'on lui suggère verbalement, à tel point qu'elle objective et réalise plus ou moins parfaitement ce que cette image représente.

J'ai dit : un état du système nerveux, en d'autres termes, de nos puissances ou facultés sensitives, particulièrement de l'imagination, du jugement et de la mémoire des choses concrètes, de l'émotivité. J'ai dit : un état naturel ou provoqué, puisque, comme nous le savons, il peut être le fait de la constitution individuelle et de l'hérédité, ou d'un accident, ou de manœuvres appropriées et intentionnelles.

J'ai ajouté que le propre de cet état est qu'une personne se montre apte à être influencée par une image à

---

1. *Sum. Theolog.*, I, q. 12, a. 8.

tel point qu'elle objective ou réalise ce que cette image représente. Si, en effet, je dis à cette personne : voici une fleur, cueillez-la; voici un serpent, fuyez ; voici une potion, prenez-la : elle verra la fleur et la cueillera, elle verra le serpent et fuira épouvantée, elle verra la potion et la prendra.

Mais, qu'on veuille bien le remarquer, j'ai dit encore que l'image est suggérée verbalement. C'est, en effet, par la parole que l'hypnotiste se met en rapport avec son sujet. Cet intermédiaire seul est essentiel, il peut se passer de tous les autres. S'il emploie le regard, les signes, etc., c'est uniquement afin de renforcer l'action de la parole, et de favoriser l'impression, dans le cerveau, de l'image suggérée verbalement.

Enfin, c'est par la parole, et par l'image qu'elle introduit dans le sujet, que l'opérateur agit sur le vouloir de celui-ci. La théologie, d'accord avec la philosophie, nous enseigne que Dieu seul peut influencer directement la volonté humaine en elle-même : ni le démon, ni les anges ne le peuvent[1]. A plus forte raison, ne saurait-il être question pour l'homme, quel qu'il soit, d'agir directement sur le libre arbitre d'un autre homme, en quelque état qu'il se trouve. Il peut solliciter et émouvoir la volonté par des représentations agréables ou désagréables, attrayantes ou repoussantes, rien de plus : le Créateur seul peut davantage[2].

Voilà ce que nous entendons par l'hypnose, et M. Bernheim n'avait pas d'autre pensée, quand il disait aux

1. *Sum. Theolog.*, I, q. 106, a. 2.
2. Saint Thomas, *De Veritate*, q. XXII, a. 9.

savants du Congrès de Paris, en 1889 : « L'état hypnotique est cet état psychique particulier, susceptible d'être provoqué et qui augmente à des degrés divers la suggestibilité, c'est-à-dire l'aptitude à être influencé par une idée acceptée par le cerveau, et à la réaliser [1]. »

Toutes les fois qu'un sujet est dans cet état de suggestibilité que je viens d'expliquer, il est en hypnose; et toutes les fois qu'un opérateur fait appel à cette suggestibilité, pour provoquer dans le sujet telles perceptions, telles émotions, tels actes que ce soit, il fait de l'hypnotisme. Suggestibilité et suggestion, ces deux mots expriment l'élément fondamental et essentiel de l'hypnose et de l'hypnotisme. Sur ce point Nancy et Paris s'entendent; Charcot, Dumontpallier et Gilles de la Tourette sont d'accord avec Liébeault, Bernheim et Liégeois.

Cela établi et compris, nous pouvons tenter de résoudre notre problème de la moralité spécifique de l'hypnotisme.

1. *Premier Congrès international,* etc., p. 81.

CHAPITRE X

PEUT-ON VOULOIR, EN BONNE MORALE, HYPNOTISER QUELQU'UN ? PEUT-ON VOULOIR ÊTRE HYPNOTISÉ SOI-MÊME ?

Peut-on vouloir, en bonne morale, hypnotiser quelqu'un, peut-on vouloir être hypnotisé soi-même ? Vouloir hypnotiser, ou vouloir être hypnotisé, est-ce bien moralement ? Est-ce mal ?

Posée de la sorte, la question est insuffisamment et incomplètement posée. Saint Thomas va nous apprendre pourquoi. « Si nous considérons les actes humains [1], quant à leur moralité spécifique, dit-il, tout acte humain n'est pas nécessairement bon ou mauvais, car quelqu'un peut être indifférent [2]. » Or, nos lecteurs ne l'ont pas oublié, nous recherchons précisément quelle est la moralité spécifique de l'hypnotisme, c'est-à-dire celle qui lui convient par nature, par essence, et non en vertu de telles ou telles circonstances particulières.

Notre question sur la moralité de l'hypnotisme, pour

---

1. « J'appelle acte humain celui qui procède d'une volonté délibérée. » *De Malo*, q. II, a. 5.
2. *Ibid.*

être posée comme il faut, doit donc l'être de la sorte :

Vouloir hypnotiser ou être hypnotisé, est-ce, au point de vue de la morale et spécifiquement, un acte bon, un acte mauvais, ou un acte indifférent ?

Mais l'on se demande tout de suite par quoi un acte humain est constitué spécifiquement bon, mauvais ou indifférent. D'où est-ce que l'acte humain tire sa moralité spécifique? L'acte humain, nous répond saint Thomas, comme les puissances et les habitudes de l'âme, comme toute chose qui est essentiellement ordonnée à un autre, tire sa moralité spécifique de ce à quoi il se rapporte directement tout entier, de ce qui fait toute sa raison d'être, de son objet. « L'acte humain, l'acte moral, est spécifié par son objet, comme le mouvement par son terme [1]. » Toutefois, quand nous disons que l'acte humain est spécifié dans sa moralité par son objet, il ne faut pas entendre l'objet pris isolément, abstraction faite de tout rapport, mais en tant que les prescriptions de la raison humaine [2] et de la loi divine [3] le regardent et qu'il y est comparé comme à sa règle. Car il existe deux règles selon lesquelles l'acte humain doit être fait et jugé : l'une, première et souveraine, la raison ou la loi de Dieu, « *Lex æterna est quasi ratio Dei* » [4], l'autre seconde et subordonnée, simple participation de la première, qui est la raison de l'homme. Ou si l'on aime mieux n'avoir à

---

1. *Sum. Theolog.*, I-II, q. 10, a. 2.
2. I-II, q. 191, a. 3.
3. *Ibid.*, a. 4.
4. *Sum. Theolog.*, I-II, q. 71, a. 6.

parler que d'une règle, disons que l'agir humain a pour règle la raison humaine « informée par la loi divine qui se communique à l'homme, soit par le don de la raison naturelle, soit par un enseignement extérieur surajouté, soit par une grâce infuse [1] ». L'on voit d'après cela, qu'un acte sera bon d'une bonté morale spécifique, s'il a un objet conforme à la raison, qu'il sera spécifiquement mauvais au contraire si son objet est en désaccord avec la raison, et qu'enfin au cas où la raison n'aurait rien statué sur l'objet d'un acte, cet acte devra être dit sans moralité définie ou indifférent [2].

Et alors revient notre question :

Vouloir hypnotiser ou être hypnotisé, est-ce, au point de vue de la morale et spécifiquement, un acte bon, un acte mauvais, ou un acte indifférent ?

Il est constant que la raison n'a rien commandé touchant l'hypnotisme. Ni la raison de Dieu ni celle de l'homme n'ordonnent d'hypnotiser ou de se faire hypnotiser. L'hypnotisme n'étant prescrit par aucune loi, le vouloir n'est pas poser un acte qui présente une conformité avec une loi existante, condition essentielle de la bonté morale. Vouloir hypnotiser ou être hypnotisé, ce n'est donc pas, au point de vue de la moralité, un acte qui soit et puisse être dit spécifiquement bon. Il sera donc ou mauvais ou indifférent.

1. *De Malo,* q. II, a. 4.
2. *Sum. Theolog.,* I. II, q. 18, a. 8.

Vouloir hypnotiser quelqu'un ou être hypnotisé soi-même, est-ce un acte spécifiquement mauvais? La raison, nous le voyions tout à l'heure, ne le prescrit point, mais peut-être qu'elle le proscrit.

Une défense formelle et explicite de l'hypnotisme, soit de la part de la raison, soit de la part de la loi divine, il faut le reconnaître, n'existe point. Cela ne doit pas suffire toutefois à nous rassurer. Car l'hypnotisme, s'il n'est pas réprouvé explicitement par la raison, peut l'être implicitement. « Le bien, nous dit saint Thomas, n'existe, dans les actes comme dans les êtres, que si toutes les causes ou les éléments requis sont réunis : pour qu'il y ait mal, au contraire, un seul défaut suffit, *malum provenit etiam ex singulis defectibus* [1]. » Or l'hypnose est complexe : et il peut se faire que, par l'un ou l'autre des états, des conditions, des rapports qu'elle comporte, elle tombe sous l'interdiction de quelque loi. La tâche qui dès lors s'impose à nous est celle d'analyser l'hypnose et de la résoudre en ses éléments essentiels, afin de voir si quelqu'un d'eux n'est pas en opposition avec la règle morale. C'est ce que nous allons faire.

I

Réduit à sa formule la plus simple, l'hypnotisme représente, de la part du sujet, un état psycho-physiologique où celui-ci est apte à objectiver plus ou moins

---

[1]. *De Malo*, q. IV, a. 1, ad 13.

parfaitement les images qu'on lui suggère, et au cas où ces images comportent une émotion ou une action, à ressentir cette émotion, à exécuter cette action plus ou moins parfaitement : de la part de l'opérateur, il suppose la parole articulée, et un langage verbal qui exprime et transmette les images.

Le fait d'adresser la parole à un homme n'est, en soi, ni louable ni blâmable; la raison, ni ne l'approuve en soi, ni ne le condamne. Son jugement dépendra des choses qui seront dites et des circonstances dans lesquelles elles seront dites.

Mais que penser de l'état de suggestibilité? Voici une personne à qui l'on dit : « Vous êtes au milieu d'un parterre; vous avez devant vous des roses très belles et d'un parfum délicieux, faites-en un bouquet : et la personne croit voir et sentir des roses, et, souriante de satisfaction, avance la main pour 1 cueillir. » Quelle idée se faire d'une telle conduite et d'un tel état ? — S'imaginer voir une rose, en respirer le parfum, la cueillir, mais il n'est point de dormeur à qui cela n'arrive, ou ne puisse arriver. Tous n'avons-nous pas des rêves semblables? L'hypnotisé est un rêveur. La différence qui existe entre lui et le dormeur ordinaire qui rêve est simplement que, chez celui-ci, « le rêve est spontané et provient d'une auto-suggestion, tandis que le rêve, chez l'hypnotisé a pour cause une suggestion venue du dehors, est par conséquent un rêve artificiellement produit [1] ». Être en état de suggestibilité, c'est être en

1. *Zeitschrift für Hypnotismus*, t. I, p. 117.

état de rêver, rien de plus. Cet état suppose que l'imagination et l'émotivité sont en éveil, mais nullement qu'elles soient surexcitées jusqu'au désordre.

Que dit la raison d'un tel état ? — Rien autre chose que ce qu'elle dit du rêve et de l'état du rêveur. En soi, tout cela n'a pas une moralité positive définie.

Saint Thomas se demandant si les passions, ou émotions de l'âme, comme la crainte, l'espérance, l'amour, la haine, la colère, sont bonnes ou mauvaises, moralement, répond toujours : *en elles-mêmes*, les passions ne sont ni bonnes ni mauvaises ; mais elles le deviennent par la manière dont la raison en dispose et les ordonne « *Non laudamur aut vituperamur secundum passiones* ABSOLUTE *consideratas ; sed... possunt fieri laudabiles vel vituperabiles secundum quod a ratione ordinantur* [1]. » C'est juste ce qu'il faut dire de l'hypnose et de l'hypnotisme.

L'hypnotisme développerait-il, dans une certaine mesure, l'activité des puissances, le jeu de l'imagination, l'intensité des émotions, qu'il ne faudrait rien changer à ce jugement. « En toute passion, dit encore saint Thomas, le cœur perd son mouvement naturel, soit par accélération, soit par retard : il bat plus ou moins vite... C'est même là ce qui caractérise la passion : mais il ne suit pas de là que la passion soit toujours contre la raison [2]. » Les facultés de l'âme ont un champ assez vaste où elles peuvent se mouvoir et développer leur action sans blesser en rien la nature. L'état naturel,

1. I. II, q. 24, a. 1, ad 3.
2. *Ibid.*, art. 2, ad 2.

pour l'homme, ne consiste pas seulement à caresser nonchalamment une idée ou à suivre avec indifférence le vol silencieux d'une image. Sa fantaisie peut s'exalter, ses émotions peuvent devenir intenses, sans dépasser les bornes. L'homme qui converse tranquillement en société est dans un état naturel, mais l'artiste qui compose dans le feu de l'inspiration, mais l'orateur dont la voix vibre, dont le regard s'enflamme, dont le geste prend une vivacité et une ampleur inaccoutumées, ne le sont pas moins. Leur état n'est pas l'état ordinaire, normal, mais ce n'est pas un état contre nature. Ainsi, dans l'hypnose, l'imagination et la sensibilité peuvent être excitées, sans franchir pour cela les limites permises.

Sans doute l'hypnose peut être poussée jusqu'à un degré où l'équilibre des fonctions soit entièrement rompu; comme en dehors de l'hypnose, l'exaltation d'un homme peut arriver jusqu'à la folie, et dans ce cas nous aurons un état contre nature : mais, par elle-même, l'hypnose n'impose nullement cet excès, pas plus que l'acte de boire ne comporte nécessairement qu'on boive jusqu'à s'enivrer.

L'hypnose ou la suggestibilité, en soi, n'est donc pas un état contre nature. Si elle n'est pas l'état ordinaire, normal, elle n'est pas davantage un état morbide [1]. C'est gratuitement, et en contredisant l'expérience, que l'on a dit : « L'hypnose est un cas pathologique, elle est une

---

1. Bernheim, *Premier Congrès international de l'hypnotisme expérimental et thérapeutique*, p. 277. — *Zeitschrift für Hypnotismus*, t. I, p. 115.

névrose artificielle ou provoquée [1]. » Au début les apparences autorisaient à le prétendre : aujourd'hui, l'expérience et une étude plus approfondie obligent à penser le contraire.

Mais si l'hypnose n'est que la suggestibilité, et si la suggestibilité, même développée dans une certaine mesure, n'est qu'une propriété ou le jeu naturel de nos puissances, l'hypnose, *en soi,* ne présente rien qui soit répréhensible. La raison, par conséquent, ne condamnera personne, pour le seul fait, considéré en lui-même et abstraction faite du but et des circonstances, de vouloir hypnotiser ou être hypnotisé.

II

Mais, nous devons le reconnaître, il s'en faut beaucoup, avec ce que nous venons de dire, que l'hypnotisme soit justifié, et sa cause gagnée. Admettons que, par cette distinction établie entre l'hypnose et tout ce qui ne la constitue pas essentiellement, il soit établi qu'elle n'est pas intrinsèquement condamnable, il reste à prouver qu'elle ne l'est pas davantage dans les conditions et les rapports qu'elle implique nécessairement. Or c'est là que se trouve la difficulté principale. A quelle condition, en effet, l'hypnotisé est-il apte, comme nous le disions, à objectiver et à réaliser les suggestions qu'on lui donne ? C'est à la condition, de l'aveu de tous, que sa raison

---

1. Bernheim, *ibid.*

n'exerce plus son contrôle habituel. Si la personne à laquelle l'hypnotisé disait, il y a un instant : « Vous êtes au milieu d'un parterre, voici des roses, voyez comme elles sont belles, respirez leur parfum, faites-en un bouquet », avait joui de sa raison, elle se serait moquée, et aurait dit peut-être que, au lieu d'être dans un parterre au milieu des fleurs, elle était dans une salle d'hôpital au milieu d'autres malades comme elle. La perte de la raison, telle est la condition obligée de l'hypnose. Soutiendra-t-on encore, après cela, que l'hypnose n'est pas, par soi et absolument parlant, condamnable? Ne faut-il pas avouer au contraire qu'elle est condamnée manifestement par la loi naturelle, qui prescrit à l'homme de sauvegarder l'intégrité de sa nature, et surtout de ne jamais se laisser enlever cette auréole de la raison qui le fait roi de l'univers et l'image de Dieu ?

Cette difficulté est grave et réclame la plus sérieuse attention : j'ajoute que, à raison même de sa gravité, elle veut être envisagée avec calme et étudiée suivant les procédés d'une méthode rigoureuse.

Avant tout il faut marquer d'une façon précise le sens et la portée de ces paroles : « L'hypnose fait perdre la raison : la perte de la raison est la condition obligée de l'hypnose. »

Saint Thomas, traitant une matière toute différente, mais qui pourtant n'est pas sans analogie avec celle qui nous occupe, se trouve lui aussi, en face d'un cas où il y a perte de raison, *rationis jactura* [1], et qu'il veut pour-

---

1. *Supplem,* q. 49, a. 1.

tant justifier. « Entendons-nous bien, dit-il : l'homme, en cet état, perd la raison : — si l'on veut parler de l'usage de la raison, je le concède; si l'on veut parler de la puissance même de raisonner, je ne le nie,... *non incurrit homo damnum rationis quantum ad habitum, sed solum quantum ad actum* [1]. » Cette observation est essentielle quand il s'agit de l'hypnose. Pendant qu'elle dure, le sujet perd plus ou moins complètement l'usage de la raison, il ne perd pas le moins du monde la puissance elle-même de raisonner. Ce n'est pas assez dire. Il faut ajouter qu'il ne perd pas même la puissance prochaine de raisonner ; car, on le sait, rien n'est plus facile que de réveiller immédiatement, par suggestion, ceux que la suggestion a endormis [2]. L'hypnose a donc, sous ce rapport, un grand avantage sur l'ivresse et sur le chloroforme. L'homme ivre, en effet, demeure dans son abrutissement un temps relativement considérable, sans qu'on puisse, à volonté, l'en faire sortir. De même, on ne fait point sortir comme on le veut de son sommeil l'homme qui a subi l'action du chloroforme. L'homme ivre ne garde donc pas la puissance prochaine de raisonner, tandis que l'hypnotisé la garde.

Voici dès lors à quels termes se trouve réduite cette question de la perte de la raison, dans l'hypnotisé : en soi, est-ce un mal que l'homme ne jouisse plus pendant quelques moments, un quart d'heure, une demi-heure, une heure, même plusieurs heures, de l'usage de sa raison, sans que pourtant il perde la puissance prochaine

---

1. *Supplem.*, art. 4, ad. 1.
2. Bernheim, *De la Suggestion*, p. 25.

d'en user? Si c'est un mal, en soi, pour l'homme, d'avoir l'usage de sa raison momentanément suspendu, la raison elle-même condamnera cette suspension momentanée de son exercice, et, du même coup, il ne sera plus licite, en soi, de vouloir ou hypnotiser ou être hypnotisé.

Une notion domine tout ici, et nous ne pouvons plus faire un pas sans l'avoir définie : c'est la notion de ce qui est mal. Que faut-il pour qu'il y ait *mal,* à proprement parler? Quand peut-on dire en particulier, et en observant la rigueur du langage philosophique et théologique : ceci est un mal, pour l'homme? Écoutons saint Thomas : « Ce nom de mal, dit-il, signifie une *certaine* absence de bien, *quædam absentia boni*[1]. » Ce n'est pas sans raison que le grand Docteur a écrit : « une *certaine* absence de bien, *quædam absentia* ». En effet, remarque-t-il fort justement, « l'on n'appelle pas mal l'absence quelconque d'un bien. Car l'absence d'un bien peut exister de deux manières. Il peut y avoir absence d'un bien qui devrait être : l'absence est alors une privation ; il peut y avoir absence d'un bien que rien ne commande, et l'absence, dans ce cas, est une simple négation. Or, l'absence d'un bien, simple négation, ne constitue pas un mal. Autrement il s'ensuivrait que les êtres qui n'existent en aucune manière seraient autant de maux; et encore que toute chose serait mauvaise par le seul fait qu'elle n'a pas la perfection des autres choses ; que l'homme, par exemple, serait mauvais parce qu'il ne pos-

---

[1]. *Sum. Theolog.*, I, q. 48, a, 1.

sède ni la rapidité du chevreuil ni la force du lion. Le mal, c'est l'absence d'un *bien qui devrait être :* ainsi la cécité, ou privation de la vue, est un mal, dans l'homme [1]. » Pour le même motif « l'absence de la vue, qui serait un mal dans le bœuf, n'est pas un mal dans la pierre, parce que la nature de la pierre ne comporte pas qu'elle ait des yeux [2]. »

Le mal, à parler proprement, est donc « l'absence d'un bien ou d'une perfection qui devrait être, *defectus boni quod natum est et debet haberi* [3] », « *privatio debitæ perfectionis* [4] ». Voilà une notion essentielle à retenir, et qui nous permet maintenant de résoudre la question que nous nous sommes posée :

En soi, est-ce un mal que l'homme ne jouisse pas, pendant quelques moments, de l'usage de sa raison, gardant d'ailleurs la puissance prochaine de s'en servir ?

Avoir toujours en acte l'usage de sa raison, exercer toujours actuellement sa raison, cela serait à coup sûr un grand bien, une grande perfection. Mais cette perfection est-elle *due* à l'homme ? Est-ce un droit, une exigence de sa nature ?

Non, répondrai-je avec saint Thomas. « Car la raison elle-même réclame que l'exercice de la raison soit suspendu quelquefois, *nam et ipsa ratio hoc habet ut quandoque rationis usus intercipiatur* [5]. » L'exercice

---

1. *Sum. Theolog.*, q. 48, a. 3.
2. *Ibid.*, q. 49, a. 1.
3. *Ibid.*, q. 59, a. 1.
4. *De Malo*, q. 1, a. 1, ad 1m.
5. *Sum Theolog.*, I. II, q. 34, a. 2, ad 1m.

toujours actuel de la raison est si peu une perfection due à la nature humaine qu'il lui est impossible, comme l'expérience nous l'atteste. Une telle perfection est le privilège des anges. « Tout vivant, dit saint Thomas, fait toujours actuellement acte de vie, suivant l'une ou l'autre de ses puissances : ainsi voyons-nous les animaux se nourrir, quand leur sensibilité sommeille. Les anges donc, étant intellectuels purs, font toujours, sans s'interrompre jamais, acte d'intelligence[1]. » Mais l'homme n'est pas une intelligence pure : il a des puissances nutritives et des sens, et voilà pourquoi il peut cesser, et cesse en fait de raisonner sans cesser de vivre.

Telle n'est donc pas la nature de l'homme que sa raison doive toujours être en éveil, et en exercice. Tel acte, tel état n'est donc pas, en soi, condamné et illicite, par le seul fait qu'il entraîne momentanément la suspension de notre activité rationnelle.

J'en conclus que l'hypnose ne saurait être réprouvée par ce seul motif ; et par suite, que vouloir hypnotiser un être hypnotisable, n'est pas, en soi, immoral de ce seul chef que le sujet perd pour quelques instants l'usage de sa raison.

Saint Thomas, à propos de la jouissance ou du plaisir sensible, écrivait : « La jouissance, quand elle en vient jusqu'à arrêter l'usage de la raison, n'est pas, par cela seul, moralement mauvaise, pas plus que le sommeil, parce qu'il enchaîne la raison n'est moralement mau-

---

1. *Summa contra Gentiles,* lib. II, c. xcvii.

vais, *si on se le procure raisonnablement, si sit secundum rationem receptus* [1]. » Je dis de l'hypnose exactement ce que disait saint Thomas de la jouissance, et ce que nous lui avons entendu dire, en général, des passions ou des émotions.

III

« La racine de toute la liberté se trouvant dans la raison, une chose est par rapport à la liberté ce qu'elle est par rapport à la raison [2]. » Par conséquent l'hypnose n'étant pas immorale en soi parce qu'elle suspend l'exercice de la raison, elle ne le sera pas davantage parce qu'elle suspend l'exercice de la liberté. On ne saurait le contester, en effet : la nature de l'homme n'exige pas plus que sa liberté soit toujours en exercice que sa raison [3].

Toutefois, cette solution de la difficulté qui se tire de la perte de la raison et de la liberté dans l'hypnose, n'est pas une réponse suffisante à celle qui résulte du rapport que l'hypnose établit entre le sujet et l'opérateur ; et c'est à cette dernière qu'il faut maintenant apporter notre attention.

1. *Summa Theolog.*, I. II, q. 34, a. 2, ad 1.
2. Saint Thomas, *De Veritate,* q. XXIV, a. 2.
3. S'il avait fait cette remarque, M. Wundt, qui par ailleurs a écrit sur l'hypnotisme des pages pleines de sens et de modération, n'aurait peut-être pas employé la formule si absolue que nous lisons, p. 156 et 157 de son livre : *Hypnotisme et Suggestion, Étude critique*, traduction A. Keller.

L'on se souvient de la fameuse parole : « L'hypnotisé est entre les mains de son hypnotiseur une proie brute, *preda brutta* », il est à sa merci, il peut lui faire commettre toutes les horreurs et tous les crimes, lui arracher tous les secrets, etc. Un pareil état est contraire à la dignité humaine, il expose à blesser toutes les vertus : la raison et la morale ne peuvent que le condamner d'une façon absolue,

Ici encore il nous faut considérer froidement les faits et les principes.

Je dois d'abord faire observer que cet esclavage de l'hypnotisé n'est pas essentiel à l'hypnose, puisqu'il n'arrive que dans les cas extrêmes, et dans les sujets d'une suggestibilité exceptionnelle. Que dirait-on si, quelqu'un me demandant : « Est-il immoral de boire du champagne ? » je répondais : « Boire du champagne, en soi, est immoral, puisque, qui boit dix bouteilles de champagne de suite est sûr de s'enivrer, et blesse la vertu de tempérance ? » L'on se récrierait aussitôt, en disant que boire du champagne ne suppose pas le moins du monde qu'on en boive dix bouteilles de suite... Ainsi, quand on parle de l'hypnose, en général, on doit la considérer dans ce qu'elle a d'essentiel, et non pas au *maximum* d'intensité où elle peut être portée quelquefois. Or, l'hypnose peut fort bien exister, et très souvent existe, sans que le sujet soit de cette sorte à la merci de l'opérateur. Pour ma part, j'ai vu M. Bernheim lui-même, à l'hôpital de Nancy, ne jamais pouvoir, malgré tous ses efforts, déterminer un jeune malade endormi à voler à son voisin je ne sais plus quel petit objet. C'était un apprenti serrurier. L'habile docteur lui suggéra d'abord qu'il était à l'atelier et qu'il fallait travailler. Le jeune homme obéit, et si consciencieusement que, de temps en temps, par inexpérience, il se donnait des coups de marteau sur les doigts, ce qui visiblement lui était fort désagréable. Mais quand M. Bernheim voulut lui suggérer le vol, il opposa une résistance que rien ne put vaincre. — Une autre fois l'opérateur voulant simplement faire causer une fillette de douze ans et lui ayant dit, sans précaution aucune, parce qu'il ne soupçonnait pas une méprise de sa part, qu'il allait lui poser des questions et qu'elle devrait lui répondre : l'enfant témoigna aussitôt une vive contradiction, commença à s'agiter dans son fauteuil, appela son père, comme dans un cauchemar... si bien que vite il fallut lui dire qu'elle n'aurait point à parler, qu'elle ne serait point interrogée, etc., sous peine de la voir tomber dans une crise nerveuse.

L'on pourrait citer par centaines des faits semblables [1], mais je ne veux pas m'engager, pour le moment, sur ce terrain. Qu'il me suffise de rappeler, ce qui est notoire, que l'hypnose admet de nombreux degrés, et que tel qui entre facilement en état hypnotique, ne manifeste souvent qu'une aptitude ou docilité fort restreinte à objectiver et à réaliser les suggestions [2].

1. V. Delbeuf, *L'hypnotisme et la liberté des représentations publiques. Lettre à M. Thiriar*, p. 51 et suiv.

2. « Certains sujets ne sont pas susceptibles d'être influencés par les suggestions pendant leur sommeil hypnotique. D'autres sujets acceptent les suggestions dans certaines phases du sommeil hypno-

M. Bernheim a distingué neuf degrés dans l'hypnotisme. Or voici tout ce qu'il peut obtenir d'un sujet qui déjà est arrivé au *sixième* degré :

« Le sujet présente une *certaine* docilité ou obéissance automatique plus ou moins grande. Inerte et passif, tant qu'on l'abandonne à lui-même, il se lève par suggestion ; il marche, s'arrête au commandement, reste cloué sur place, quand on lui dit qu'il ne peut plus avancer. Comme dans les degrés précédents, *il n'est susceptible ni d'illusions sensorielles, ni d'hallucinations* [1]. »

On le voit, cette assertion, et autres semblables : « l'hypnotisé, entre les mains de l'hypnotiseur n'est plus qu'une machine », si on la rapproche des faits, se trouve, d'un coup, passablement réduite. Je fais l'observation, par simple égard pour la vérité, car autrement je n'en ai nul besoin, comme on va le voir. Mais pénétrons plus avant, et recherchons si la différence qui existe entre le dormeur ordinaire et l'hypnotisé est aussi grande qu'on pourrait le croire, au point de vue de la dépendance et des influences à subir.

« Le dormeur spontané n'est en rapport qu'avec lui-même ; l'idée dernière qui persiste à son sommeil, les impressions que les nerfs périphériques sensitifs et sensoriels continuent à transmettre au cerveau, les invitations venant des viscères deviennent le point de départ

tique et ne les acceptent pas dans les autres. » (Pitres, *Leçons cliniques sur l'hystérie et l'hypnotisme*, t. II, p. 566.)

1. Bernheim, *La Suggestion*, p. 203.

d'images et d'impressions incohérentes qui constituent le rêve. Ceux qui nient les phénomènes psychiques de l'hypnotisme ou ne les admettent que sur des tempéraments nerveux malades, ont-ils jamais réfléchi à ce qui se passe dans le sommeil normal, où le cerveau le plus pondéré s'en va à la dérive, où les facultés se dissocient, où les idées les plus bizarres, les conceptions les plus fantastiques s'imposent? La pauvre raison humaine s'est envolée, l'esprit le plus orgueilleux se laisse halluciner et devient, pendant ce sommeil, le jouet des rêves que l'imagination évoque. Dans le sommeil provoqué, l'idée de celui qui l'a endormi reste présente dans l'esprit de l'hypnotisé, d'où la possibilité à l'endormeur de mettre en jeu cette imagination, de suggérer lui-même des rêves, de diriger lui-même les actes que ne contrôle plus une volonté faible ou absente [1]. »

Oui, tout dormeur — je le montrerai par des exemples décisifs, quand j'exposerai la théorie psychologique de l'hypnose — est, pendant qu'il dort, à la merci des objets qui l'entourent, comme il dépend de l'état de ses organes, des positions même qu'il prend. Suivant la manière dont fonctionnent chez lui le cœur, les poumons, l'estomac, les intestins, le foie, et suivant qu'il s'est endormi sur le côté gauche ou sur le côté droit, il rêvera ou ne rêvera pas, et s'il rêve, ses rêves seront tels ou tels, auront tel ou tel caractère, seront gais, tristes, paisibles, agités ; on l'entendra parler, rire, pousser des gémissements, il se dressera en sursaut, se lè-

---

1. *De la Suggestion*, p. 17.

vera peut-être. De même, une mouche qui se pose sur son visage, un courant d'air froid qui lui passe sur la main, le parfum d'une fleur, un bruit, une secousse, un objet qui vient gêner sa respiration... détermineront chez lui toute une série d'imaginations, d'émotions, et parfois d'actes, — tout cela plus ou moins fantastique, bizarre, incohérent. Il est donc vrai de dire que le dormeur ordinaire est exposé à l'action, demeure sous la dépendance des agents extérieurs comme de ses dispositions organiques.

Mais il est également exposé à l'action des personnes qui l'entourent. Rappelons-nous le récit de M. Bernheim :

« Récemment, je trouve dans mon service d'hôpital une pauvre phtisique qui dormait ; je ne l'avais jamais hypnotisée. Touchant légèrement sa main, je lui dis : « Ne vous réveillez pas. Dormez. Vous continuez à dormir. Vous ne pouvez pas vous réveiller. » Après deux minutes, je lui lève les deux bras ; ils restent en catalepsie. Je la quitte après lui avoir dit qu'elle se réveillerait au bout de trois minutes : quelque temps après son réveil, qui eut lieu à peu près au moment indiqué, je retourne lui causer ; elle ne se souvenait de rien. *Voilà donc un sommeil naturel pendant lequel j'ai pu me mettre en relation avec le sujet endormi ; et cela seul a constitué le sommeil hypnotique*[1]. »

« Il m'est arrivé souvent, trouvant un malade dormant naturellement dans mon service clinique, de lui

---

1. *De la Suggestion*, p. 275.

dire : « Ne vous réveillez pas, continuez à dormir. » Puis, je lève ses bras en l'air ; ils y restent passivement en catalepsie suggestive. Je lui donne une suggestion pour le réveil. Il l'exécute sans se souvenir de rien, sans savoir que je lui ai parlé. Le général Noizet et M. Liébeault ont signalé le même fait. Le sommeil naturel est transformé en sommeil hypnotique ; ou pour mieux dire, j'ai mis le sujet en rapport avec moi ; car, à mon avis, rien ne différencie le sommeil provoqué ; *on peut exploiter le sommeil naturel comme on exploite le sommeil hypnotique* [1]. »

Naturellement, M. Bernheim et M. Liébeault ne sont pas seuls à obtenir les résultats que nous venons de lire : M. Liégeois et M. Beaunis, M. Forel, M. Ladame, etc., constatent les mêmes faits qui sont d'expérience journalière. Mais, du reste, M. Bernheim, en qui Wundt se plaît à reconnaître « l'un des théoriciens les plus pratiques, et les plus profonds de l'hypnose [2] », nous fait remarquer justement qu'il n'est point nécessaire de remonter jusqu'aux observations des savants pour établir notre conviction sur ce point. « Une mère, dit-il, trouve son enfant endormi ; elle lui parle, l'enfant répond ; elle lui donne à boire, l'enfant boit, mais retombe dans son inertie, et, au réveil, a tout oublié : l'enfant a été en réalité hypnotisé, c'est-à-dire en relation avec sa mère pendant son sommeil [3]. »

---

1. Bernheim, *De la Suggestion*, p. 220.
2. *Hypnotisme et suggestion, étude clinique*, traduction de Keller, p. 120.
3. *De la Suggestion*, p. 275.

Tel est donc l'homme, telle est son humble condition qu'il est condamné non seulement à perdre momentanément l'usage de sa raison et de sa liberté ; mais que, durant cet état où ses plus nobles facultés cessent d'agir, il reste soumis à l'influence des êtres et des personnes qui l'entourent, quant à l'exercice de ses puissances inférieures et de toute son activité sensible. Il n'est donc point de la nature de l'homme d'être *partout et toujours* le maître de son imagination, de ses émotions et de ses actes. Ce n'est donc point chose due à sa nature que *jamais* il ne subisse l'influence des êtres inférieurs et n'agisse par l'inspiration de ses semblables sans que sa raison approuve et que son libre arbitre y consente *actuellement*.

Donc l'hypnose, par cela seul qu'elle constitue *momentanément* dans une telle dépendance, qu'elle expose *momentanément* à subir une influence pareille, n'est pas la violation d'un droit de notre nature. Donc pas plus pour ce motif que pour celui de la perte *momentanée* de la raison et de la liberté l'hypnose n'est *en soi* condamnable.

Ce n'est pas assez dire : car, dans l'hypnotisme volontaire, le seul dont il puisse être question, j'observe une particularité qui constitue au profit de l'hypnose un avantage réel sur le sommeil ordinaire à ce point de vue de l'état de dépendance où l'un et l'autre établissent ceux qui dorment. Dans le sommeil ordinaire, les rêves, les émotions et les actes qui se produisent n'ont été *ordinairement*, et n'ont pu être, ni prévus ni par conséquent voulus : le dormeur n'exerce

MORALITÉ SPÉCIFIQUE DE L'HYPNOSE.

sur toutes ces manifestations de son activité personnelle aucun empire, soit *actuel* soit *virtuel*. Il en va tout autrement dans le sommeil hypnotique. Ce sommeil est volontaire. Le sujet veut être endormi. Il veut l'être pour une fin déterminée, et par conséquent il veut que les suggestions appropriées à cette fin, et celles-là seulement lui soient adressées. Tout suit donc dans l'hypnotisation, parce qu'il l'a voulu et comme il l'a voulu. Sa volonté s'étend donc à tout ce qu'il fait et à tout ce qu'il subit. Et cela est si vrai que, si, dans cet état, il lui arrive d'accomplir des actes répréhensibles, il en sera responsable, de l'aveu de tous, devant sa conscience et devant Dieu ; — de même que, suivant l'enseignement unanime des théologiens, un dormeur ordinaire est coupable d'un vrai péché, si, dans un cas particulier et par suite des dispositions perverses de sa volonté à l'état de veille, il vient à commettre tel ou tel acte criminel pendant qu'il dort[1]. L'état de dépendance, l'abdication de la volonté personnelle est donc moindre dans l'hypnose que dans le sommeil ordinaire. Si donc celui-ci ne répugne pas à la nature et à la dignité de l'homme, à plus forte raison l'autre n'y répugne-t-il pas.

— Mais qui peut assurer le sujet et qui nous assurera nous-mêmes que les suggestions seront bien celles, et celles-là seulement, qu'il aura voulues.

— Rien de plus simple : qu'il se fasse assister d'une ou deux personnes suffisamment intelligentes et dévouées.

---

1. Saint Thomas, *Summa theolog.*, II. II, q. 154, a. 5.

Mais voici un fait qui va bien mettre en lumière toute cette doctrine.

Un homme — un juge — a été témoin et victime d'un grave accident de chemin de fer. Depuis ce temps, il se voit toujours précipité, avec son wagon, dans un profond ravin. C'est un cauchemar perpétuel qui l'obsède la nuit et le jour, le rend sombre, lui enlève l'appétit et le sommeil, l'a réduit à l'impuissance de remplir ses fonctions de magistrat. Tous les moyens qu'il a mis en œuvre pour sortir de son état ne lui ont pas réussi. Comme dernière ressource, il appelle son médecin, un ami de la famille, et le prie de lui enlever cette idée qui l'excède, par suggestion : et, de fait, le médecin l'endort, et lui donne les suggestions commandées par son état, en présence de sa femme et de son fils, un jeune avocat de vingt-cinq ans.

..... Y aurait-il donc, dans ce fait, la violation d'un droit de nature, une atteinte portée à la dignité d'homme, un abandon injustifiable de soi à autrui? — Analysons un peu l'événement. Si le médecin est venu, c'est que notre magistrat l'a mandé. S'il a endormi le malade, c'est parce que celui-ci l'a voulu ; s'il l'a suggestionné, c'est sur son désir formel, et il ne lui a donné que le genre de suggestions que le sujet lui-même avait demandées ; — et il ne pouvait en donner d'autres, étant supposé la précaution prise de faire assister à l'opération sa femme et son fils. Si la suggestion produit son effet, cet effet lui-même aura été voulu, implicitement et explicitement par celui auquel il profite. Enfin, si le médecin revient et hypnotise de noureau, c'est que son client lui a dit : « Revenez et hypnotisez-moi, chaque jour, jusqu'à ce que je sois enfin délivré de cette horrible hantise. » On le voit, dans tout ce qui s'est passé, il ne se trouve pas un détail qui échappe à la volonté de l'hypnotisé : la visite du médecin, le sommeil, la suggestion et son effet, toutes les circonstances de temps, de lieu, de personnes, c'est sa volonté qui a tout fixé et déterminé. L'hypnotiseur n'a rien fait, et ne fera rien, qu'avec sa permission et sur son ordre ; il est à son service ; il est son instrument. De droit violé, d'atteinte portée à la dignité humaine, d'abandon coupable de soi, il n'y a pas trace. Il y a seulement un malade qui, ne pouvant se guérir lui-même recourt à un médecin ; un déséquilibré qui, n'ayant plus le pouvoir de diriger comme il faudrait son imagination et son émotivité par lui-même, les fait diriger par un autre, ayant qualité et mission pour une telle œuvre ; un homme enfin dans la détresse, qui demande assistance à son semblable, selon la loi posée par l'Auteur de la nature et d'après laquelle les hommes, tous besogneux à leur heure, doivent s'aider entre eux et se porter mutuellement secours.

IV

Mais les dangers de l'hypnose ?

Le lecteur voudra bien s'en souvenir, je les ai exposés en détail, et sans rien dissimuler, dans le « Procès de l'Hypnose »[1] ; mais j'ai rapporté, à la même

---

1. Chapitre VI.

occasion, ce que disent les défenseurs de l'hypnotisme pour montrer que ces dangers ne lui sont pas imputables. Il paraît bien ressortir de ce débat, et des résultats obtenus par la pratique aujourd'hui courante de l'hypnotisation dans les cliniques, que l'hypnose est très dangereuse, *employée par des gens maladroits ou malhonnêtes*, mais qu'elle n'offre aucun danger employée par des hommes expérimentés et consciencieux.

« L'hypnotisation, par elle-même, est-elle dangereuse pour celui qui y est soumis? Je n'hésite pas à affirmer, fort de l'expérience acquise, que lorsqu'elle est bien maniée, elle n'offre pas le moindre inconvénient [1]. » Ainsi parle M. Bernheim et il ajoute : « *Jamais*, dans une pratique déjà longue, je n'ai vu d'inconvénient succéder au sommeil provoqué comme nous le faisons. » M. Grasset tient absolument le même langage : « Je peux dire en toute simplicité, écrit-il, que j'ai conscience d'avoir rendu de vrais services à certains malades, par ce moyen (l'hypnotisation) sans avoir *jamais* porté préjudice à aucun [2]. » M. Forel, l'éminent directeur de

---

1. *De la Suggestion*, p. 586.
2. *L'Hypnotisme et les Médecins catholiques*, mémoire inédit. A propos de M. le Dr Grasset, je dois faire observer que c'est tout à fait par erreur que plusieurs écrivains comptent l'éminent professeur catholique parmi les adversaires de l'hypnotisme. Nos lecteurs ont pu déjà s'en convaincre par les paroles que j'ai citées de lui dans le chapitre précédent. Mais pour ceux qui demanderaient une déclaration plus explicite encore, je transcris les lignes suivantes : « Si je suis *l'ennemi déclaré de l'hypnotisme extra-médical*, je suis au contraire *grand partisan de l'hypnotisme scientifique et médical* appliqué par les seuls médecins aux seuls malades qui y consentent, et dans le seul but de les soulager et de les guérir. » (Mémoire cité.)

l'hospice cantonal des aliénés de Zurich, que j'avais l'honneur d'entretenir sur ce sujet il y a quelques semaines, m'exprimait la même conviction, ajoutant, sur une question que je lui avais posée, que l'emploi de l'hypnose n'offre pas les dangers de l'emploi du chloroforme, parce que l'opérateur règle comme il le veut, au moyen de la suggestion, la marche de l'hypnose, tandis qu'il ne lui est pas aussi facile de régler et de gouverner l'action du chloroforme.

Après de semblables témoignages, dont il est facile à chacun aujourd'hui de contrôler la vérité, il semble bien établi que l'hypnose n'est effectivement dangereuse que maniée par les maladroits et les coquins. Dès lors il en faudra dire ce que nous disons de l'électricité, de la dynamite, de la mélinite. L'usage de toutes ces forces est interdit à quiconque n'en a pas étudié les propriétés et n'a pas appris la manière de les employer utilement; il n'est pas interdit, en soi, ni illicite, en soi.

L'hypnose ne serait, en soi, illicite à raison des dangers qu'elle peut faire courir, que si elle ne pouvait être employée que par des incapables et par des misérables, et en négligeant toutes les précautions commandées par la prudence. Or, nous savons, grâce à Dieu, qu'il n'en est point ainsi.

Il n'entre point dans le plan que je me suis tracé de développer davantage ici cet ordre de considérations et de raisonnements que je viens de faire. Je veux au contraire me résumer.

Comme je n'ai absolument aucune raison de ménager l'hypnose, et que le mieux qui puisse m'arriver est, si je me trompe, qu'on me le fasse voir; pour rendre la chose, s'il y a lieu, plus facile, je vais réduire le principal de ce que j'ai dit à un seul argument. Voici donc, en substance, comme j'ai raisonné, en supposant connu non seulement ce que j'ai dit dans ce chapitre, mais encore ce que j'ai rapporté dans la « Défense de l'hypnotisme ».

Suspendre ou permettre que l'on suspende *momentanément* l'usage de sa raison ainsi que de sa liberté, et soumettre pendant quelques moments la direction de son activité psychique à un autre homme, cela n'est pas, en soi, un mal, parce que *ce n'est pas chose due* à la nature humaine que *toujours et partout* la raison et la liberté soient en exercice, et que *jamais* l'homme n'agisse pendant qu'il est privé de sa raison et de sa liberté sous l'inspiration et la direction librement consentie auparavant de son semblable, — parce que d'autre part les dangers d'un tel état peuvent être conjurés.

Or, de l'aveu des adversaires, l'hypnose ne saurait être un mal, en soi, que de l'un ou l'autre de ces chefs, par l'un ou l'autre de ces motifs.

Donc, en soi, l'hypnose volontaire n'est pas un mal.

Il va de soi qu'elle le deviendrait si l'homme était hypnotisé malgré lui, parce que c'est un droit à l'homme qu'on ne dispose pas de lui contre sa volonté.

Pour le même motif elle deviendrait un mal, si l'on suggérait à l'homme endormi des représentations, des émotions ou des actes qu'il désapprouverait étant éveillé.

Elle deviendrait encore un mal si, dans le but poursuivi, les moyens employés, les suggestions données, et par n'importe quelle circonstance, un précepte quelconque de la loi naturelle, de la loi divine ou ecclésiastique, devait être violé.

Elle deviendrait un mal, si la personne qui hypnotise n'a pas une connaissance spéciale suffisante de cette pratique et n'offre pas, au point de vue de l'honnêteté comme de la compétence, toutes les garanties.

Enfin elle deviendrait un mal, si un homme se livrait et s'abandonnait sans but défini, sans condition et sans restriction, à un opérateur, parce que l'homme n'a pas sur lui-même un droit aussi absolu.

Je dirai donc de l'hypnose volontaire ce que dit saint Thomas des actes indifférents [1]. Elle n'a point par elle-même de moralité définie et complète. Elle devient bonne ou mauvaise moralement, suivant le but auquel on l'ordonne et les circonstances, suivant qu'on l'emploie, ou non, « *quando oportet, et ubi oportet, et sicut oportet*, etc. »[2]. « Quelqu'un n'est pas répréhensible au point de vue de la vertu, écrivait Aristote, du seul fait qu'il se met en colère, mais s'il s'indigne d'une certaine façon[3]. » Il en va de même de celui qui se fait hypnotiser.

Je n'ajoute plus que deux réflexions :

La première, c'est que la valeur des raisonnements que je viens de tenir ne pourra être bien appréciée qu'après mon exposition de la théorie psychologique de l'hypnose.

La seconde est que je dis volontiers de l'opinion que je viens de proposer ce que saint Augustin disait de sa

---

1. *Sum. Theolog.*, I. II, q. 18, a. 9, ad 1.
2. *De Malo*, q. 11, a. 5.
3. ΗΘΙΚΩΝ ΝΙΚ. β, ε.

fameuse théorie sur les six jours de la Genèse : « *Neque ita hanc confirmo, ut aliam quæ præponenda sit, inveniri non posse contendam* [1]. » Je n'ai point recommandé la réserve en cette matière, sans avoir conscience qu'elle m'est plus nécessaire qu'à bien d'autres.

Du reste, cette opinion viendrait-elle à être démontrée fausse, je n'en soutiendrais pas moins que l'hypnotisation est permise quelquefois ; car j'ai pour l'établir d'autres preuves plus faciles et plus sûres, ainsi que je le ferai voir tout à l'heure.

Mais il fallait d'abord chercher à établir quelle est la moralité spécifique de l'hypnose.

1. V. *Super Genesim ad litteram*, ch. XVIII.

CHAPITRE XI

SI L'HYPNOTISME N'EST PAS DIABOLIQUE, IL N'EST PAS IMMORAL.

Contre ceux qui prétendent qu'il ne peut jamais être permis, je soutiens donc que l'hypnotisme, réduit aux seuls phénomènes produits par suggestion verbale, est permis quelquefois, — en supposant bien entendu qu'il n'est pas de provenance diabolique, ce que nous démontrerons plus tard. Pour justifier cette manière de voir, j'ai considéré l'hypnose en général, dans sa nature abstraite, et j'ai cru découvrir que l'hypnose ainsi considérée, au point de vue de sa moralité spécifique, ne doit être rangée ni dans la catégorie des actes bons ni dans celle des actes mauvais, mais compte parmi ces actes que les théologiens appellent indifférents, et qui deviennent louables ou blâmables seulement à cause du but pour lequel on les pose, ou des circonstances diverses au milieu desquelles ils se produisent. Cette opinion, du reste, je ne l'ai émise qu'avec la très grande réserve qui m'était imposée par mon peu de lumières d'abord, et ensuite par la nouveauté et les difficultés du sujet : mais j'ai ajouté que cette théorie fût-elle fausse, et la raison qu'elle me fournit, sans valeur, je n'en soutiendrais pas moins la thèse, parce qu'il reste à ma disposition une autre preuve à la fois plus sûre et plus facile.

C'est cette preuve qu'il me faut maintenant exposer.

I

Est-ce donc qu'un acte mauvais par nature peut jamais devenir permis ?

Avant de répondre, je demande à nos lecteurs la permission de leur mettre sous les yeux une page de saint Thomas, que je vais traduire avec une scrupuleuse fidélité. Elle est empruntée à ce précieux recueil d'opuscules que l'on appelait au moyen âge QUODLIBETALES QUÆSTIONES, et que nous intitulerions aujourd'hui MÉLANGES. La question traitée est celle de savoir : « si posséder en même temps, sans dispense, plusieurs prébendes qui n'ont pas charge d'âmes, est un péché mortel [1] ». Après avoir fait remarquer qu'une telle question peut relever tout ensemble du droit divin positif, du droit naturel, du droit ecclésiastique, et observé que l'Écriture sainte est muette ou pas suffisamment claire sur ce sujet, le saint Docteur entreprend de la discuter au point de vue du droit naturel, et le fait en ces termes :

« En nous plaçant au point de vue du droit naturel, voici, à ce qu'il semble, ce qu'on doit dire. Il existe

---

[1]. *Quodlib.*, IX, art. 15.

entre les actes humains une grande différence. Quelques-uns, en effet, *ont une difformité qui leur est attachée inséparablement* ; ainsi la fornication, l'adultère, et d'autres de ce genre *qu'il ne peut jamais être bien de faire, quædam enim sunt quæ habent deformitatem inseparabiliter annexam, ut fornicatio, adulterium, et alia hujusmodi quæ nullo modo bene fieri possunt :* posséder simultanément plusieurs bénéfices n'appartient pas à cette catégorie ; autrement l'on ne pourrait jamais recevoir de dispense qui y autorise, ce que personne ne soutient. Il est d'autres actions qui *de soi* sont indifférentes au mal ou au bien, *quæ de se indifferentes sunt ad bonum vel malum,* comme de relever une paille ou autre chose semblable ; de ce nombre serait posséder plusieurs prébendes, s'il faut en croire quelques-uns. Mais cela est inadmissible. Car, avoir simultanément plusieurs prébendes, cela renferme *en soi* plusieurs désordres, *cum hoc quod est habere plures præbendas, plurimas in se inordinationes contineat :* ainsi le prébendé ne pourra desservir ces églises multiples dont il perçoit les revenus, alors pourtant que ces revenus paraissent avoir été attachés à une église pour l'entretien de ceux qui la desservent effectivement ; ainsi il y aura perte pour le culte divin, puisqu'un seul y sera substitué à plusieurs ; ainsi les fondateurs seront frustrés dans leurs volontés, car ils ont doté les églises afin justement d'assurer un nombre fixe d'hommes qui y servent Dieu ; ainsi encore l'inégalité est introduite, par ce fait que l'un a plusieurs bénéfices, et l'autre pas un seul ; et beaucoup d'inconvénients de cette sorte qui apparaissent d'eux-mêmes, *et multa alia hujusmodi quæ de facili pa-*

lent. L'on ne saurait donc ranger parmi les actes indifférents celui de posséder plusieurs bénéfices : beaucoup moins encore pourrait-on le compter parmi les actions qui sont bonnes *en soi,* comme de donner l'aumône et autres semblables, *unde non potest contineri inter indifferentes actiones : et multo minus inter eas quæ sunt secundum se bonæ, ut dare eleemosynam, et hujusmodi.* Mais il y a certaines actions qui *considérées d'une façon absolue portent en elles-mêmes une difformité et un désordre,* et cependant sont faites bonnes par quelques circonstances survenantes, *sunt vero quædam actiones quæ absolute consideratæ deformitatem vel inordinationem quamdam important quæ tamen aliquibus circumstantiis advenientibus bonæ efficiuntur;* ainsi tuer ou frapper un homme *importe en soi une certaine difformité, in se deformitatem quamdam importat;* mais si l'on ajoute que c'est un malfaiteur et au nom de la justice que l'on tue, que c'est un coupable et au nom de la discipline que l'on frappe, il n'y aura plus de péché, mais un acte de vertu, *non erit peccatum, sed virtuosum.* C'est au nombre de ces dernières actions, semble-t-il bien, qu'il faut mettre posséder simultanément plusieurs prébendes. Encore en effet qu'un tel acte renferme plusieurs désordres, cependant d'autres circonstances peuvent survenir lui communiquant une telle bonté que ces désordres tombent à néant, *tamen aliæ circumstantiæ possunt supervenire ita honestantes actum, quod prædictæ inordinationes totaliter evacuantur :* comme si la nécessité des services d'un homme se fait sentir dans plusieurs églises, *utputa si sit necessitas in pluribus ecclesiis ejus obsequio,* s'il peut être plus utile à une église, même absent, qu'un autre ne le serait, même présent, et autres motifs semblables : et ainsi, ces conditions intervenant, l'intention d'ailleurs étant droite, il n'y aura pas péché, même sans dispense, si l'on considère seulement le droit naturel, *non erit peccatum, etiam nulla dispensatione interveniente, si consideretur tantum jus naturale.* »

On le voit, saint Thomas est formel : il y a, selon lui, une distinction capitale à faire entre les actions qui sont mauvaises en soi, *in se, secundum se*. Les unes sont si absolument mauvaises que jamais elles ne peuvent devenir bonnes : le saint docteur nomme la fornication et l'adultère ; l'on peut ajouter le mensonge, la calomnie, le sacrilège, la haine de Dieu, le blasphème ; d'autres, bien que mauvaises en soi, ne le sont pas tellement que certaines circonstances ne puissent les rendre honnêtes et légitimes, « *circumstantiæ honestantes actum* », comme la nécessité et des avantages compensateurs manifestes.

Il ne faudrait pas croire du reste que cette doctrine est particulière à saint Thomas et à son École. Duns Scot, enseignant que Dieu ne peut pas dispenser de tous les préceptes de la loi naturelle, mais peut dispenser *raisonnablement*, « rationabile est » de quelques-uns, « pour assurer un plus grand bien, *propter majus bonum proveniens*, ou pour prévenir un plus grand mal, *propter majus malum vitandum*[1] », reconnaît par là même que tous les actes défendus ne sont pas à un degré irrémédiablement mauvais : et Richard de Middletown, lui aussi un

---

1. *In sent.*, lib. IV, D. XXXIII, q. 3. Hic dicitur, et Ad argumenta.

maître de l'École Franciscaine [1], déclare, en se servant des mêmes paroles que saint Thomas, qu'il est des actions telles qu'il n'est jamais bien de les faire, « *in nullo casu potest fieri bene* », et d'autres qui, quoique défendues en général, deviennent permises en tel cas donné, « *potuit esse casus et fuit* [2] ».

Suarez enseigne exactement la même doctrine, quand il traite de la loi naturelle, et affirme à son tour qu'il est telles actions défendues et condamnées en général par le droit de nature qui deviennent licites par le concours de telles ou telles circonstances. Ainsi, pour citer ses propres exemples, la loi naturelle a beau défendre au dépositaire de retenir, contre la volonté du propriétaire, le dépôt qui lui a été confié, il pourra cependant et devra même le retenir, si le dépôt rendu doit compromettre la sûreté de l'État : de même, bien qu'elle défende de manquer à sa promesse, de dévoiler un secret, de tuer, il se présente des cas où, de l'aveu de tous, l'on peut et l'on doit tuer, faire des révélations, ne pas tenir sa parole [3].

Là-dessus les théologiens de toutes les écoles sont d'accord.

II

Si parfait et rassurant que soit un tel accord, la raison

1. *La Scolastique et les Traditions Franciscaines*, par le T. R. P. Prosper de Martigné, p. 158.
2. Richardus de Mediavilla *in IV Sent*. D. XXXIII, quæritur de 2º principali, II.
3. *De Legibus*, lib. II, cap. XIII.

ne laisse pas que de se demander comment on peut expliquer et justifier pareil enseignement. Un acte mauvais en soi, spécifiquement, et proscrit par la loi naturelle, devenir bon et permis, cela, à première vue, paraît plus qu'étrange. La moralité spécifique des actes peut-elle changer? Va-t-il donc falloir introduire une sorte de transformisme jusque dans la morale? La loi naturelle qui, comme son nom l'indique, est toute fondée sur l'essence des choses, n'est-elle pas immuable, opposée à toute exception?

Qu'on se rassure, les théologiens ont pensé à toutes ces difficultés, et les ont résolues. Avec leur doctrine, nous n'aurons point à admettre de transformisme en morale, et l'immutabilité de la loi naturelle reste sauve.

Suarez, que je citais tout à l'heure, est un de ceux qui le montrent avec le plus d'évidence. Il remarque fort justement que tout notre embarras, dans la question, vient de la généralité des formules par lesquelles nous avons la coutume de traduire les préceptes de la loi naturelle : il ne faut point tuer, il ne faut point livrer un secret, il ne faut point retenir un dépôt contre la volonté du propriétaire, etc.; puis il ajoute, avec une subtilité de bon aloi :

« Il faut observer que la loi naturelle, qui n'est écrite ni sur des tablettes ni sur des parchemins, mais dans la raison, n'est pas toujours exprimée dans l'esprit en des termes aussi généraux et aussi peu définis que ceux qui se trouvent sur nos lèvres ou dans les livres. Ainsi, par exemple, la loi : qu'il faut rendre le dépôt, n'est pas dans l'esprit d'une teneur aussi simple et aussi absolue;

elle y est proclamée, mais avec restriction et circonspection : car la raison prescrit de rendre le dépôt à celui qui le demande *justement et raisonnablement,* et à moins que la défense légitime de l'État, d'un innocent, ou de sa propre personne, n'oblige à s'en abstenir. Cette loi se formule ordinairement dans ces simples mots : il faut rendre le dépôt, parce que le reste est sous-entendu, et que dans la formule d'une loi édictée de façon humaine il est impossible de tout expliquer [1]. »

Ainsi parle Suarez ; et, après avoir fait observer que cette doctrine est celle même de saint Thomas (I. II, q. 100, a. 8), il ajoute, faisant sienne la théorie du saint Docteur que nous connaissons déjà et qui sert de fondement à tout ce que nous venons de voir : « c'est qu'il y a une distinction essentielle entre les préceptes de la loi de nature ; car les uns portent sur une matière qui ne souffre ni changement ni restriction, comme est ce principe général ; *il ne faut pas faire le mal,* ou même tel précepte particulier comme est celui-ci : « *il ne faut pas mentir ;* d'autres s'appliquent à une matière qui

---

[1]. Considerandum est legem naturalem, cum per se non sit scripta in tabulis, vel membranis, sed in mentibus, non semper dictari in mente illis verbis generalibus vel indefinitis quibus a nobis ore profertur, vel scribitur, ut verbi gratia, lex de reddendo deposito, quatenus naturalis, non ita simpliciter et absolute in mente judicatur, sed cum limitatione et circumspectione : dictat enim ratio reddendum esse depositum jure et rationabiliter petenti, vel nisi ratio defensionis justa, vel reipublicæ, vel propria, vel innocentis obstet. Communiter autem solet illa lex illis tantum verbis proferri, *reddendum est depositum,* quia cœtera subintelliguntur, nec in formâ legis humano modo positæ omnia declarari possunt. » *Tractatus De Legibus,* lib. II, cap. XIII.

admet des changements; et par suite ils comportent des restrictions, et, dans un certain sens, des exceptions[1]. »

Cette remarque faite et bien comprise, la difficulté disparaît et tout s'explique. La moralité spécifique des actes ne change pas tant que la matière sur laquelle ils s'exercent, leur objet, ne change pas : si la moralité change, c'est que l'objet aura changé le premier. Soit l'action délibérée de tuer un homme, par exemple : prise en soi, isolée de toute circonstance, cette action de tuer pour tuer sera toujours et partout mauvaise ; mais si le bourreau tue un criminel condamné à mort par le juge, l'acte ne sera plus mauvais, il sera bon ; c'est que, dans le premier cas, il s'agissait d'enlever la vie simplement à un homme, et que, dans le second, on l'enlève à un homme *condamné* et *criminel :* les deux actes ne tombent pas sur une même matière ; en fait, si nous avons deux moralités différentes, nous avons aussi deux objets différents : nous n'avons pas une transformation de moralité dans un même acte se rapportant à un même objet, comme notre doctrine le faisait craindre au premier abord.

L'on voit du même coup qu'elle respecte de tout point l'immutabilité de la loi naturelle. On dit que la loi naturelle proscrivant de retenir le bien d'autrui, elle

---

[1] « Quædam præcepta versantur in *materiâ quæ non recipit mutationem* vel limitationem, ut est vel generale principium *non sunt facienda mala*, vel interdum particulare præceptum, ut *non est mentiendum;* alia vero sunt quæ *ex parte materiæ mutationes recipere possunt*, et ideo limitationem, vel quasi exceptionem admittunt. » *Ibid.*

le doit proscrire partout et toujours : nous l'admettons et le proclamons nous-mêmes. Oui, retenir le bien d'autrui, est partout et toujours défendu. Mais la loi naturelle ne défend point de retenir le bien d'autrui si, en le rendant, nous faisons courir à un tiers, à l'État si l'on veut, un grand danger : et voilà pourquoi, il sera permis de le retenir quelquefois, sans que la loi naturelle et la raison soient violées, ou doivent souffrir même une exception proprement dite à leur défense.

III

Ces explications données, nul de nos lecteurs ne s'étonnera plus, je pense, de m'entendre affirmer que l'hypnotisme, fût-il mauvais en lui-même, dans sa nature spécifique, il ne s'ensuit pas qu'il soit mauvais toujours, et toujours défendu. Je l'accorde, si l'on y tient, la loi naturelle, comme elle nous dit : « tu ne tueras point », nous dit aussi : « tu n'hypnotiseras point, tu ne te feras point hypnotiser »; il reste encore à savoir s'il ne peut pas se rencontrer des circonstances où il sera permis d'hypnotiser, comme il s'en présente où il est permis de tuer.

Or, je soutiens que de telles circonstances se rencontrent.

Nous avons entendu saint Thomas enseigner que le même personnage peut légitimement garder plusieurs prébendes à la fois, quand la nécessité des églises le demande, quand il leur en revient de grands avantages [1] : le saint Docteur écrit de même qu'on peut tuer les malfaiteurs, quand le salut de la société et la sécurité des bons le réclament [2] : il dit encore qu'il est d'un sage médecin, non seulement de permettre mais encore de *provoquer* un mal moindre afin d'en guérir ou d'en *prévenir* un plus grand, la fièvre par exemple, afin de faire cesser une suffocation [3] ; en général, qu'une loi n'oblige plus, dans le cas où son observation stricte aurait pour effet de contrarier l'intention même du législateur qui est, avant tout, que rien ne se fasse d'opposé à l'ordre, à la vertu et, par conséquent, à la raison [4]. Tous les théologiens et les philosophes tiennent le même langage.

Eh bien ! je vais montrer qu'il se présente des cas où la nécessité impose de recourir à l'hypnotisme ; où les avantages thérapeutiques de ce traitement surpassent à tel point les inconvénients qu'il peut entraîner, que l'emploi en devient certainement permis, et que le négliger serait déraisonnable autant que cruel.

Un jour de l'année 1892, une jeune femme du peuple se présentait à M. Liégeois, l'éminent professeur de la Faculté de droit de Nancy, pour lui demander s'il ne pourrait pas, en l'endormant comme elle avait entendu

---

1. V. plus haut.
2. *Sum. Theolog.*, II. II, q. 64, a. 2.
3. « Plerumque sapiens medicus *procurat* aut permittit supervenire infirmo minorem morbum, ut majorem curet *vel vitet*, sicut ut curet spasmum, procurat febrem. » Commentar. in II Cor., cap. XII, lect. 3.
4. *Ibid.*, I. II, q. 100, a. 8.

dire qu'il endormait les gens, lui enlever une vilaine idée qui la faisait bien souffrir, elle et tous les siens. C'était le malheur qui lui avait donné cette idée, qu'elle n'aurait jamais eue sans cela... Et elle racontait sa triste histoire :

Elle était fille d'un père qui s'était *volontairement noyé*. — Mariée de bonne heure, elle se voyait devant elle un bel avenir : mais voilà que, quinze jours après le mariage, son mari, victime d'un affreux accident, tombe dans la rivière, et meurt noyé lui aussi. Bien grand fut son chagrin..... enfin elle put résister. Quelque temps plus tard elle se remariait à un mécanicien du chemin de fer : elle eut trois années d'une existence heureuse ; mais hélas ! au bout de ce temps, une maladie venait lui enlever son second mari. — Pour le coup, c'était trop fort... Elle crut qu'elle ne pourrait plus jamais goûter aucun bonheur... elle fut envahie par la tristesse... perdit tout courage... devint incapable de s'occuper à rien... négligea tout, jusqu'aux soins de toilette les plus indispensables, surtout se sentit prise par cette horrible idée de suicide, qu'elle supplie M. Liégeois de lui enlever : car la pensée d'en finir avec une vie si misérable, sans but, la poursuit partout ; et elle ne peut passer près d'une rivière sans que quelque chose de presque irrésistible la pousse à s'y jeter... Elle a essayé de tout, mais rien ne peut faire passer cela... ; ses parents ne vivent plus, car ils craignent d'apprendre à chaque instant qu'elle s'est détruite... ; elle sait que c'est mal, elle en est désolée, mais c'est plus fort qu'elle...

Ému d'un tel récit et voyant la médecine ordinaire

impuissante, M. Liégeois ne crut pas devoir repousser la prière de la malheureuse femme. Il s'entendit avec M. le Dr Liébeault, et tous deux convinrent de la soumettre au traitement hypnotique. Pendant deux mois ils l'hypnotisèrent environ cinquante fois.

Le résultat du traitement fut celui qu'on va lire dans le compte rendu des deux opérateurs, que M. Liégeois a eu l'extrême obligeance de me communiquer, ainsi que la lettre qui va suivre :

« Très rapidement la situation s'améliora d'une façon vraiment remarquable. La jeune femme se sentit plus calme, son esprit s'apaisa, son système nerveux fut moins excité ; elle reprit le goût du travail, et eut de nouveau de sa personne les soins convenables. — L'idée de mettre fin à ses jours, d'abord affaiblie et atténuée, finit par disparaître entièrement. — La femme X., chez laquelle pourtant s'était peut-être manifestée une certaine hérédité, finit par guérir complètement. — En deux mois, sa santé devint tellement meilleure qu'elle gagna, en poids, 8 kilog. 500. »

Après quatre ans passés sa guérison se maintient; et à chaque premier de l'an, la pauvre femme, qui a quitté Nancy pour aller habiter Paris, écrit à ses deux bienfaiteurs, pour les rassurer sur son état en même temps que pour leur réitérer l'expression de sa profonde reconnaissance. Mes lecteurs me sauront peut-être gré de leur mettre sous les yeux une de ces lettres, naïve et incorrecte, mais à laquelle je me ferais scrupule de rien changer :

Paris, 26 décembre 1894.

Monsieur,

Je suis heureuse du jour de l'an afin de vous offrir mes vœux et souhaits les plus sincères, car à vous Monsieur si bon vous ne pouvez vivre assez longtemps, pour répandre des bienfaits autour de vous, comme vous en avez répandu dans ma famille par ma guérison.

Je ne puis assez vous remercier et vous dire combien je vous suis reconnaissante au sujet de toujours cette vilaine maladie qui m'a fait tant souffrir, et tous les miens aussi, depuis deux ans que je suis guérie, je n'ai plus rien ressentie, au contraire, je suis embellie et fraîche que toutes les personnes qui m'entourent envient ma fraîcheur. On ne me donnerait pas trente-huit ans et pourtant je les ai eu hier. A qui la grâce, à M. Liégeois et M. Liébault. A vous toute ma sympathie et toute ma reconnaissance acceptez la d'un cœur qui vous aime sincèrement. Mon frère se joint à moi pour vous exprimer ces plus tendres souhaits et vous présente ces respects les plus humbles. Cette année, je serais plus heureuses que l'année qui vient de s'écouler, j'aurai le bonheur de vous voir. J'irai à Nancy si rien ne me survient et sûrement j'irai vous revoir de grand cœur et vous redire encore combien je suis contente d'être guérie et vous renouveler mes remerciements les plus tendres.

Au revoir Monsieur, votre très humble et dévouée.

Vve T. Marie V., 17 rue M., Paris.

Et l'on devrait admettre que cette femme en se faisant hypnotiser, dans l'affreuse situation où elle se trouvait, a posé un acte immoral, et que MM. Liégeois et Liébault, en l'hypnotisant, ont péché contre la loi naturelle ?

Je déclare tout de suite que je n'en crois absolument rien.

Mais il faut juger le cas d'après les principes.

« Nul homme prudent ne peut consentir à une perte, s'il ne doit trouver une compensation dans quelque bien égal ou supérieur à celui dont il se prive [1]. » Tel est le principe que pose saint Thomas voulant résoudre la question : si l'homme en certaines circonstances dont il parle, peut se permettre tel acte d'où suive la perte momentanée de l'usage de sa raison, « *rationis jactura accidit* ». Cela est permis, dit le saint docteur, si une compensation doit avoir lieu ; autrement, non, « *talis... electio non potest esse ordinata, nisi per recompensationem aliquorum* [2] ». Puisque nous avons un cas tout à fait analogue à résoudre, raisonnons d'après le même principe. Cette femme obsédée par l'idée de suicide, qu'a-t-elle perdu, en se faisant hypnotiser ? Quel avantage compensateur devait-il lui en revenir ?

Ce qu'elle a perdu, cela a été l'usage parfait de sa raison et de sa liberté environ cinq heures par semaine, pendant deux mois.

Ç'a été encore la faculté de rêver à sa guise pendant ce sommeil artificiel de cinq heures. Car pendant tout ce temps, l'on n'a cessé de représenter à son imagination cet acte de se jeter à la rivière comme ce qu'il y a de plus

---

[1]. Nullus sapiens debet jacturam aliquam sustinere, nisi pro aliqua recompensatione alicujus æqualis vel melioris boni. *Sum. theol.* Supplem., q. 49, a. 1.

[2]. *Ibid.*

repoussant, et de lui répéter tout ce qui pouvait lui en inspirer en effet l'horreur et créer en elle la répulsion.

En fait de dignité et de sécurité, elle n'a rien perdu. On ne perd point de sa dignité quand on dort parce qu'on l'a voulu, et, comme elle, avec un motif sérieux. On n'en perd pas davantage, quand, au lieu d'abandonner son imagination à la capricieuse et humiliante fécondité de son délire, l'on prend avec réflexion et en toute liberté, des mesures pour la soumettre à une règle et à une direction. En fait de sécurité, qu'avait-elle à craindre ? Aujourd'hui que l'on sait, par des expériences sans nombre, que l'hypnotisme, employé par des hommes habiles et opérant dans l'unique but d'être utiles à leur sujet, n'offre pas le moindre danger, et que, d'autre part, MM. Liébeault et Liégeois sont, dans ce domaine, deux célébrités. Leur sphère d'action avait du reste été nettement circonscrite par un engagement, un quasi-contrat, non pas seulement tacite, mais explicite : « Vous m'enlèverez cette vilaine idée de suicide, et me direz ce qu'il faut pour cela, rien de plus » : et une personne accompagnant la malade était là pour garantir l'exécution fidèle de ce mandat restreint ; car ces messieurs de Nancy se font une loi de ne jamais hypnotiser sans témoins[1]. Aucune perte donc à enregistrer du côté de la sécurité, pas plus que de la dignité.

Tout se réduit donc à la perte du plein usage de la raison et de la liberté pendant cinq heures environ par semaine, durant deux mois. Il faut avouer qu'un tel

---

1. V. Beaunis, Bernheim, Liébeault, Œuvres, *passim*.

dommage semble bien peu de chose, quand on songe que les gens bien portants qui, eux, n'ont pas la santé à recouvrer, se permettent légitimement cinquante heures de sommeil par semaine, c'est-à-dire perdent cinquante heures par semaine, et cela pendant toute leur vie, l'usage de leur liberté et de leur raison.

Par contre, quels avantages notre malade n'a-t-elle pas trouvés dans l'hypnose ?

Elle a été délivrée de cette « vilaine idée » de suicide, de l'horreur et des terreurs qu'elle lui inspirait, du dégoût de la vie ; elle a vu cesser l'angoisse des siens : elle a pu reprendre le travail qui la fait vivre ; elle s'est ressaisie elle-même et a renoué ses relations avec ses connaissances et ses amis. Bien plus, elle a échappé au danger, très sérieux, de perdre pour jamais la raison et la liberté, par la folie, de perdre même tout ensemble la raison et la vie, par le suicide.

On le voit, pour cette femme, les avantages de l'hypnotisme étaient incomparablement supérieurs aux inconvénients qu'il pouvait présenter. Ces derniers étaient compensés bien au delà de ce qui était nécessaire.

Donc, cette femme en se faisant hypnotiser, et MM. Liégeois et Liébeault en l'hypnotisant, ont agi raisonnablement, et posé un acte, de soi, moralement bon.

IV

Je pourrais m'en tenir à ce seul fait : car la thèse que j'ai entrepris de prouver est simplement celle-ci : Il est permis *quelquefois* d'hypnotiser ; et nos lecteurs savent bien que, par le temps qui court, ces affections nerveuses accompagnées de troubles psychiques malheureusement ne sont pas rares. Mais je crois utile de faire ressortir au moins par quelques indications rapides, qu'il n'y a pas qu'une seule catégorie de faits ou un seul principe pour montrer que l'emploi de l'hypnotisme, en certains cas, est justifié.

Prenons donc cet axiome, invoqué souvent par les moralistes : « De deux maux, il faut choisir le moindre », et rapprochons-le de quelques faits.

En voici deux tout d'abord, qui nous sont rapportés par M. J. Delbœuf, professeur à l'université de Liège, membre de la classe des sciences de l'Académie royale de Belgique :

On lui présenta un jour une jeune mère de famille atteinte depuis de longs mois d'obsessions meurtrières contre ses enfants. Inutile d'insister sur l'horreur d'un pareil état. On l'avait éloignée de sa famille, fait soigner dans les asiles les plus recommandés. Les médecins l'avaient soumise à toutes sortes de régimes, prescrit le bromure, etc., etc., les douches, — le tout sans résultat. « Médicaments, régime, éloignement, séjour dans les asiles n'y avaient rien fait[1] », écrit M. Delbœuf. Et il ajoute : « en huit jours de suggestion, je l'ai délivrée de cette torture indicible[1] ».

Le second fait concerne un jeune homme de dix-huit ans. Il avait la manie du vol et volait, non pas seu-

---

1. *L'hypnotisme devant les Chambres législatives Belges*, p. 48.
2. *Ibid.*

lement ses parents, mais encore ses amis et ses condisciples, trouvant moyen de dérober quelque chose partout où il était admis. Les humiliations, les avanies de toutes sortes que lui attirait cette façon d'agir, les inquiétudes que son avenir inspirait se devinent. L'on conjura M. Delbœuf d'essayer sur lui de l'hypnotisme. Le savant professeur y consentit ; et quelque temps après, parlant de ce jeune homme, il pouvait écrire avec une légitime fierté : « Je l'ai guéri par l'hypnotisme, et je l'ai sauvé d'un déshonneur qui, dans l'espèce, aurait été immérité [1]. »

Dans ces deux cas, où était le moindre mal ?

Je laisserai nos lecteurs répondre, afin de venir vite à quelques autres faits que je désire encore soumettre à leurs réflexions.

En voici un qui aura ceci au moins de piquant, d'être cité pour la défense de l'hypnotisme, alors qu'il a été pour l'hypnotisme un échec. Je le raconte tel que je l'ai entendu de la bouche de M. le Dr Ladame, le médecin hypnotiste bien connu de Genève. L'habile opérateur avait consenti à traiter par l'hypnose un homme de bonne famille adonné à la boisson. Ce malheureux, presque toujours ivre ou dans un état voisin de l'ivresse, avait fini par compromettre gravement sa santé, son honneur, sans parler de sa fortune. M. Ladame, avec beaucoup de patience et de savoir-faire, l'hypnotisa un certain nombre de fois en lui donnant des suggestions appropriées ; et, au bout de quelques semaines, il s'é-

---

1. *L'hynoptisme devant les Chambres législatives Belges*, p. 48.

tait rendu maître de la mauvaise habitude. Pendant environ deux années, l'ancien buveur revenait de temps en temps se faire endormir et recevoir à nouveau la suggestion qui lui inspirait l'aversion pour l'alcool. Il fut sobre et exemplaire trois années durant : mais il ne persévéra pas davantage. Bientôt on le vit revenir peu à peu à ses habitudes d'intempérance, et tomber si bas que M. Ladame perdait tout espoir de le relever.

Voilà bien un échec pour l'hypnotisme : il n'a pas procuré la guérison définitive. Malgré cela, j'ose encore poser la question : Où était ici le moindre mal? Est-ce un moindre mal d'être hypnotisé cinquante heures, cent heures, si l'on veut, que de passer trois années, une grande partie du temps, ivre? ivre, c'est-à-dire raison, liberté, dignité perdues, avec la désolation et la misère dans la famille, le scandale donné à toute une population.

L'hypnotisme, ici encore, était certainement le moindre mal.

Mais où l'on ne pense même plus à poser la question, c'est quand on entend raconter ce que faisait le vénérable Dr Ozanam, le frère du grand chrétien et de l'illustre écrivain que l'on sait. Il confiait à un ami, qui me l'a répété, que lorsqu'il lui arrivait, en exerçant son art à Paris, de rencontrer des jeunes gens abîmés dans le vice, au point d'avoir perdu toute énergie de réaction aussi bien que tout sens moral, il les hypnotisait, et arrivait souvent, par ce moyen, à les ramener à une vie correcte au point de vue des actes ; ce qui permettait ensuite de travailler avec succès à la guérison du corps et à celle de l'âme.

Je ne parle que de désordres psychiques : pourtant je ne voudrais pas laisser croire que l'hypnose n'a rien à faire dans le domaine organique proprement dit. Entre mille guérisons[1] que l'on pourrait citer, je choisis la suivante, dont j'emprunte le récit à M. le Dr Grossman, de Berlin :

« Le peintre Knötel, un de nos illustrateurs les plus connus, avant de se présenter à ma clinique (commencement de septembre 1894) souffrait, depuis trois ans, au poignet droit, d'une inflammation du périoste, occasionnée, croit-il, par ses travaux excessifs de peinture. De bonne heure, il avait commencé un traitement médical, mais sans succès. Les douleurs, dès le commencement très violentes, ne voulaient pas céder. L'enflure se produisit, et la main devint tellement contrefaite qu'elle refusa tout service, et que Knötel dut s'essayer à peindre avec la main gauche. Tous les remèdes imaginables furent employés, les neuf derniers mois, par le professeur Sonnenburg, qui finit par lui mettre la main dans un appareil immobilisateur, mais avec un résultat nul. — Quand il vient me trouver, son poignet est enflé et difforme. La pression, les mouvements très limités qu'on lui imprime, provoquent de telles douleurs que le patient, un homme fort et robuste, pousse les hauts cris. Je l'endors sans peine. Je lui suggère qu'il n'a plus de douleurs, que son poignet est assez libre pour peindre. La suggestion réussit, et soit pendant le sommeil soit

---

1. M. le Dr Grossman a écrit tout un livre sur les guérisons opérées par l'hypnose, sous ce titre : *Die Bedeutung der hypnotischen suggestion als Heilsmittel*, Berlin, 1894.

après, quelques mouvements de la main deviennent possibles. Bientôt elle peut dessiner quelques traits à la plume. L'amélioration se poursuit, encore que l'enflure persiste. Après huit jours, le malade est congédié comme guéri : je lui renouvelle seulement, pendant quelque temps, la suggestion, pour prévenir une rechute. Jusqu'à ce jour, (juillet 1895) la guérison se maintient, et Knötel peint avec sa main droite, aussi bien qu'il le fit jamais. (Observé en collaboration avec Freudenberg, Wegner [1]). »

Je ne sais ce qu'en penseront nos lecteurs, mais, là encore, je ne puis arriver à comprendre que MM. Grossman et Knötel, en agissant comme il vient d'être rapporté, aient péché contre la loi naturelle.

Un dernier trait. Il y a quelques mois, je revenais en chemin de fer, de Zurich; et, pour utiliser mon temps, je lisais la nouvelle édition (3ᵉ) que M. Forel venait de publier de son livre *Der Hypnotismus*. Dans le compartiment où j'étais, se trouvaient seulement deux voyageurs. Au bout d'un certain temps, l'un d'eux m'adressa la parole en ces termes : « Vous lisez là un livre, Monsieur, qui nous intéresse, car mon collègue et moi nous sommes médecins et professeurs : (Ces messieurs sont en effet professeurs dans une des Facultés de médecine les plus célèbres d'Europe; celui qui parlait de la sorte est professeur de chirurgie) et, à l'occasion, nous employons volontiers l'hypnotisme. Tout récemment même, la semaine dernière, il m'a rendu un bon

---

1. *Zeitschrift für hypnotismus*, 1895, p. 259, fall. III.

service. J'avais une opération très sérieuse à faire sur une personne fort délicate. La faiblesse extrême du sujet rendait l'emploi du chloroforme périlleux : je résolus de tenter l'hypnotisation. Je m'assurai, au préalable, que la personne était suffisamment suggestible, et, pour l'opérer, je l'endormis, en lui suggérant qu'elle ne ressentirait pas la moindre douleur. Tout réussit à souhait : l'opération dura vingt minutes, et, pendant comme après, la malade s'est très bien comportée. »

Hypnotisation, ou mort très probable.

Dans une telle extrémité, que dit la loi naturelle ? Que dit la raison ?

Si je ne m'abuse, les faits que je viens de rapporter autorisent à dire que l'hypnotisme n'est pas toujours défendu, mais qu'il est permis quelquefois.

Si donc l'on vient à démontrer que l'hypnose, considérée en elle-même et abstraction faite des circonstances, est mauvaise en soi et condamnée par la raison, nous nous rappellerons cette doctrine et ce texte de saint Thomas : « Quelquefois une simple circonstance introduit dans l'objet de l'acte humain, au regard de la raison, une différence essentielle, et donne à cet acte une nouvelle espèce [1] : » et nous dirons que, en certains cas, l'hypnose est légitimée et justifiée par les circonstances.

Mais tout ce que je viens d'établir ne nous avancera

---

1. « Quandoque circumstantia sumitur ut differentia essentialis objecti, secundum quod ad rationem comparatur, et tum potest dare speciem actui morali ». *Sum. Theol.*, I. II, q. 18, a. 5, ad 4.

pas beaucoup, si l'hypnotisme, comme les adversaires le soutiennent, est de provenance diabolique.

Le moment est donc venu de prouver qu'il s'explique par des causes naturelles : et c'est ce que je vais faire, s'il plaît à Dieu, en proposant la théorie psychologique de l'hypnose.

CHAPITRE XII

LA PSYCHOLOGIE DE SAINT THOMAS D'AQUIN ET L'HYPNOSE.

Je l'ai démontré dans les deux chapitres précédents, l'emploi de l'hypnotisme n'est pas toujours proscrit par la conscience ; il est permis quelquefois, ne serait-ce qu'à titre de moyen thérapeutique... à condition pourtant, je n'ai pas manqué de le dire, qu'il ne soit pas de provenance préternaturelle et diabolique. Mais l'hypnotisme n'est-il pas diabolique essentiellement ? Peut-on, de bonne foi, expliquer les phénomènes étranges qui le caractérisent par les seules énergies connues de notre nature, sans blesser les principes et sans contredire les notions certaines de quelque science, divine ou humaine ?

C'est la question qu'il me faut résoudre maintenant, et à laquelle, pour ne pas laisser l'esprit de mes lecteurs en suspens, je réponds tout de suite : L'HYPNOTISME FRANC N'EST PAS, DE SOI, DIABOLIQUE.

Si je ne l'avais dit tant de fois déjà, dans le cours de cette étude, je me ferais un devoir de les avertir que, par hypnotisme *franc*, j'entends l'hypnotisme réduit aux procédés et aux phénomènes reconnus par tous les hypnotistes comme appartenant à l'hypnose, et que, par conséquent, je ne parle point et ne veux point parler ici du magnétisme, ni du spiritisme, ni de la télépathie, ni de l'occultisme. Mais tout cela est chose convenue depuis longtemps entre nous ; et mieux vaut, laissant les commentaires, aborder immédiatement la démonstration de ma thèse. Voici cette démonstration, réduite à sa formule la plus simple :

Un fait, ou un ensemble de phénomènes, qui a dans la nature de l'homme sa raison d'être et sa cause suffisantes, n'est pas, de soi, préternaturel et diabolique.

Or, l'hypnotisme est un fait, ou un ensemble de phénomènes, qui a dans la nature de l'homme sa raison d'être et sa cause suffisantes.

Donc l'hypnotisme n'est pas, de soi, diabolique.

Évidemment, des deux propositions qui constituent les prémisses de cet argument, c'est la seconde seule qui a besoin d'être prouvée ; et on ne peut la prouver qu'en rappelant ce qui, dans les propriétés et les énergies de la nature de l'homme, paraît avoir rapport et proportion avec les phénomènes hypnotiques. Nous voilà par là même contraints de nous engager assez à fond dans l'anthropologie et de faire repasser sous nos yeux les notions principales de la dynamilogie humaine. Il n'y a pas une autre manière de traiter sérieusement notre sujet ; c'est pourquoi nous ne reculerons pas devant ce travail : j'aurai seulement soin de le restreindre à l'indispensable. Pour beaucoup il sera intéressant comme une exploration en pays nouveau, s'il est vrai, selon que nous l'affirment si souvent les philosophes, que l'homme est à lui-même, non ce qu'il y a de plus étranger, mais de moins connu ; et pour tous il y aura, je l'espère, quelque charme à poursuivre la solution d'un des problèmes les plus attachants de l'heure présente, en faisant appel simultanément à la psychologie de saint Thomas et à la physiologie moderne.

I

L'homme possède les facultés et les propriétés les plus diverses : il le doit à sa nature singulière et à la place qu'il occupe entre les êtres. Comme il n'est point seulement un corps, ni seulement un esprit, mais un esprit incarné, une nature mixte, un composé substantiel formé d'une portion de matière et d'une âme spirituelle, il nous montre réunies dans sa nature les puissances et les énergies que nous voyons séparées dans les deux mondes qui forment la grande division de l'univers, le monde des corps et le monde des esprits. L'homme est tout ensemble minéral, plante, animal, et en a les propriétés ; pour le connaître tel qu'il est, la physique, la chimie, la botanique, la zoologie, sont plus qu'utiles, indispensables [1]. Mais il est esprit aussi réel-

---

1. V. *Nouvelle Bibliothèque de l'étudiant en médecine*, publiée sous la direction de L. Testut, professeur à la Faculté de médecine de Lyon.

lement qu'il est corps, et ses facultés intellectuelles sont indéniables, comme les nobles fonctions qui en procèdent et les démontrent.

L'on devine bien que, parmi cette pléiade de facultés, toutes n'ont pas un rôle de même ordre ni une importance égale dans la production ou les phénomènes de l'hypnose. Or, parmi celles qui manifestement y tiennent la plus grande place, il faut compter ces puissances que saint Thomas appelle les « *sens internes, sensus interiores* ». Le saint Docteur a sur ce sujet une théorie d'une portée considérable et qu'il est d'autant plus nécessaire d'exposer clairement, que, depuis deux siècles, elle est plus ignorée. La voici :

L'homme perçoit deux catégories d'objets qui, comme tels, diffèrent totalement. Il perçoit des êtres matériels individuels et concrets, tel cheval attelé à telle voiture, tel arbre sur telle haie, ce brin d'herbe sur cette motte de terre; mais il perçoit en même temps l'universel et l'immatériel pur; car il possède les idées générales de cheval, d'arbre, de brin d'herbe, et raisonne sur la vérité, la sagesse, le droit, les relations des choses [1]. A ces deux catégories d'objets répondent deux catégories de facultés de perception : les sens, facultés organiques, l'intelligence ou la raison, faculté qui est en dehors et au-dessus de tout organe, puisque autrement elle ne saurait atteindre jusqu'à l'immatériel. Mais les sens eux-mêmes sont de deux sortes : les uns sont extérieurs,

---

1. *Summa contra Gentiles*, lib. II, c. 66 : « Contra ponentes intellectum et sensum esse idem. »

au moins par leurs appareils périphériques : ce sont la vue, l'ouïe, l'odorat, le goût et le toucher ; les autres sont totalement cachés dans la masse de l'encéphale et ne se révèlent que par leurs opérations, d'où leur nom de *sens internes*.

Il faut voir comment saint Thomas en établit du même coup l'existence et le nombre, en s'appuyant sur le rôle spécifique de chacun, tel que l'observation nous le révèle.

Il n'est pas un de nous qui ne remarque à toute heure que non seulement il voit, entend, palpe, savoure, mais encore qu'il compare entre elles ces diverses sensations, et les unit de manière à se former la représentation à la fois intégrale et une des objets. Ainsi je vois une source de montagne couler sous les mousses, limpide comme un cristal, j'entends son murmure, je savoure ses eaux et admire sa fraîcheur en y plongeant la main. Chacune de ces sensations particulières m'est donnée par un sens particulier ; mais d'où me vient, où se forme en moi la sensation totale de la source ? Je vois couler et j'entends chanter l'onde, et je constate lequel des deux, par exemple, m'est le plus agréable. Mais qui fait ce discernement en moi ? Ce doit être une faculté sensitive, puisqu'il s'agit de coordonner des sensations et de percevoir leurs différences : « *cognoscere sensibilia, in quantum sunt sensibilia, est sensus* [1]. » Et par ailleurs ce sens doit être ou l'un de nos cinq sens extérieurs, ou quelque sens interne. Or, ce n'est évidem-

---

1. Saint Thomas, *Comment. in III. de Anima*, lect. 3.

ment ni l'œil, ni l'oreille, ni aucun autre de mes cinq sens qui unit et compare de la sorte ; car l'œil ne perçoit que la couleur, l'oreille, que le son ; bref, chacun de mes cinq sens n'atteint que son objet propre.

Reste donc qu'il existe au-dedans de nous-mêmes un sens qui perçoit à lui seul ce que perçoivent isolément tous les autres, où par conséquent tous les autres aboutissent, qui concentre en lui-même les pouvoirs et les perceptions des sens particuliers, et qui, pour ce motif, est appelé fort justement le *sens intérieur central* « *sensorium commune, sensus communis* [1] ».

On le voit, le sens intérieur central ne connaît les êtres matériels et leurs propriétés que par les sensations qu'ils produisent dans les sens particuliers. Ils ne sont en conséquence que son objet indirect ; son objet direct, ce sont les sensations. Mais s'il connaît ainsi ce qui se passe dans chacun de nos cinq sens extérieurs, en particulier dans le sens si étendu du toucher, l'analogie nous autorise à penser qu'il peut aussi bien connaître les affections et les divers états du reste de l'organisme. Comme donc il ne faut point multiplier sans raison les facultés, nous lui attribuerons encore ce rôle ; et nous verrons dans le sens intérieur central le siège de cette conscience d'ordre inférieur, ou *conscience sensible* [2], qui non seulement nous renseigne sur notre activité de surface, mais encore nous avertit de la disposition intime de nos membres et, dans une certaine mesure, de nos viscères, ainsi que du jeu de nos muscles.

1. Saint Thomas, *Comment. in III. De Anima*, lect. 3.
2. *Sum. Theol.*, I, q. 57, a. 2.

Enfin, la dépendance où nous voyons les sens particuliers à l'égard du *sensorium commune*, nous induit à regarder les premiers comme les prolongements diversifiés du second : et, d'après cette vue, le *sensorium* serait comme le réservoir — saint Thomas dit le principe et la racine commune — [1] de notre sensibilité externe.

Tel est, en substance, l'enseignement thomiste sur le sens intérieur central. La science moderne est loin d'y contredire. Aujourd'hui les physiologistes, déterminés par des raisons qui ne sont point indiscutables, n'admettent pas, il est vrai, que la perception ait lieu dans le sens extérieur. Pour eux l'œil, l'oreille, etc., ne sont que des appareils périphériques récepteurs[2], et la perception ne se produit que dans les éléments nerveux du cerveau. Mais en même temps qu'ils soutiennent, au moins pour la plupart, cette théorie, ils admettent tous « le grand principe des *énergies spécifiques des organes des sens* formulé par Jean Müller »[3], c'est-à-dire reconnaissent qu'une même espèce de sensation, visuelle, auditive, etc., ne peut se produire que dans un seul et même organe cérébral. Dès lors le raisonnement de saint Thomas garde toujours sa valeur : L'organe de la vue — intra-cérébral ou non — ou mieux nul organe sensoriel ne peut percevoir ni sa propre opération — l'œil ne peut voir sa vision — [4] ni les qualités des objets perçues par les organes spéciaux. Donc, puisque

---

1. *Sum. Theol.*, I, q. 78, a. 4, ad 1.
2. Hédon, *Précis de Physiologie*, p. 467.
3. Fredericq et Nuel, *Elémens de Physiologie humaine*, p. 594.
4. *Sum. cont. Gent.*, lib. II, c. 66.

nous connaissons les actes de chacun de nos sens et unissons dans une représentation intégrale les qualités différentes perçues dans les objets par chacun d'eux, il existe en nous un sens intérieur central ou commun.

Cette existence du *sensorium commune* dont ils ne se font pas une idée très nette, parce qu'il leur a manqué l'analyse si pénétrante et si précise de saint Thomas, nos physiologistes l'affirment cependant; et ils nous parlent, à l'occasion, de cette « conscience » intérieure, de ce « témoin » de notre activité et de nos états intimes, c'est-à-dire » le *sens intérieur* par lequel l'individu observe ses opérations [1]. C'est lui qu'ils désignent, sans pourtant s'en rendre bien compte et en ne considérant que l'une de ses fonctions, sous le nom de « *sens musculaire* — ou *conscience musculaire* [2] —, auquel nous devons la notion des mouvements exécutés » [3], et qui « nous permet de juger de la force et de l'étendue de nos mouvements » [4].

Le *sensorium commune* est le premier des sens internes, l'imagination est le second. Saint Thomas la définit : « Celle de nos puissances qui perçoit les images des choses corporelles, même en l'absence de ces dernières, *apprehensiva similitudinum corporalium, etiam rebus absentibus quarum sunt similitudines* [5]. »

---

1. Ch. Debierre, *La moelle épinière et l'encéphale*, p. 391.
2. Duchenne, cité par Pitres. *Leçons cliniques sur l'hystérie*, I, p. 118.
3. Mathias-Duval, *Cours de physiologie*, p. 536.
4. *Ibid.*
5. *Sum. Theolog.*, I. II, q. 15, a. 1.

Contrairement à la thèse du spiritualisme exagéré, en particulier de Malebranche — qui surfait l'imagination jusqu'à la confondre avec l'intelligence, et d'autre part en aurait écrit tout le mal qu'on peut en dire s'il n'avait omis de constater qu'il en était lui-même une des plus illustres victimes [1] — notre grand Docteur affirme que l'imagination est une faculté de l'ordre sensible, « *imaginatio est potentia sensitivæ partis* » : et cela avec raison, puisqu'une puissance qui a pour objet les êtres matériels concrets et déterminés par l'étendue, et qui de plus nous est commune avec l'animal, comme c'est le cas de l'imagination, ne saurait être qu'une faculté organique [2]. Il affirme en outre que l'imagination conserve les impressions recueillies par les sens extérieurs, et peut être regardée « comme le trésor des représentations qui nous viennent par eux, « *imaginatio quasi thesaurus quidam formarum per sensum acceptarum* » [3]. Et, de fait, en l'absence de tout objet, l'homme peut revivre, dans une certaine mesure, toutes ses sensations passées : le voyageur revoit les pays qu'il a parcourus, après de longues années ; le musicien entend la mélodie qui l'avait charmé autrefois ; le sensuel, dans ses rêveries, aspire le parfum des fleurs, savoure les mets délicats, palpe les tissus fins et moelleux.

De ce que l'imagination garde ainsi les images des objets que les sens ont perçus, plusieurs philosophes ont

---

1. *Recherche de la vérité*, II.
2. *Quæst. un. de Anima*, art. 13.
3. *Sum. Theolog.*, I, q. 78, a. 4.

pensé que, dans le fond, l'imagination n'est pas autre chose que la mémoire. C'est une erreur, qui provient de ce que l'on confond deux actes et deux objets fort distincts. « Nous disons nous souvenir, écrivait Albert le Grand, alors seulement que nous *reconnaissons*, au moyen des impressions que nous ont laissées les objets, ce que nous avons déjà une fois vu, entendu, ou appris... *quando... distincte* recognoscimus *id quod prius vidimus, audivimus, et didicimus* »[1]. On ne saurait mieux dire. L'imagination *conserve* et *regarde*, la mémoire *reconnaît*. « Pour qu'il y ait mémoire, ajoute saint Thomas développant la même pensée, il faut que l'acte du souvenir ait été précédé par un acte de perception et qu'entre les deux il se soit écoulé un certain temps[2]. » Le passé appartient essentiellement à l'objet de la mémoire, « *memoria est præteriti* »[3]. L'imagination et la mémoire n'ont donc ni le même acte ni le même objet. Il y a donc lieu de les regarder comme deux facultés distinctes. Toutefois elles sont de même ordre, en ce sens que l'une et l'autre appartiennent à la sensibilité. Cette mémoire, en effet, qui, en nous, fixe et regarde les choses à un point précis de la durée concrète, ne saurait être identifiée avec aucune des puissances intellectuelles, dont l'objet propre est l'être abstrait qui, comme tel, n'est situé ni dans le temps ni dans l'espace. Saint Thomas a même, à ce sujet, une façon de parler qui n'est pas pour déplaire à nos physiologistes du

1. *De Memoria et Reminiscentia*, tract. II, c. 2.
2. *Ibid.*, lect. I.
3. *Ibid.*

jour. Expliquant le mécanisme de la mémoire d'après Aristote, il dit : « L'objet matériel ébranle le sens, et ce mouvement est imprimé dans l'imagination comme une certaine image sensible, qui demeure quand l'objet disparaît, à peu près comme le dessin du sceau reste dans la cire, quand l'anneau n'y est plus, « *motus qui fit a sensibili in sensum imprimit in phantasiâ quasi quandam figuram sensibilem* »[1]. Après de telles paroles, les *mouvements vibratoires persistants* de Hartley et les *phosphorescences cérébrales* de Luys et de Moleschott ne semblent pas condamnés *a priori*. Un psychologue thomiste les admettrait sans peine comme base anatomique et physiologique de la mémoire. Il aurait soin seulement de ne pas laisser dans l'ombre, comme le font ces savants, l'élément psychologique du phénomène[2]. Mais ne dissertons pas davantage, et disons tout court que la mémoire des faits passés est le troisième de nos sens internes de perception.

Le quatrième est l'*estimative*, ou faculté d'appréciation. Nous l'observons déjà chez les animaux, dans ces jugements rudimentaires qui déterminent et dirigent leur activité. C'est grâce à l'estimative que la brebis, qui voit le loup venir, fuit; que l'oiseau choisit la brindille qu'il lui faut pour construire son nid, que le chien voit dans le regard et l'attitude de son maître s'il doit s'approcher ou s'éloigner. A plus forte raison existe-t-elle dans l'homme, et plus parfaite encore, puis-

---

1. *Comment. De memoria et reminiscentia*, lect. III.
2. M. Albert Farges, *Le cerveau et la pensée*, p. 277.

qu'il possède une âme et un cerveau plus parfaits. Elle se révèle dans tous ces cas où nous percevons des rapports de convenance ou d'opposition entre les objets et nous, quand nous les estimons, d'une appréciation toute pratique, ou nuisibles ou utiles. Et toujours il est aisé de distinguer son jugement de celui de la raison : car celui de la raison est universel et abstrait, celui de l'estimative concret et particulier : alors que la raison peut donner la définition scientifique de ce qu'est un rapport ou une convenance en général, l'estimative ne perçoit et n'apprécie que ce rapport, cette convenance, avec tel objet donné. Elle n'est rien de plus que la faculté des jugements empiriques.

Nous pouvons maintenant comprendre et embrasser dans son ensemble la conception que s'est formée saint Thomas des moyens de connaissance que l'homme possède en sa nature. Il a d'abord ses cinq sens extérieurs, qui lui font percevoir l'existence et les diverses propriétés des êtres matériels placés autour de lui, et aussi les qualités apparentes du corps qui constitue la moitié de sa substance. Il a ensuite un sens interne central ou commun, qui unit et coordonne les perceptions spéciales des sens, nous instruit de leurs opérations, du fonctionnement et de l'état de nos organes. Les sens extérieurs et le sensorium commun exercent leurs opérations seulement quand les objets ou les phénomènes sont présents : l'imagination en conserve les images ou les impressions, et nous les montre encore après qu'ils ont disparu. La mémoire les reconnaît et détermine leur place sur la ligne du passé. Enfin l'estimative porte ses jugements empiriques sur le convenable, l'utile, le nuisible des choses. Et au-dessus de toutes ces facultés et de leurs organes, contemplant l'idéal et l'immatériel pur, resplendit la raison.

Si abrégées que soient ces notions sur l'existence et la nature des facultés humaines de connaissance, elles suffisent à notre but. Mais je ne saurais me dispenser d'ajouter quelques mots sur nos facultés de tendance.

II

Saint Thomas n'a pas le moins du monde préludé à Hartmann l'inventeur, plus fou que philosophe, de la « Philosophie de l'Inconscient » et de la « Volonté vide, *das leere Wollen* », d'où il faisait sortir tout l'univers ; mais il a cependant accordé à la tendance et à l'effort un grand rôle dans le monde. D'après lui, si toute chose n'est pas l'évolution d'un vouloir, il y a un vouloir en toute chose. Mais il faut l'entendre lui-même expliquer sa pensée sur ce sujet, dans une magnifique page que je veux traduire :

« Tous les êtres tendent vers quelque bien, et ceux qui sont doués de connaissance, et ceux-là même qui en sont dépourvus... Mais l'on peut tendre vers quelque chose de deux manières : en se dirigeant soi-même, comme fait l'homme qui se rend à l'endroit qu'il s'est fixé ; ou en étant dirigé par un autre, comme la flèche par l'archer. Ces êtres seuls se dirigent eux-mêmes vers le but, qui le connaissent ; car nul ne peut diriger s'il ne sait où il veut faire parvenir. Quant à ceux qui ne connaissent pas le but, ils peuvent y être conduits par un autre. Et, en réalité, cela arrive de deux façons. Quelquefois ce qui est dirigé vers le but reçoit de l'être qui le dirige une simple impulsion sans nulle forme d'où suivent la tendance et l'inclination comme propriétés : une telle direction est violente ; ainsi la flèche est lancée vers le but. D'autres fois ce qui est dirigé vers une fin reçoit de ce qui le dirige une forme d'où résulte l'inclination elle-même ; et alors cette inclination est naturelle, comme ayant son principe dans la nature : telle l'inclination de la pierre à tomber quand elle est libre... C'est de cette sorte que tous les êtres de la nature sont inclinés vers ce qui leur convient ; car ils ont en eux-mêmes le principe de cette tendance, si bien qu'elle leur est naturelle, et qu'ils semblent marcher, plutôt qu'être dirigés, vers ce qui est leur perfection... Mais ce qui tend vers quelque chose sous la direction d'un autre, tend vers le même but que celui qui dirige ; ainsi la flèche tend vers le but même que vise l'archer. Comme donc tous les êtres ont été inclinés vers leurs fins propres, d'une inclination suivant leur nature, par Dieu premier moteur, tous aspirent naturellement vers ce qu'il veut lui-même. Et, parce que l'objet dernier de sa volonté ne peut être que lui, et qu'il est la bonté par essence, il s'ensuit, par nécessité, que tous les êtres tendent naturellement vers le bien, et, en conséquence, le désirent et le veulent, puisque tendre vers un bien c'est, en quelque façon, le désirer et le vouloir [1]. »

Tout être tend, par la pente même de sa nature, à ce qui est sa perfection. En le disant, saint Thomas n'invente pas, il constate. Depuis le plus bas degré jusqu'au sommet de l'échelle des êtres, tout s'efforce, tout travaille et lutte pour s'assurer l'existence et l'action. Toute chose veut son bien, par volonté de nature. C'est d'après cette loi universelle que l'œil veut voir, l'oreille entendre, la mémoire se souvenir, l'intelligence comprendre. De soi, chaque nature ne demande qu'à agir : elle n'attend qu'un objet, des circonstances propices, et l'impulsion dont elle peut avoir besoin.

Je ne m'étends pas davantage sur cette belle théorie thomiste de la volonté, ou appétit naturel, « *appetitus naturalis* », qui nous découvre un des ressorts profonds de l'activité des êtres. Tout au plus ferai-je observer qu'il ne faut pas confondre cette volonté naturelle avec l'habitude, par cette raison que, si l'habitude elle aussi incline à agir, elle n'y incline pas comme l' « appetitus naturalis ». Celui-ci crée simplement le besoin d'action : l'habitude sollicite à agir de telle ou telle façon particulière, à poser telle ou telle espèce d'acte pour lequel elle vous donne de la facilité et de l'attrait, « *faciliter ac delectabiliter* » [2]. Elle détermine et spécifie [3] le désir naturel d'activité, qu'elle rend en même temps plus intense.

1. *Qq. Disput. De Veritate*, q. XXII, a. 1.
2. *Qq. Disputat. De Veritate*, q. XX, a. 2.
3. *Sum. Theolog.*, I. II, q. 54, a. 1.

Mais j'ai hâte d'ajouter que saint Thomas reconnaît deux autres facultés de tendance qui nous sont révélées par deux vouloirs nettement caractérisés et différenciés.

Ne nous disait-il pas, en effet, il n'y a qu'un instant, appuyé sur une observation de toute évidence, qu'il y a deux manières de poursuivre une fin : en la connaissant, et sans la connaître. Comme donc il y a une faculté de tendance qui n'est qu'un instinct aveugle et déterminé par la nature, ainsi il doit en exister une, ou plusieurs autres, qui correspondent à la puissance de connaître et soient modelées sur elle. Mais, nous l'avons vu, dans l'homme, il y a une double connaissance, la connaissance sensible émanant de facultés à la fois psychiques et organiques, la connaissance intellectuelle, qui procède de l'esprit seul. Il en doit être de même dans l'ordre du vouloir; et il y faut compter deux facultés, l'une qui est le principe de nos vouloirs sensibles, l'autre, de nos vouloirs intellectuels. Celle-ci, comme l'expose saint Thomas, aime et poursuit la bonté, l'utilité, la jouissance en elles-mêmes, dans leur raison essentielle, et les choses en tant seulement que cette raison de bonté qui les fait désirables s'y montre rayonnante et les enveloppe : celle-là aime directement les choses bonnes, utiles, agréables; son objet est, non pas la bonté idéale, mais la bonté concrète, incorporée : « *non appetit ipsam bonitatem vel utilitatem aut delectationem, sed hoc utile, vel hoc delectabile* [1]. » Nous possédons cette dernière de commun

---

[1] *Qq. Disput. De Veritate*, q. XXV, a. 1.

avec les animaux, mais la première est le glorieux apanage de notre nature d'homme.

Ainsi tout se tient et se répond à merveille dans la doctrine de saint Thomas : ainsi, dans la question de la volonté comme dans celle de la connaissance, marche-t-il toujours, d'accord avec la raison et les faits, également éloigné des deux erreurs extrêmes : le matérialisme qui explique toute notre activité vitale par la matière, le spiritualisme exagéré qui la rapporte tout entière à l'esprit seul.

III

La première condition pour comprendre quelque chose à l'hypnotisme et avoir le droit d'en parler, est de connaître à tout le moins ce qui vient d'être dit sur l'existence et la nature des puissances de l'âme humaine. Mais cela même ne saurait suffire. Il est nécessaire d'y joindre quelques notions sur leur fonctionnement. Le jeu de cet admirable mécanisme qu'est notre nature, une fois connu dans ses principaux détails, les phénomènes hypnotiques s'expliqueront d'eux-mêmes.

Tout d'abord, l'observation la plus superficielle nous fait reconnaître entre les facultés un certain ordre, déterminé par leur nature respective et de mutuelles influences. Par nature, les facultés intellectuelles étant supérieures aux facultés sensitives, elles les contrôlent, et, dans une certaine mesure [1], les dirigent et leur commandent. Si nos yeux nous rapportent qu'un bâton plongé dans l'eau se brise, que le soleil n'a pas plus de deux pieds de diamètre, que des personnes sont assises ou se promènent dans une glace de salon, notre raison redresse leur témoignage. De même si elle le juge convenable, notre volonté, par une détermination libre, applique nos yeux à regarder un paysage, notre imagination à créer une scène fantastique, lance notre mémoire à la recherche d'un fait oublié, lâche la bride à notre indignation ou la retient. Telle est même pour nous la façon d'agir normale. Notre activité n'est proprement *humaine,* nos actes vraiment *humains* que si, la raison contrôlant et dirigeant, la liberté meut nos puissances [2].

Mais les choses sont loin de se passer toujours ainsi; et, à défaut de l'expérience, l'étude seule de nos facultés nous l'aurait fait deviner. C'est qu'en effet, si elles sont disposées suivant un ordre hiérarchique constant, et de manière à agir de concert, il n'est pas moins vrai que chacune, possédant une constitution et une énergie parfaitement distinctes, a par là même une opération nettement distincte aussi, lui assurant une certaine autonomie, une certaine indépendance. Le sens de la vue, par exemple, étant si nettement différencié du sens de l'ouïe, l'on conçoit tout de suite que nous puissions voir sans entendre. La distinction de nos facultés rend possi-

---

1. *Sum. Theolog.*, I, q. 81, a. 3.
2. *Ibid.*, I. II, q. 1, a. 1.

ble et fait prévoir la dissociation de leurs activités. Dès lors, à nous en tenir simplement à cette conception théorique qui a été exposée plus haut, nous comprenons sans peine qu'il peut arriver ceci : que non seulement nous voyions sans entendre, mais encore que l'imagination montre ses tableaux, la mémoire les faits passés, sans que notre volonté sensible s'en émeuve ; ou encore que nos sens extérieurs, notre imagination, notre mémoire, notre émotivité, notre sensibilité tout entière soient en pleine action, sans que notre raison et par conséquent notre libre arbitre interviennent, sans que nous ayons la connaissance réfléchie ou la parfaite conscience de ce que nous faisons ou de ce qui se passe en nous ; — de telle sorte que nous entrions dans un véritable automatisme psychologique [1], comme parlent les modernes.

La distinction de nos puissances n'est pas du reste la raison adéquate de la dissociation de leurs activités. Saint Thomas va nous le montrer et nous révéler en même temps une nouvelle loi psychologique, dans le passage suivant d'une importance extrême : « Comme toutes nos puissances, dit-il, — celles qui résident dans un organe et celles qui n'y résident pas — ont leur racine dans la seule essence de l'âme, *in unâ essentiâ animæ ra-*

---

1. M. le Dr Grasset a publié une leçon très intéressante sur *l'Automatisme psychologique*, dans un ouvrage qu'il vient de faire paraître, et qui mérite l'attention des psychologues au moins autant que celle des médecins. En voici le titre : *Leçons de clinique médicale*, par le Dr Grasset, recueillies et publiées par le Dr V. Vedel, in-8°, p. 1-176. Montpellier, Charles Boehm.

dicentur, [1] il est inévitable que si l'une s'applique à son acte avec une intensité excessive les autres n'agissent que faiblement ou même cessent tout à fait d'agir ; — tant parce qu'une force divisée est toujours moindre et ne s'accumule sur un point qu'au détriment des autres, que parce que toute opération vitale requérant une application de la faculté, si l'application est par trop énergique dans une direction elle ne saurait plus être en même temps énergique dans une autre. » Saint Thomas énonce ici une pensée, qu'il rappelle souvent dans ses ouvrages, et qu'il nous fait bien comprendre ; elle est d'ailleurs toute fondée sur l'expérience : c'est que nulle faculté ne peut agir sans la disposition qu'il désigne de ce nom latin d'*intentio*. Nous n'avons point malheureusement en français de mot dont la signification soit assez large pour s'appliquer avec justesse à cette disposition commune à toutes nos facultés. Mais l'analogie va nous la faire concevoir. Dans un endroit de la *Somme contre les Gentils* [2], saint Thomas s'exprime en ces termes : « Nulle faculté de connaissance ne connaît quelque chose d'une connaissance *actuelle, sans l'attention, vis cognoscitiva non cognoscit aliquid actu, nisi adsit intentio*. C'est pourquoi il arrive parfois que, *faute d'attention*, les images sont conservées dans l'organe (de l'imagination) sans qu'elles y soient perçues actuellement, *unde et phantasmata in organo conservata interdum non actu imaginamur, quia intentio non refertur ad ea*[3]. » Ce qu'est l'atten-

---

1. *Sum. Theolog.*, I. II, q. 77, a. 1.
2. Lib. I, cap. LV.
3. *Ibid.*

tion pour les facultés de connaissance, « l'*intentio* » est cela même pour les autres facultés. Toute faculté pour produire son acte et se mettre efficacement en rapport avec son objet doit être à sa façon attentive, c'est-à-dire recevoir une disposition qui la fasse sortir de son état potentiel, qui la constitue appliquée et partie prenante. Mais cela suppose une force qui applique; et, comme raisonne fort bien saint Thomas, cette force qui vient de l'âme n'étant pas infinie, si une faculté est appliquée hors de mesure, les autres le seront moins et n'auront qu'une action languissante ou nulle.

D'après le saint Docteur, il y a dans notre âme, outre la tendance à l'opération spécifique dont nous avons parlé plus haut (*appetitus naturalis*) et qui est propre à chaque faculté, une sorte de fonds commun d'énergie vive, qu'il appelle « *intentio animæ* », laquelle à l'état ordinaire se répartit d'une manière sensiblement égale entre les différentes facultés, mais [1], en certains cas, afflue vers quelques-unes, ou même vers une seule, de préférence; de telle sorte que notre activité s'exalte sur un point, et s'abaisse ou même devient inappréciable sur tous les autres. C'est cette loi que Dante Alighieri constate et formule en poète, quand il s'écrie :

« O imagination, qui parfois transporte l'homme tellement hors de lui-même, qu'il n'aperçoit plus rien de ce qui l'entoure, et n'entendrait pas mille trompettes sonnant à ses oreilles. »

---

1. *Sum. Theolog.*, I. II, q. 37, a. 1, q. 38, a. 2, et passim.

> O immaginativa, che ne rube
> Tal volta si defuor, ch' uom non s'accorge,
> Perche d'intorno suonin mille tube [1].

C'est cette loi que je n'ai pas été peu surpris de voir rappelée par le bon Donat lui-même dans ses notes sur l'*Andrienne*, quand expliquant ce mot « *Habet* » il écrit : « *Habet* signifie : il est atteint. Il se dit proprement des gladiateurs, que les autres voient blessés alors qu'ils ne se sentent pas encore blessés eux-mêmes, *quia prius alii vident quam ipsi sentiant percussos* [2]. » Tout entier à la pensée de combattre et de vaincre, le gladiateur ne s'aperçoit pas de sa blessure. — Et cela me fait souvenir de cette histoire que raconte M. Taine et qu'il tenait d'un témoin oculaire : « Au bombardement de Saint-Jean-d'Ulloa, une volée de boulets mexicains arrive dans la batterie d'un navire français; un matelot crie : « Rien, tout va bien. » Une seconde après, il s'affaisse évanoui : un boulet lui a fracassé le bras; dans le premier moment, il n'avait rien senti [3]. » Les faits de ce genre ne se comptent plus.

La nature de notre âme et de ses facultés telle que l'observation la révèle nous fait donc comprendre que les unes peuvent agir, les autres n'agissant pas, et que l'activité des unes pourra être d'autant plus intense que celle des autres le sera moins, et réciproquement.

Que si l'on demande par quelles causes peut être dé-

---

1. *Divina Commedia*, Purgat., cant. XVII, v. 13-15.
2. *In Andriam* (Terentii), act. I, scen. I.
3. *De l'intelligence*, tome I, p. 100.

terminée cette concentration de l'activité psychique, je répondrai, avec saint Thomas, que la cause peut en être ou hors de nous, ou en nous-mêmes. Un chimiste faisant une expérience mal combinée, provoque l'explosion d'un mortier dont un fragment lui brise trois doigts de la main. La douleur peut être si vive que la force psychique s'y porte en quelque sorte toute entière, « *dolor sensibilis maxime trahit ad se intentionem animæ* [1] », et que, pendant plusieurs heures, notre malheureux savant ne puisse plus appliquer son esprit à l'objet ordinaire de ses études, « *impeditur homo ne tunc aliquid addiscere possit; et tantum potest intendi (dolor) quod nec etiam instante dolore potest homo aliquid considerare quod prius scivit* [2] ». Mais, à la rigueur, le contraire pourrait arriver aussi, et l'amour de la science « *amor ad addiscendum vel considerandum* [3] » avoir tellement absorbé son âme, qu'il lui fît presque oublier la douleur. Dans ce cas la concentration de l'énergie serait produite par une cause interne : cet amour extraordinaire du savoir. Saint Thomas avait le droit de faire cette seconde hypothèse, lui dont on raconte qu'expliquant un jour le dogme de la Trinité, le flambeau presque consumé qu'il tenait à la main lui brûlait les chairs sans qu'il y prît garde. Il enseigne du reste que, dans le cours ordinaire et normal des choses, c'est la volonté qui dirige et fait porter cette « intention de l'âme » sur les objets en y appliquant les puissances ; — que ce soit la volonté in-

---

1. *Sum. Theolog.*, I. II, q. 37, a. 1.
2. *Ibid.*
3. *Ibid.*

tellectuelle à laquelle toutes sont soumises excepté celles qui président aux fonctions de la vie végétative, ou la volonté sensible qui n'a directement d'action que sur celles de son ordre [1].

Mais le but que nous poursuivons dans cette étude exige que nous ne nous bornions pas à ces généralités sur l'action de nos facultés, et que nous entrions dans quelques détails sur la façon d'agir propre à certaines d'entre elles.

Parlons d'abord de l'imagination.

L'imagination, avons-nous dit, nous fait percevoir les objets, même quand ils ne sont plus présents. Mais qui la met en mouvement et la détermine à éclairer les tableaux qu'elle tient en réserve dans son organe « *phantasmata servata in organo* »? — Sans doute, il faut d'abord citer la volonté [2]. Je pense à Rome, et veux m'en rappeler les principaux monuments. Aussitôt voici le dôme de Saint-Pierre, les ruines du Palatin, le Colisée, l'arc de Titus qui m'apparaissent. Il m'a suffi de vouloir pour que mon imagination se mît à l'œuvre. Mais pour s'y mettre elle n'a pas besoin de l'impulsion de la volonté. Survienne quoi que ce soit, de grave ou d'insignifiant, dans l'esprit ou dans le corps, et la voilà en mouvement. Le moindre de nos événements intérieurs l'excite et provoque de sa part une réponse. « Un simple déplacement d'humeur ou une agitation du sang, observe saint Thomas, peut déterminer l'imagination à

---

1. *Sum. cont. Gent.*, lib. I, c. LVI. — *Sum. Theolog.* I. q. 82, a. 4.
2. *Sum. Theolog.*, I, 9. 81, a. 3, ad 3.

former ses images, — que la raison soit libre ou enchaînée, *commotio spirituum et sanguinis... ligata aut non ligata ratione* [1]. »

Du reste elle est aussi impressionnable aux événements du dehors qu'à ceux du dedans. Qu'on prononce seulement le nom de Paris en votre présence, et elle vous montrera aussitôt Notre-Dame ou la Tour Eiffel : qu'on nomme Platon, Aristote, Cicéron, César, et en même temps elle vous fera voir leurs statues en tel et tel musée, ou leur image au frontispice de telle édition de leurs œuvres. Plutôt que de rester inactive ou à court, elle fera des rapprochements imprévus et étranges. Tout à l'heure, me promenant à travers la campagne avec un collègue : « Ah ! s'est-il écrié, me montrant un puits peu profond, entre un bois et une prairie, je m'imagine, là-dedans, « capitaine renard avec son ami bouc » ; cela devait être drôle ! » Un autre de mes amis, quelque peu moqueur, prétendait ne jamais voir certain clocher sans se représenter le nez d'un digne notaire de sa connaissance.

L'on ne doit pas craindre de prédire après cela que si une faculté peut absorber quelquefois « l'intention de l'âme » à son profit et au détriment des autres, l'imagination se rendra souvent coupable de cet abus.

Ce dévergondage d'activité qui caractérise l'imagination pourrait faire croire qu'elle ne subit aucune règle dans la formation de ses images. Mais il n'en est pas absolument ainsi : les lois de l'association des souvenirs

---

1. *De malo*, q. III, a. 4.

que saint Thomas a formulées à propos de la mémoire lui conviennent également, et elle y est généralement soumise. Comme nous l'observons à chaque instant, nos souvenirs s'appellent les uns les autres; nos images font de même. Elles s'enchaînent et s'attirent suivant une triple loi : « loi de similitude : le souvenir et l'*image* de Socrate amènent le souvenir et l'*image* de Platon qui lui fut semblable en sagesse; loi de contrariété : si Hector nous est montré, aussitôt nous songeons à Achille; loi d'affinité : l'image du père appelle l'image du fils [1]. » Les images nous reviennent par compagnies. Le désordre n'est donc pas encore aussi grand qu'on pourrait le penser; et l'on entrevoit qu'en lui présentant les objets avec habileté, il doit encore être possible d'imprimer une certaine direction à cette capricieuse fantaisie.

Je parle d'une direction ; elle serait bien nécessaire pour nous préserver d'un fort mauvais tour que l'imagination nous joue parfois, et que saint Thomas nous signale en ces termes : « L'imagination nous trompe, en ce que, dans certaines circonstances, elle nous fait prendre les images des choses pour les choses elles-mêmes, *deceptio in nobis fit secundum phantasiam, per quam interdum similitudinibus rerum inhæremus, sicut rebus ipsis* [2]. » Le fait est trop constant : et il n'est personne qui, ne fût-ce qu'en rêve, ne se soit trouvé le jouet d'illusions ou d'hallucinations plus ou moins étranges venant de cette source. Mais ce qu'il nous faudrait savoir,

---

1. *Commentar. De memoria et reminisc.*, lect V.
2. *Sum. Theolog.*, I, q. 54, a. 5.

ce sont les circonstances où l'on nous trompe de la sorte. Saint Thomas va nous l'apprendre dans un texte qui causera de l'étonnement à plus d'un lecteur, et que je vais traduire : « Ce qui fait que nous ne distinguons pas les images des choses elles-mêmes, c'est que la faculté supérieure, qui a pouvoir de juger et de discerner, se trouve liée, *hoc quod rerum species vel similitudines non discernantur a rebus ipsis, contingit ex hoc quod vis altior quæ judicare et discernere potest, ligatur* : ainsi nos doigts étant disposés d'une certaine façon, un même objet nous paraît-il double au toucher, si une autre puissance n'y contredit, par exemple la vue, *nisi alia potentia contradicat puta visus* [1]. Lors donc que des représentations imaginaires surgissent, nous les prenons pour les choses elles-mêmes, à moins que quelque faculté ne s'y oppose, — soit un sens, soit la raison, *sic ergo cum offeruntur imaginariæ similitudines, inhæretur eis quasi rebus ipsis, nisi sit aliqua alia vis quæ contradicat, puta*

---

1. Saint Thomas parle de cette illusion du toucher connue sous le nom d'*expérience d'Aristote* : « Si l'on touche une petite boule avec les extrémités de deux doigts croisés l'un sur l'autre, l'index et le medius par exemple, on éprouve la sensation de deux boules. C'est qu'en effet, par expérience, nous avons associé les sensations éprouvées normalement par les côtés contigus de deux doigts dans la notion d'un seul objet, et celles qui naissent de l'excitation des côtés opposés des doigts (bord radial de l'index et cubital du médius par exemple), dans la notion de deux objets distincts. L'illusion tactile tient donc à ce que l'excitation porte sur des points de la peau qui n'ont pas coutume d'être excités simultanément par le même objet, et cette illusion est si forte que notre erreur de jugement ne peut être rectifiée que par la vue. » (Hédon, *Précis de physiologie*, p. 472.)

sensus aut ratio. Mais si la raison est liée et le sens endormi, les images sont prises pour les objets eux-mêmes, *si autem sit ligata ratio et sensus sopitus, inhæretur similitudinibus sicut ipsis rebus* [1]. »

N'est-il pas curieux d'entendre saint Thomas formuler, six siècles avant M. Taine, la fameuse théorie des sensations *antagonistes* et réductrices de l'image, dans ce qu'elle a d'essentiel et de vrai ? Et avais-je tort de dire que plus d'un de mes lecteurs éprouverait quelque surprise en lisant ces paroles de saint Thomas : *cum offeruntur imaginariæ similitudines, inhæretur eis quasi rebus ipsis,* NISI CONTRADICAT SENSUS AUT RATIO, et en les rapprochant de cette assertion, de cette thèse, du célèbre penseur moderne : « Pour que l'image soit reconnue comme *intérieure*, il faut qu'elle subisse le contrepoids d'une sensation ; ce contrepoids manquant, elle paraîtra *extérieure* [2]. »

Cette loi, du reste, est rigoureusement vérifiée par les faits, et je pourrais apporter en preuve ceux-là mêmes que raconte M. Taine. Mais j'aime mieux citer une expérience personnelle où on la verra pour ainsi dire en action :

C'était le 7 janvier 1892, — l'observation m'avait tellement intéressé au point de vue psychologique que je la notai le soir même avec sa date, — je m'étais rendu longtemps d'avance à la gare des Brotteaux, à Lyon, pour prendre le train de Genève qui passe à sept heures. En attendant, je fis ce que font probablement beaucoup

---

1. *Qq. Disput. q. De malo,* III, a. 3, ad 9 ; et *Comment, in. lib. de Somniis,* lect. IV.
2. *De l'Intelligence,* 7ᵉ édit., p. 138.

de mes lecteurs en pareil cas et qui a tant de charme, j'observai les voyageurs, — essayant de deviner le tempérament de chacun, son caractère, sa profession, ses préoccupations et ses projets. L'un d'eux attira plus particulièrement mon attention. C'était un jeune homme d'une vingtaine d'années, petit mais bien proportionné, ayant un visage régulier et avenant, la peau fine et rosée, les yeux bleus, la barbe et les cheveux un peu roux, la démarche légèrement embarrassée. Après quelques instants, mon jugement était porté : tempérament nervo-sanguin, caractère sensible et doux, doit être honnête et rangé; profession, probablement ébéniste... A ce moment arrive le train de Perrache : je m'installe dans un vagon de troisième classe, à la place du milieu. A peine étais-je assis que mon jeune homme arrive et se met à ma gauche. Décidément, j'avais bien deviné que c'était un brave garçon. En face de lui dormait profondément un gros personnage que je reconnus tout de suite, aux signes que l'on sait, pour un cocher de bonne maison. C'était toute notre compagnie. Le train se met en marche. A peine quelques instants s'étaient-ils écoulés, que mon voisin commence à s'agiter d'une façon singulière ; par instant il tressaille, sursaute, et passe convulsivement la main sur ses genoux, sa poitrine et son dos. Puis, voilà qu'il arrête fixement le regard sur un point de la couverture dont le cocher, toujours endormi, était enveloppé, avance les deux mains comme pour saisir quelque chose, les retire, les avance de nouveau... J'essaie d'éveiller le dormeur. Le jeune homme s'en aperçoit, et devient immobile. Visiblement il est hanté par une idée importune et essaie de faire diversion, en regardant par la portière, ce qui, visiblement aussi, le calme. Mais une buée épaisse est sur les vitres, qui empêche de voir. De nouveau, il est repris par son idée, et la scène de tout à l'heure recommence de plus belle. Je presse vigoureusement le pied du cocher, qui enfin se réveille, et tous deux, le cocher avec des yeux flambants de colère, nous regardons le pauvre jeune homme. Il demeure coi. Mais bientôt l'idée revient, et sentant qu'il ne peut plus se contenir et que nous l'observons : « Ah ! dit-il, c'est qu'il m'arrive là, dans le dos, une foule de petits sauvages qui me dévorent ! » Sur ce, le cocher fait de la tête un geste de pitié et se rendort. Moi qui avais compris que je me trouvais en face d'un monomaniaque, je me mis à l'observer avec grande attention ; et de temps en temps, quand il était le plus agité, je me retournais vivement, lui lançant un regard sévère. L'effet était toujours quelques instants de calme, où il reprenait possession de lui-même. Ce regard brusque et presque menaçant d'un inconnu, au costume pour lui étrange, produisait chez ce malheureux une sensation vive qui, pour quelques moments, avait la prépondérance sur son idée fixe et le délivrait de son hallucination. Mais la sensation s'évanouissant, l'image redevenait pour lui la réalité, et de nouveau il voyait les petits sauvages sortir de la couverture du cocher, lui monter sur les genoux et la poitrine, pour venir mordre à même son dos. Il m'eût été difficile de rencontrer un plus beau cas de l'application de cette loi de la nécessité des sensations antagonistes et rectificatives dont parlait déjà saint Thomas, et je me proposais bien de continuer mes expériences, mais nous arrivâmes à la première station, et le jeune homme descendit pour ne plus reparaître.

Donc les objets que nous représente notre imagination seront pris pour autant d'objets réels, si notre raison, par son contrôle, ou quelqu'un de nos sens, ne dissipe l'illusion.

Admettons que l'hypothèse se réalise et que, dans un moment de distraction profonde et d'absence totale occasionnées par telle cause qu'il vous plaira de supposer, les sens extérieurs et la raison ne veillent plus : qu'arrivera-t-il ? Nous ressentirons alors ce que nous ressentirions à la vue des objets eux-mêmes, et nous tiendrons à l'égard des images exactement la même conduite que nous tenons à l'égard des objets, quand nous les avons en présence. Si donc des objets réels quand ils nous sont réellement présents, nous laissent indifférents, nous resterons indifférents de même alors qu'ils ne nous sont présents que par l'illusion ; mais si au contraire leur présence réelle nous cause de la sympathie, de l'attrait ou de l'aversion, du plaisir ou de l'effroi, leur présence illusoire produira en nous tous les mêmes sentiments. Que nos lecteurs veuillent bien se souvenir de quelques-uns de leurs songes, et analyser avec un peu de soin ces événements tout personnels, ils y trouveront la meilleure confirmation de ce que j'avance. Pour les y encourager, et, en attendant qu'ils aient fait ce travail, justifier ma doctrine, je demande la permission de conter un rêve, — celui-là à tout le moins bien authentique et d'une valeur démonstrative suffisante.

Le 22 février dernier, la caravane d'exploration de notre École Biblique de Jérusalem dont je faisais partie était campée dans l'oasis de Feiran, le plus beau, comme l'on sait, de la péninsule Sinaïtique. Nos tentes étaient plantées au bord du superbe cours d'eau qui le traverse, sur une épaisse couche de sable fin et pur. Quand, le soir arrivé, il fallut songer au repos, une idée me vint : ayant eu la maladresse les nuits précédentes de ne pas m'accommoder en perfection du lit de camp qui était à mon service, je résolus de coucher par terre, enveloppé dans ma couverture... L'objection se présenta bien à mon esprit qu'un serpent, une vipère, un scorpion pourrait venir me surprendre... « Mais, bah !... la saison n'est pas assez avancée, les nuits sont trop fraîches... » Je m'étends sur le sable. Deux heures s'étaient à peine écoulées quand, pendant mon sommeil, je sens un corps froid me passer sur le cou et s'enrouler autour... Un serpent !... Le frisson me court dans les membres, je me redresse d'un bond, et vivement, de la main droite, je saisis l'horrible objet... En même temps je me réveille, et trouve que je serre entre les doigts... ma chaîne de montre, qui s'était détachée de la boutonnière, et, par suite de la position horizontale que j'occupais, avait doucement glissé sur la poitrine.

On le voit, l'image avait exactement produit ce qu'eût produit la réalité : j'avais eu peur, je m'étais redressé brusquement, j'avais saisi vivement ce que je croyais être un serpent véritable. Mais il nous faut donner la théorie psychologique thomiste qui explique tous ces phénomènes. La voici :

L'objet de notre volonté, sensible ou intellectuelle, qui aime ou qui déteste, qui recherche ou qui évite, c'est l'être conçu comme réel, et en même temps capable de nous procurer ou un avantage ou une nuisance[1]. En conséquence, aussi longtemps que l'imagination nous présente ses fantômes sans que nous jugions que les objets qu'elle nous montre sont réels et de nature à nous avantager ou à nous nuire, aucune émotion, aucun sentiment ne se produit en nous : *imaginatio formæ, sine æstimatione convenientis et nocivi non movet appetitum sensitivum*[2]. Mais, dès l'instant qu'un tel jugement est porté, notre volonté s'émeut dans un sens ou dans un autre, et parfois si profondément, qu'elle détermine la contraction de quelques muscles, ou même le déplacement du corps entier. Par exemple, songez à un incendie. Tant que vous le considérerez dans votre imagination, simplement comme dans un tableau, vous ne ressentirez pas la moindre émotion ; mais qu'il vienne un moment, où dans l'illusion du rêve, vous estimiez qu'il est réel et qu'il vous menace, que votre maison flambe, que le feu envahit votre chambre, l'inquiétude, le malaise, la frayeur, vous prendront, et vous pourrez tenter de fuir. C'est ce qui arrive dans les cauchemars. Et saint Thomas va nous dire pourquoi, en nous dévoilant une de ces belles synthèses où il se complaît, et sur lesquelles il aime à revenir : « De même, dit-il, que les êtres, en vertu de la forme qui constitue leur nature,

---

1. *Sum. theolog.*, I, q. 82, a. 3. *Qq. Disputat.* De veritate, q. XXII, a. 11.

2. *Sum. theolog.*, I. II, q. 9, a. 1, ad 2.

ont une inclinaison vers une fin déterminée, et un mouvement et une action tendant à les mettre en possession de ce vers quoi ils aspirent, ainsi, dès qu'une forme se trouve dans nos sens ou dans notre esprit, une inclination vers l'objet représenté dans le sens ou dans l'esprit naît spontanément. Cette inclination est dans la volonté: mais elle détermine ensuite dans la faculté des mouvements l'action et les déplacements nécessaires pour atteindre la chose désirée... Et le mouvement et l'action suivront toujours le désir, si rien n'y met obstacle, *appetitum, si non sit aliquid prohibens, sequitur motus vel operatio* [1].

Ainsi parlait saint Thomas. Nos physiologistes d'aujourd'hui disent : « Toute cellule cérébrale actionnée par une idée tend à réaliser cette idée, en mettant en activité les fibres nerveuses correspondantes à sa réalisation. L'idée tend à se faire acte [2]. » Ou encore : « La représentation d'un objet est, au fond, intimement liée à une innervation motrice. L'enfant qui voit un objet cherche à s'en saisir [3]. »

Les formules sont différentes, la doctrine est la même; et nous verrons, dans un instant, quelle est son utilité pour l'interprétation des phénomènes de l'hypnose.

---

1. *Qq. Disputat. De animâ*, art. 12. — Conf. *Sum. Theolog.*, I, q. 80, a. 1.
2. *Premier Congrès international de l'hypnotisme*, p. 97.
3. Hédon, *Précis de Physiologie*, p. 445.

CHAPITRE XIII

CE QUE L'ON SAIT DU SOMMEIL.
THÉORIE DE L'HYPNOSE.

Avec les notions d'anthropologie et de dynamilogie humaine que j'ai exposées dans le chapitre précédent, nous pourrions dès maintenant aborder l'interprétation des phénomènes hypnotiques. Mais, parce que ces phénomènes s'expliqueront encore plus facilement et plus à fond si nous avons présentes à l'esprit certaines données sur le sommeil naturel, je vais rappeler quelques points essentiels de l'hypnologie. Ce ne sera pas nous détourner du but, mais au contraire nous en approcher plus sûrement.

I

Une chose surprenante, c'est le peu de progrès qu'a faits la science depuis Aristote, relativement à la connaissance de la nature du sommeil. Voici un résumé de ce qu'en pensait le grand philosophe :

Quand les sens de l'homme exercent leur activité,

nous disons qu'il veille ; quand leur activité est suspendue, nous disons qu'il dort. Le sommeil est donc une affection de la sensibilité : ce n'est donc pas un état qui appartienne seulement au corps, c'est une manière d'être du composé[1]. Mais le composé et la sensibilité elle-même sont choses fort complexes ; où est le siège du sommeil ? — Puisque le sommeil arrête l'activité non pas d'un sens en particulier mais de tous à la fois, il doit avoir proprement sa place dans cette puissance qui est la source ou le réservoir de la sensibilité. Or cette puissance est le *sensorium commune* : elle est liée et réduite à l'inaction, l'on comprend que, par le fait même, toute activité s'arrête en chacun des sens. C'est donc en elle qu'il faut placer le siège vrai du sommeil[2] : et le sommeil, d'après cela, pourra se définir : une immobilisation, ou mieux — les juristes me pardonneront, et ne se tromperont point sur la signification peu usitée que je vais donner au mot — une *saisie-arrêt* du sensorium commun. « Τοῦ πρώτου αἰσθητηρίου κατάληψις πρὸς τὸ μὴ δύνασθαι ἐνεργεῖν »[3], « *immobilitas sensus et quasi vinculum* »[4].

Diverses causes peuvent le produire : la fatigue, la maladie, l'âge ; mais la cause propre, normale, du sommeil, ce sont les vapeurs auxquelles donnent naissance les aliments reçus et élaborés par l'estomac et le foie : ces vapeurs montant au cerveau s'y condensent, redescendent en provoquant de l'obstruction dans les veines,

---

1. ΠΕΡΙ ΥΠΝΟΥ, α.
2. Saint Thomas, *Commentar. de Somno et Vigilia,* lect. 3.
3. ΠΕΡΙ ΥΠΝΟΥ, γ.
4. Saint Thomas, *Commentar. de Somno et Vigilia,* lect. 2.

refoulent ainsi la chaleur et les esprits animaux[1] nécessaires au fonctionnement des organes, et du même coup immobilisent le sensorium commun[2].

Quant au but assigné au sommeil par la nature, c'est, en réparant les forces de l'organisme, de rendre la veille plus active : « car la veille n'est pas moyen, mais fin. A qui est doué, en effet, de sensibilité ou de raison, sentir ou penser est ce qui est meilleur : et ce qui est meilleur est fin, βέλτιστα γὰρ ταῦτα τὸ δέ τέλος βέλτιστόν »[3]. Ainsi pensait et raisonnait Aristote sur la nature du sommeil et sur ses causes.

Que la fin qu'il lui assigne soit bien celle que veut la nature, les physiologistes modernes n'y contrediront point[4]. Il n'en sera pas de même en ce qui concerne sa cause productrice. Sans doute, l'on admet encore une influence de la nourriture sur le sommeil, mais on l'explique d'une façon qui paraît inconciliable avec l'interprétation aristotélicienne. Il semble bien, en effet, qu'Aristote, par sa théorie, doive être compté parmi ces physiologistes qui, comme Bouchard, Pflüger, Herzen, Sergueyeff, etc., expliquent l'origine du sommeil par une stase ou congestion cérébrale : or cette explication n'est plus en faveur à l'heure qu'il est[5]. L'on se souvient de la curieuse expérience de Durham qui, ayant trépané le

---

1. V. Albert le Grand, *De Somno et Vigilia*, lib. I, tract. I, cap. VII.
2. ΠΕΡΙ ΥΠΝΟΥ, γ.
3. *Ibid.*, β.
4. A. Maury, *le Sommeil et les Rêves*, p. 6, 4ᵉ édition.
5. Mathias Duval, *Cours de physiologie*, p. 119.

crâne d'un chien et mis un verre de montre à la place de la couronne d'os qu'il lui avait enlevée, observait ainsi directement le cerveau, et le voyait pâlir et s'affaisser toutes les fois que le chien s'endormait, tandis qu'il reprenait son volume et sa coloration dès le moment du réveil. Cette expérience a été refaite, avec beaucoup plus de soin, par Claude Bernard, Tarchanoff, etc.; et toujours elle a donné le même résultat. D'où il paraîtrait que le sommeil a bien plutôt pour cause l'anémie que la congestion [1]. Et c'est ainsi que s'expliquerait justement le fait que prendre une certaine quantité de nourriture aide à dormir. Les expériences directes des physiologistes ayant établi, en effet, que toute introduction d'aliments provoque un afflux du sang à la muqueuse de l'estomac, l'on croit pouvoir en inférer qu'il se produit simultanément une anémie du cerveau, et que, par suite, la nourriture cause le sommeil, ou à tout le moins y dispose. Quant à soutenir qu'il consiste essentiellement dans ce que je me suis permis d'appeler une saisie-arrêt du sensorium commun, c'est une thèse ingénieuse et l'on peut même dire rationnelle, mais qui n'est point démontrée.

Il est vrai que nos modernes n'ont pas, que je sache, rien de mieux à y substituer. Le dernier ouvrage un peu complet sur le sommeil a été écrit par une femme [2].

1. « Ces deux théories, anémie cérébrale et congestion cérébrale, ne sont pas inconciliables : le sang pourrait être inégalement réparti : accumulé au centre de l'encéphale, il y produit de la congestion ; raréfié à la périphérie, il y cause de l'anémie. » Schneider, *L'Hypnotisme*, p. 112.

2. Marie de Manacéine, *le Sommeil, tiers de notre vie;* physio-

Comme cette qualité de l'auteur ne saurait dispenser d'être juste, je dois reconnaître que l'étude est sérieuse, riche d'observations, bien conduite et parfaitement à jour pour tout ce qui concerne la littérature du sujet. Mais le voile qui nous cache la nature du sommeil n'a pas été entièrement levé. M. de Manacéine réfute aisément et par de bonnes raisons la plupart des théories du sommeil que l'on a présentées : théories localisantes, théories chimiques, théories vasomotrices ; puis elle s'applique à prouver que le sommeil, dans son essence, est « *le repos de la conscience* »[1]. Mais tout en admettant comme établi que l'homme, pendant le sommeil, ne jouit pas de la conscience et de la parfaite possession de soi-même, je ne vois pas et l'auteur ne fait pas voir, comme il le faudrait pour que sa définition fût irréprochable, que la réciproque soit vraie. Aristote disait : « Le sommeil est une suspension de l'activité des sens ; mais toute suspension de l'activité des sens n'est pas le sommeil ; car une telle insensibilité se remarque aussi dans le délire, dans l'asphyxie, dans la syncope »[2]. Je dirais de même : le sommeil se caractérise par la perte ou le repos de la conscience, mais toute perte ou repos de la conscience n'est pas le sommeil ; et cette définition n'en exprime pas la nature propre et spécifique.

La vérité est que personne jusqu'ici n'a pu encore nous en donner la notion adéquate et précise. Heureusement que nous sommes mieux renseignés sur l'exis-

logie, hygiène, psychologie : traduit du russe par Ernest Jaubert.
1. P. 68-69.
2. ΠΕΡΙ ΥΠΝΟΥ γ.

tence de plusieurs phénomènes, propriétés ou conditions, dont il s'accompagne, et dont quelques-uns, pour la solution de notre problème, ont une importance spéciale.

Avant tout, il nous faut observer que si le sommeil restreint notre activité il ne la supprime pas tout entière. « Pendant que nous dormons, dit saint Thomas, nos sens demeurent inactifs, mais le travail de nos facultés de nutrition n'en est que plus intense, *est tamen magis labor virtutum naturalium : et sunt virtutes naturales quæ operantur digestiones.* »[1] Serait-il même exact d'affirmer que le sommeil enchaîne les sens extérieurs au point de les rendre totalement inactifs? Non, et Aristote est le premier à nous dire que « parfois les dormeurs entendent le bruit, — le chant du coq ou l'aboiement des chiens, par exemple, — voient une lumière, goûtent une liqueur, sentent un contact, mais faiblement et comme de loin, ἀσθενικῶς μέντοι καὶ οἷον πόρρωθεν »[2]. Il arrive même qu'ils entendent les questions qu'on leur pose et y répondent, « ἔνιοι δὲ καὶ ἀποκρίνονται ἐρωτώμενοι »[3]. Cette observation est vraie aujourd'hui comme au temps d'Aristote, et la physiologie la confirme à sa manière ; puisque les expériences de Claude Bernard, Mosso et Tarchanoff, nous montrent que le cerveau de l'homme endormi se colore et croît en volume à chaque excitation produite dans les organes périphériques : ce qui suppose que les sens extérieurs gardent

1. *Comment. de Somno et Vigilia*, lect. 4.
2. ΠΕΡΙ ΕΝΥΠΝΙΩΝ, γ.
3. *Ibid.*

assez d'activité pour recueillir les diverses impressions sensorielles, lumineuses, tactiles, et les transmettre aux appareils centraux de l'encéphale.

Mais un fait qu'il nous importe de remarquer à propos de cette activité des sens chez les endormis, c'est que leurs perceptions, comme on l'a dit, sont souvent « *électives* », c'est-à-dire restreintes à certaines catégories d'objets à l'exclusion de toutes les autres [1]. « Un abbé, pendant son sommeil, relisait ses sermons, les corrigeait ou les annotait. Il voyait les objets dont il avait besoin, comme son encrier, mais *il ne voyait point les personnes présentes*. Si l'on substituait une feuille blanche de même dimension à celle sur laquelle il avait écrit, il ne s'en doutait pas, et faisait sur cette nouvelle feuille des corrections et des annotations comme il l'eût fait sur l'autre [2]. » Voilà un cas de « vision élective ». Un phénomène analogue se produit souvent dans les perceptions de l'ouïe. Il est d'expérience quotidienne qu'une infirmière qui s'est endormie entend sonner l'heure marquée pour servir la potion au malade, et demeure insensible au tapage et aux cris de la rue, — « une mère se réveille au plus léger mouvement de son petit, tandis que des bruits bien plus forts ne la tirent point du sommeil [3] ».

Inutile d'insister davantage, les faits sont trop nombreux et connus de tous : le phénomène de la « percep-

---

1. Grasset, *Leçons de Clinique médicale*, p. 51.
2. *Ibid.*
3. M. de Manacéine, *le Sommeil*, p. 36.

tion élective », « très curieux et capital dans le somnambulisme [1] », se retrouve dans le sommeil ordinaire ; et il est absolument avéré que certains dormeurs, non seulement voient et entendent, mais ne voient et n'entendent que certaines choses et certaines personnes [2].

Je n'ai pas besoin de dire que l'imagination, la mémoire sensitive, l'émotivité ne restent pas davantage inactives pendant le sommeil : nos rêves, nos cauchemars et les terreurs qu'ils nous causent en certains cas, nous en ont assez instruits. Mais le point sur lequel je dois attirer l'attention, c'est l'intensité qui marque fréquemment l'action des sens internes chez le dormeur. « Les impressions qui s'y produisent pendant le jour, si elles ne sont exceptionnellement profondes et fortes, sont effacées par celles plus grandes que la veille y fait naître ; mais le contraire a lieu pendant le sommeil : alors, en effet, des excitations minimes paraissent fort grandes. Ainsi, comme l'expérience nous l'apprend, qu'un bruit à peine perceptible vienne frapper l'oreille du dormeur, et il pensera à la foudre et au tonnerre ; un petit écoulement de pituite lui semblera du miel ou quelque liqueur savoureuse ; un développement de chaleur en telle ou telle partie de son corps lui fera imaginer qu'il traverse un brasier et qu'il brûle. » Ainsi parlait Aristote [3]. Je lis dans un de nos physiologistes les plus distingués : « Les impressions produites (pendant le sommeil) ne sont plus, comme à l'état de veille,

1. Grasset, *loc. cital.*
2. A. Maury, *le Sommeil et les rêves*, p. 205 et suiv.
3. ΠΕΡΙ ΤΗΣ ΚΑΘ' ΥΠΝΟΝ ΜΑΝΤΙΚΗΣ, α.

précises et en rapport avec l'intensité de l'excitant : une excitation énergique pourra, en effet, ne produire aucun effet, tandis que, par contre, une excitation faible réveillera dans certains sens des images terribles, et par le fait de la contiguïté des centres et de l'irradiation de l'un à l'autre, fera naître toute une série de représentations plus ou moins incohérentes : on approche une bougie des paupières d'un sujet endormi, et celui-ci rêve d'incendie ou d'éclairs, de tonnerre, d'orage ; on débouche près de ses narines un flacon de parfums, et à son réveil il raconte avoir rêvé soit d'asphyxie, d'empoisonnement, d'odeur méphitique, ou bien inversement d'odeur délicieuse, d'encens, de parfums et de scènes orientales [1]. » Ce phénomène de grandissement tendra particulièrement à se produire si l'homme qui dort est sous l'influence de quelque passion, comme la crainte ou l'amour. « Le plus léger trait de ressemblance, dit Aristote, donne au peureux l'illusion qu'il a l'ennemi en face, et à l'amant, qu'il voit l'objet aimé. La colère et les autres passions trompent de même — plus ou moins, selon qu'elles sont plus ou moins intenses [2]. » Mais où l'exagération de l'activité sensorielle s'accuse parfois d'une façon surprenante, c'est dans la rapidité avec laquelle les scènes se déroulent devant l'imagination du rêveur. En moins de deux minutes, on l'a constaté, il peut voir mais avec une netteté et une abondance de détails étranges, des événements qui ont demandé ou

---

1. Mathias Duval, *Cours de physiologie*, p. 120.
2. ΠΠΡΙ ΕΝΥΠΝΙΩΝ β.

demanderaient plusieurs heures pour se réaliser [1]. Il est donc bien avéré que les sens intérieurs comme les sens extérieurs peuvent agir, et avec une intensité surprenante, pendant le sommeil.

Les nerfs moteurs et les muscles volontaires n'y sont pas davantage liés et enchaînés. Qui n'a vu un dormeur, sans s'éveiller le moins du monde, changer une position gênante contre une position plus commode, écarter de la main la couverture qui l'empêche de respirer, une mouche qui lui courait sur le visage? Bien plus, l'on exécute quelquefois en dormant des actes, ou l'on garde des attitudes, qui supposent un jeu de muscles énergique autant que bien concerté. — Un jour, pendant que nous traversions le désert de Sin, la chaleur étant accablante, je m'endormis sur mon chameau. Tout à coup, j'entendis la voix de notre vieux Scheik Solyman qui me criait : « Abouna Daoud » ! Je me réveillai. Pendant mon sommeil, qui avait pu durer cinq minutes, j'étais resté bien en selle, et n'avais pas laissé tomber un livre que je tenais à la main. Quelques instants plus tard, Solyman lui-même s'endormait sous mes yeux, et, sur sa monture, gardait imperturbablement l'équilibre. — Voici un fait plus étrange, que j'ai entendu raconter à un vénérable chanoine de cathédrale. Étant encore jeune prêtre, cet ecclésiastique voulut un jour se rendre à une paroisse voisine pour y assister à quelque cérémonie religieuse. La distance à parcourir

---

1. Taine, *De l'Intelligence*, I, note III.

n'étant que de six kilomètres, il partit à pied. Mais, chemin faisant, il s'endormit ; et, par suite d'une circonstance qu'il n'a jamais pu s'expliquer, tourna sur lui-même et revint à son point de départ, où il fut bien étonné, comme l'on pense, de se retrouver, quand il se réveilla. Je pourrais encore apporter l'exemple des soldats qui, cédant à la fatigue après une marche forcée, s'endorment en faction, et cependant continuent à tenir leur fusil, et à marcher d'un pas normal dans l'espace réglementaire, comme s'ils étaient éveillés [1]. — Et que n'aurais-je pas à dire si je voulais parler des prodiges qu'opèrent, en fait de mouvements, les vrais somnambules ? Je ne veux citer à ce sujet qu'un passage curieux d'Albert le Grand. Dans un chapitre de ses ouvrages intitulé : « De ceux qui en dormant font actes de veille », nous lisons : « Il faut savoir que, *oportet scire*, bien que le sommeil enchaîne les sens et la faculté de se mouvoir, il est toutefois des hommes qui en dormant se meuvent et accomplissent beaucoup d'actes propres à l'état de veille ; par exemple se promènent, montent à cheval, recherchent et poursuivent les ennemis, les tuent à l'occasion, et reviennent à leur lit sans avoir cessé de dormir. Et moi-même j'ai vu et entendu quelqu'un qui faisait cela, *et vidi ego et audivi quemdam hoc facientem*. Interrogé un jour, pendant qu'il dormait, il se leva, répondit aux questions qu'on voulut lui adresser, *respondit ad interrogata*, puis sans se mettre en peine de ceux qui le questionnaient, se recoucha, *et re-*

---

[1]. Dr Oskar Vogt, *Zeitschrift für Hypnotismus*, Band IV, Heft I, p. 45.

posuit se, illis dimissis. Pendant tout le temps, il avait dormi sans s'interrompre, *et continue dormivit, dum hoc faceret* [1]. » Je n'en dirai pas davantage [2] et ne raconterai point non plus les pérégrinations si extraordinaires de ces sujets atteints du mal qu'on a appelé : « *l'automatisme ambulatoire* [3] » ? Il me suffit d'avoir constaté que, même dans le sommeil ordinaire, il s'en faut que les nerfs moteurs et les muscles perdent tout pouvoir d'agir.

Et qu'advient-il, pendant ce temps-là, de notre raison et de notre liberté ? « L'usage de la raison, dit saint Thomas, dépend d'une certaine manière de l'activité des puissances sensitives : c'est pourquoi, le sensorium commun se trouvant lié et les divers sens empêchés d'agir, l'homme n'a point l'usage parfait de sa raison, *unde ligato sensu et impeditis inferioribus viribus sensitivis, homo perfectum usum rationis non habet* [4]. » Et c'est aussi pourquoi, dit encore le saint Docteur, « ce qui arrive à l'homme durant le sommeil ne lui est pas imputé ; car il n'a pas l'usage de la raison, lequel est nécessaire pour qu'un acte soit vraiment humain : *id quod accidit in somno non imputatur homini, quia non habet usum rationis, qui est proprius hominis actus* [5] ».

---

1. *De Somno et vigilia*, lib. I, tract. II, cap. v : « De his qui faciunt in somno opera vigilantium. »

2. V. Grasset, *Leçons de Clinique médicale*, p. 4 et suiv. — Dr Engelbert-Lorenz Fischer, *Der Sogenannte Lebensmagnetismus oder Hypnotismus*, p. 19 et suiv.

3. Pitres, *Leçons cliniques sur l'hystérie et l'hypnotisme*, t. II, p. 268-282.

4. *Summ. theolog.*, I, q. 101, a. 2.

5. *Summ. theolog.* I, q. 94, a. 4, ad 4.

Est-ce à dire que la raison, chez ceux qui dorment, demeure toujours totalement inerte? Non. Si la raison n'agit point, ce n'est pas qu'elle soit en elle-même frappée d'impuissance, c'est parce que les sens, dont la raison dépend en une certaine manière, comme nous le disait tout à l'heure saint Thomas, n'exercent plus leurs fonctions. Mais les sens ne sont pas toujours influencés par le sommeil à un égal degré ; et dans la mesure où ils s'en affranchissent, la raison peut elle-même reprendre son travail. Écoutons encore saint Thomas. Le passage que je vais traduire, si la théorie physiologique d'Aristote qui s'y trouve exprimée n'a qu'une valeur relative, apparaîtra d'une exactitude parfaite au point de vue de l'observation psychologique : « Les sens, durant le sommeil, ne sont pas chez tous également enchaînés. Quand les vapeurs affluent abondamment au cerveau, non seulement le sensorium commun, mais l'imagination elle-même est liée, si bien que nul fantasme ne se montre; c'est ce qui arrive surtout quand quelqu'un commence de dormir, après un repas abondant et des libations copieuses. Si l'affluence des vapeurs est un peu moindre, quelques images apparaissent, mais incohérentes et sans suite, comme dans la fièvre, *apparent phantasmata, sed distorta et inordinata*. Si l'affluence est moindre encore, les images apparaissent ordonnées; comme cela s'observe particulièrement à la fin du sommeil, et chez les hommes qui ont à la fois une grande sobriété et une forte imagination. Mais si le mouvement de vapeurs est faible, alors ce n'est plus seulement l'imagination qui est libre, le sensorium commun lui-même se trouve en partie dégagé, *ipse sensus communis ex parte solvitur*; de telle sorte que l'homme parfois, en dormant, juge que ce qu'il voit n'est que songes, et paraît discerner entre les choses et les apparences des choses, *quasi dijudicans inter res et rerum similitudines*. Toutefois le sensorium commun demeure partiellement lié; et c'est pourquoi, encore qu'il distingue entre certaines apparences et les objets réels, il se trompe toujours cependant pour quelques-unes, *et ideo, licet aliquas similitudines discernat a rebus, tamen semper in aliquibus decipitur*. Il suit de là — puisque la raison est libre pour l'action dans la mesure où les sens le sont eux-mêmes — que dans le sommeil, le jugement de l'intelligence est libre à proportion que le sensorium et l'imagination se trouvent dégagés, c'est-à-dire partiellement, non totalement, *non tamen ex toto*. C'est pourquoi, ceux qui raisonnent en dormant, reconnaissent toujours, après être éveillés, qu'ils ont failli en quelque point, *unde illi qui dormiendo syllogizant, cum excitantur, semper recognoscunt se in aliquo defecisse*[1]. »

De ce passage, et de plusieurs autres que je pourrais citer, il résulte que la raison n'est pas incapable de toute action pendant le sommeil. Il faut même ajouter, si vous voulez avoir la pensée complète de saint Thomas, que la raison, quand la sensibilité tout entière sommeille, « n'en est que plus apte, *par elle-même*, aux concepts les plus élevés, *tanto intelligibilium abstractorum fit*

---

1. *Summ. Theolog.*, I, q. 84, a. 8, ad 2.

capacior. Et voilà pourquoi, dit-il, c'est dans le sommeil et dans l'extase que les révélations divines sont perçues avec le plus de clarté, *unde in somniis et in alienationibus a sensibus corporis magis divinæ revelationes percipiuntur* [1]. »

Je n'ajouterai plus qu'une observation sur le sommeil; et elle concerne la curieuse faculté que quelques-uns possèdent d'en sortir tout spontanément à l'heure qu'ils se sont fixée avant de dormir. « Plusieurs d'entre nous, dit M. de Manacéine, ont eu l'occasion de reconnaître qu'on peut en s'endormant se donner, pour ainsi dire, l'ordre de se réveiller à telle ou telle heure, et que cet ordre s'accomplit [2]. » Le fait s'observe fréquemment, en particulier chez les personnes qui gardent les malades, chez les mères qui élèvent leurs enfants, les militaires, les employés de chemins de fer. L'on dirait que, sous l'action de la raison et de la volonté fixant la durée du sommeil, la sensibilité de ces sujets se monte comme un système d'horlogerie, et qu'à l'heure déterminée, une sorte de déclanchement vital se produit, qui amène le réveil. Chez certains même, il se passe une chose plus remarquable encore; c'est que, tout en dormant, ils suivent et remarquent les heures. « Broussais rapporte qu'un M. Chevalier possédait cette faculté à un degré très développé : on pouvait le réveiller à n'importe quel moment de la nuit et lui demander quelle heure il était : il répondait à la question sans même jeter un regard sur

---

1. *Sum. Theolog.*, I, q. 12, a. 11.
2. *Le Sommeil*, p. 35.

sa montre, et ne se trompait jamais¹. » Un autre de ces dormeurs privilégiés, sachant que sa pendule avance d'une demi-heure, décide qu'il s'éveillera, non au son de huit heures, mais quand l'aiguille marquera huit heures et demie. Il s'endort à minuit. Le matin il se réveille en sursaut, avec la crainte d'être en retard... mais non ; il avait continué de dormir quand la pendule avait sonné fortement huit heures, et il s'était bien exactement réveillé au moment où l'aiguille arrivait silencieusement sur la demie².

En résumé :

Le sommeil, quelle qu'en soit la nature spécifique et la vraie cause, a certainement pour effet ou pour condition un état de perturbation dans la sensibilité. Quand il se produit, ou bien les sens, tant externes qu'internes, cessent totalement d'agir, ou bien les uns agissent et les autres ne le peuvent pas : et parmi ceux qui agissent, les uns le font très faiblement sous le coup d'excitations violentes, les autres répondent par une explosion d'activité intense à des excitations faibles ; quelques-uns manifestent même une activité « élective » et en quelque sorte partielle. En ce sens, M. Mathias Duval a dit très justement : « Ce qui est essentiellement aboli pendant le sommeil, c'est la fonction régulière qui lie les impressions extérieures avec le travail cérébral et celui-ci avec les réactions volontaires, c'est la coordination normale des fonctions de relation³. » Cette saisie des sens, qui

1. De Manacéine, *le Sommeil*, p. 36.
2. *Ibid.*, p. 37.
3. *Cours de physiologie*, p. 118.

arrête leur fonctionnement ou le trouble, a pour résultat d'immobiliser la raison ou de jeter le désordre dans ses opérations : l'acte libre n'est plus possible, la pleine conscience, la possession et la maîtrise de soi disparaissent.

Voilà ce qui m'a semblé utile de dire sur le sommeil. Nous pouvons passer maintenant à l'interprétation des phénomènes hypnotiques.

II

Puisque l'imagination est, comme nous l'avons vu, une faculté si complaisante ou du moins toujours si empressée, demandez à la vôtre un petit effort : et qu'elle vous représente M. Bernheim à Nancy, dans une salle de l'hôpital Saint-Pierre, où l'éminent professeur veut montrer à un groupe d'étudiants comment on hypnotise et ce que l'on obtient de l'hypnose. Là se trouvent une quarantaine de malades atteints d'affections diverses, et qui presque tous ont été soumis déjà au traitement hypnotique. A peine entré, les yeux du professeur se sont dirigés vers le troisième lit à droite. Le lit est vide ; mais l'on voit tout près celui qui l'occupe habituellement : c'est un jeune phtisique qui peut avoir vingt ans ; il a passé une nuit mauvaise, et, en attendant la consultation du matin, il a cédé à la fatigue et s'est endormi dans son fauteuil profondément. Le docteur s'approche en silence, et entouré des étudiants qui se sont avancés sans bruit, il commence à parler au malade d'une voix très douce, un peu traînante, et coupée de petites poses : « Dormez... ne vous éveillez pas... dormez... le sommeil vous fait du bien... il faut dormir... vous dormez bien... d'un très bon sommeil... vous n'allez pas vous réveiller... » Prenant alors avec précaution la main droite du jeune homme, il ajoute : « Je lève votre main droite, vous n'allez pas l'abaisser... votre gauche aussi... ne l'abaissez pas non plus. » Les deux mains restent effectivement en l'air. Après quelques instants, M. Bernheim les rabaisse jusque sur les genoux du malade ; et, se tournant vers ses élèves : « Vous le voyez, dit-il, je n'ai pas eu la peine de l'endormir : j'ai simplement transformé son sommeil. Ce n'est pas bien difficile : cependant je dois vous prévenir qu'on ne réussit pas avec tous les sujets : il faut ou un entraînement préalable, ou une prédisposition particulière, et toujours, bien entendu, procéder très doucement. Maintenant vous allez voir comme il va être obéissant. »

S'adressant alors de nouveau à son malade, sur le ton ordinaire de la conversation : « Tiens, dit-il, vous avez là dans votre main droite un joli bouquet de roses... il faut en respirer le parfum... il sent très bon. » Sur les lèvres du jeune homme se dessine un sourire de satisfaction ; il lève sa main pour odorer à son aise le bouquet imaginaire et aspire avidement la senteur. M. Bernheim poursuit : « Il n'y a plus de bouquet, le bouquet a disparu : mais voici sur l'index de votre main gauche un bel oiseau... c'est un pinson... caressez-le. » Le jeune homme dirige ses yeux vers sa main gauche :

les paupières sont légèrement entr'ouvertes; la physionomie exprime un contentement mêlé d'une certaine surprise : il fait le geste de caresser un oiseau qui serait posé sur sa main gauche. Cela dure quelques instants; puis les mains se détendent et retombent : la vision a sans doute disparu. « Écoutez, reprend M. Bernheim, écoutez... le tambour... Voici maintenant les clairons... un régiment qui défile... Allez voir à la fenêtre d'en face. » Le malade ne se le fait pas dire deux fois; il se lève vivement, va à la fenêtre : il ne l'ouvre pas, mais il regarde avec un vif intérêt, et frappant des deux pieds le parquet, marque énergiquement le pas en prêtant l'oreille pour mieux entendre les tambours. La figure prend un peu de couleur et s'anime : il prononce même quelques mots imparfaitement articulés et qui nous échappent. « Tiens, lui dit alors M. Bernheim, vous êtes soldat... mais oui, vous êtes soldat... Je vois même aux galons que vous portez sur le bras que vous êtes sergent... sergent... oui, vous êtes sergent. » A ce moment, il se déroule une petite scène curieuse : le jeune malade est tout transformé : il se dresse; il se met à aller et venir d'un pas ferme, avec une démarche fière, en étirant et roulant une moustache qui à en juger par le geste, doit être d'une belle longueur. Le voici qui s'arrête, les yeux grands ouverts et fixés sur le mur : « Garde à vous !... alignement !... Voyez-moi cette espèce de chou-fleur ! » Il fait un pas en avant avec un air de menace. « Chargez !... joue !... feu ! » A l'entrain que montre le sergent, l'exercice pourrait bien ne pas finir tout de suite : mais M. Bernheim lui fait entendre que les soldats sont rentrés à la caserne et que lui doit retourner à son fauteuil, où il se réinstalle en effet tranquillement comme si rien n'était arrivé. Lui présentant alors une tasse de la tisane qu'il a l'habitude de prendre, l'habile opérateur lui dit : « Vous vous êtes un peu échauffé en commandant : voici un petit verre d'eau-de-vie qui vous fera grand bien... buvez... — Il boit. — Allez doucement, car c'est un peu fort. » — Il fait la grimace et toussotte. — « Maintenant vous allez encore dormir deux heures... bien tranquillement... d'un bon sommeil... Quand vous vous réveillerez, dans deux heures, vous vous sentirez très bien... vous serez de belle humeur... et vous trouverez très bonne la viande qu'on vous servira. »

Voyons si nous aurons beaucoup de peine à expliquer tout cela. Avant tout, souvenons-nous que le jeune homme dort. Il dort : donc, d'après les lois psychologiques du sommeil que nous avons constatées, ou ses sens n'agiront pas, ou leur action ne sera pas normale et ordonnée ; donc, en second lieu, sa raison, plus ou moins empêchée, n'exercera plus son contrôle ni sa direction ordinaires. Cette première observation générale supposée, reprenons les faits dans l'ordre où nous les avons vus se dérouler tout à l'heure.

M. Bernheim parle : le jeune homme ne se réveille pas, et entend. Il ne se réveille pas, parce que M. Bernheim a parlé très doucement et de manière à ne pas provoquer un ébranlement, une surprise des nerfs qui aurait eu pour conséquence de rompre le sommeil ; il entend, comme nous avons vu que beaucoup d'autres dormeurs entendent. Mais voici qu'au moment où M. Bernheim lui affirme qu'il a dans la main un bouquet de roses, ou sur le doigt, un oiseau, il odore le bouquet et caresse l'oiseau. Cela va de soi. En entendant ces deux mots « bouquet de roses » et « pinson », l'imagination du jeune homme s'est représenté ces deux objets, tout comme votre imagination se les représente plus ou moins nettement, en lisant sur cette page ces deux mots « bouquet de roses.., pinson ». Seulement, parce que vous êtes éveillé ; parce que votre raison en pleine activité s'assure par le témoignage de la vue et du toucher et par diverses réflexions, qu'au bouquet et à l'oiseau de votre imagination ne répond, dans le cas présent, aucun objet, rien ne vous sollicite à odorer ou à caresser. Au contraire, la raison de notre malade ne pouvant, à cause du sommeil, faire ces réflexions et soumettre au contrôle des sens les images qui lui sont présentées, rien ne contredit en lui ces images ; et suivant la loi « des images non contredites » il les prend pour des réalités, *cum offeruntur imaginariæ similitudines, inhæretur eis quasi rebus ipsis, nisi contradicat sensus aut ratio*[1]. » Cela étant, il n'est pas difficile de deviner ce qui arrivera. Dès lors que l'imagination est éveillée, il y a tout lieu de penser que sa voisine, l'émotivité, n'est pas endormie. Or, nous l'avons vu[2], quand notre émotivité, ou volonté sensible, se trouve en face d'un objet perçu comme réel et en même

---

1. Voir plus haut, chapitre XII.
2. Chapitre XII.

temps comme gracieux, charmant, désirable à un titre quelconque, la sympathie, l'attrait, la tendance à posséder effectivement l'objet et à en jouir naissent spontanément ; et la faculté n'a point de repos et n'en laisse point aux autres, jusqu'à ce que ses désirs soient satisfaits ; jusqu'à ce que les nerfs moteurs et les muscles qui sont sous sa dépendance, guidés par l'imagination, exécutent les mouvements nécessaires pour atteindre ce qui la charme et donner cours à ses démonstrations de plaisir. Aussi, regardez ce qui se passe dans notre jeune homme : il se voit dans la main un vrai bouquet, sur le doigt un véritable oiseau : comme il aime les roses et les oiseaux, et qu'il a l'habitude de jouir des fleurs en aspirant leur parfum, et des oiseaux en les caressant, vous le voyez élever le bouquet pour l'odorer, et passer la main sur l'oiseau, en souriant, pour le caresser.

Ainsi tout s'explique sans peine, l'existence et le fonctionnement de nos diverses facultés étant connus : et, que l'on veuille bien le remarquer, tout s'explique, sans qu'il soit besoin le moins du monde de recourir à une action *directe* quelconque de la volonté de M. Bernheim sur celle du jeune homme. M. Bernheim n'a pas agi sur la volonté. Il ne le pouvait pas : car nulle créature, si élevée qu'elle soit, « ne peut influencer *directement* la volonté humaine, pas même lui imprimer la plus légère inclination : Dieu seul le peut, parce que seul, comme créateur de la volonté, il a sur elle une action assez profonde pour y produire, ou y changer, telle inclination qu'il lui plaît, *non potest ulla creatura* DIRECTE *agere in voluntatem ut eam immutet necessario, vel* QUALITERCUMQUE *inclinet, quod Deus potest*[1]. » Nulle volonté créée, angélique, diabolique ou humaine, ne peut agir sur une volonté étrangère, sur ma volonté ou sur la vôtre, par un autre moyen qu'en lui proposant un objet, qui la sollicitera avec plus ou moins de succès, c'est-à-dire par voie de persuasion : « ... *potest extrinsecus aliquid proponendo voluntati eam* ALIQUALITER INDUCERE, *non tamen immutare*[2]. » L'hypnotiseur agit sur la volonté de son sujet seulement à la façon de l'intelligence qui, comme le dit si bien saint Thomas, « ne dirige pas la volonté en l'inclinant vers le but, mais *en lui montrant* où elle doit tendre, *non quasi inclinans eam in id ad quod tendit, sed* SICUT OSTENDENS *ei quo tendere debeat*[3] ». Ainsi a fait M. Bernheim. En articulant nettement et en répétant à dessein plusieurs fois ces mots : « un bouquet de roses dans votre main — un oiseau sur votre doigt », il s'est attaché à donner du relief et de la couleur aux images : de fait, il a réussi à impressionner l'imagination ; et le reste a suivi, et devait suivre.

La seconde scène à laquelle nous avons assisté n'a plus besoin d'être expliquée après ce que j'ai dit sur la première. — « Voici le tambour... le clairon... un régiment qui passe... Allez voir à la fenêtre. » Le tambour, le clairon, le régiment, sont devenus des réalités, comme tout à l'heure le bouquet et l'oiseau, et pour la même raison. Seulement la sympathie éveillée dans

---

1. Saint Thomas. *Quaest. Disput.* De Veritate, q. XXII, a. 9.
2. *Ibid.*
3. *Ibid.*, art. 11.

le jeune homme par ces images a été autrement vive. Pensez donc, un régiment !... ces beaux officiers aux épaulettes d'or, à l'épée qui flamboie... ces beaux soldats qu'il a vus tant de fois, toujours si bien entraînés... à la mine si vaillante... ceux-là qui gardent Nancy et les portes de la France !... Entendre qu'un régiment passe et courir le voir passer, sont deux actes, chez lui, dont l'un appelle naturellement l'autre et que l'habitude a encore plus étroitement associés. Aussi ne s'est-il pas fait prier pour aller à la fenêtre.

Mais voici bien autre chose : maintenant il se croit soldat, sergent, — et commande l'exercice ! — La scène est un peu plus compliquée que les précédentes ; mais elle a les mêmes causes et s'explique absolument de même. « Vous êtes soldat, vous êtes sergent, vous portez les galons. » Ces mots font saillir sa propre image dans le cerveau du sujet ; il se voit en costume de soldat, sergent bien galonné. Sa raison ne lui disant point que c'est absurde, il se croit tel qu'il se voit, comme, en rêve, un vieillard se croit petit enfant[1], un forçat, président de tribunal, un marmiton, grand seigneur. Mais cette image de sergent évoque en lui toute une nuée d'autres images et de souvenirs. Ah ! les sergents, il les a vus, lorsque simple gamin allant à l'école et plus tard jeune apprenti se rendant à l'atelier, il faisait un détour pour passer par le Champ-de-Mars. Il les a vus alors commander à leurs pelotons, fiers, hautains, grondeurs, tout leur

---

1. A. Maury, *le Sommeil et les Rêves*, p. 92.

cédant, tout leur obéissant à l'œil; les fusils se levant, s'abaissant, se chargeant, s'épaulant, partant, à une seule de leurs paroles. Les sergents, ah! quels hommes!... I! s'est bien promis qu'une fois au service, coûte que coûte il arriverait au grade... Ce sont toutes ces images, tous ces souvenirs, toutes ces aspirations depuis longtemps accumulées dans cette âme naïve, qui ont surgi dans la sensibilité de notre jeune homme, quand M. Bernheim lui a dit : « Vous êtes sergent. » Il se trouve par rapport à cette image, non pas dans un état d'indifférence, mais dans un état passionnel d'une intensité profonde... Aussi l'imagination vivement actionnée éclaire à pleine lumière toutes celles de ses images qui ont coutume d'accompagner celle de sergent, les images du geste, de la démarche, de la physionomie, du langage, celle du peloton de soldats, etc. : et comme rien ne les contredit, elles sont prises pour autant de réalités; et notre homme ne doutant pas d'être vrai sergent, se démène, parle et commande en vrai sergent.

Inutile de répéter toutes ces explications pour faire voir comment M. Bernheim lui suggérant l'image du retour à son fauteuil, ce mouvement, que l'habitude lui a rendu si facile, s'exécute sans résistance, ou comment le docteur lui affirmant ensuite que la tisane qu'il lui présente est un petit verre d'eau-de-vie très forte, il boit en toussotant. Tout au plus serait-il opportun de rappeler au lecteur que, suivant l'observation rapportée dans la première partie de ce chapitre, l'homme, dans le somnambulisme naturel ou artificiel, est insensible aux objets étrangers à ses préoccupations. Sergent et tisane sont deux images qui ne forment pas couple, dans le cerveau de notre homme ; par exemple, sergent et petit verre d'eau-de-vie, c'est autre chose : et voilà comment il croit à l'eau-de-vie et ne reconnaît point la tisane.

III

Mais ne nous arrêtons pas davantage à ces phénomènes d'interprétation trop aisée; d'autant plus que M. Bernheim nous en réserve de plus curieux. Pendant que nous dissertions, il a hypnotisé un autre malade, un employé de chemin de fer d'une quarantaine d'années qui a failli s'empoisonner en buvant du lait de chaux, et dont le système nerveux, après cet accident, est plus endommagé encore peut-être que l'estomac. « Non, non, lui dit-il, vous ne pouvez plus marcher..., vous ne pouvez plus faire un seul pas... vous ne pouvez pas davantage prononcer mon nom... vous ne le pouvez plus... cela vous est impossible... essayez, vous ne le ferez pas... vous ne pouvez pas le faire. » Et, en effet, le pauvre homme, malgré le désir qu'il a de se mouvoir et de nommer M. Bernheim, reste cloué sur place et ne réussit pas à prononcer le nom du docteur, qui poursuit : « Ce sera bien mieux tout à l'heure : je vais sortir deux minutes, et, quand je rentrerai, N... ne me verra plus, il lui sera absolument impossible de me voir. »

Il nous faudra peut-être, à nous, bien plus de deux minutes pour expliquer cette immobilité et ce mutisme que nous venons de voir produits d'une si étrange façon. Et qui sait même si nous pourrons y réussir? Essayons toujours.

J'ai dit que le sujet a été mis en sommeil hypnotique. Nous devons donc nous attendre, suivant ce qui a été déjà établi : 1° à ce que ses sens ne manifestent pas une activité ordonnée, mais plus ou moins incohérente ; 2° à ce que sa raison n'exerce plus son contrôle régulier. Mais cette remarque, si vraie et si importante qu'elle soit, nous avance peu. Ce qu'il nous faudrait, ce serait connaître les conditions psychologiques nécessaires pour qu'un homme puisse prononcer un mot, ou exécuter un mouvement volontaire. Ces conditions connues, nous trouverions peut-être qu'il en manque l'une ou l'autre à N., et nous comprendrions dès lors pourquoi il demeure immobile et partiellement muet.

Aristote, Albert le Grand et saint Thomas, avec leur analyse d'une finesse et d'une exactitude merveilleuses, vont nous permettre d'établir ces conditions.

« Dans les mouvements volontaires que nous exécutons, dit saint Thomas, ce qui donne l'impulsion initiale, c'est le bien *actuel* désiré, tel que l'intelligence ou l'imagination le montre, « *In motu animalis movens quod non movetur, est bonum actuale appetitum prout est intellectum vel imaginatum* » [1]. D'après ce texte, qui résume toute la théorie, trois conditions sont requises pour qu'un mouvement volontaire s'effectue : la première, c'est que le mouvement à exécuter soit représenté

---

1. *Commentar. De Anima*, lib. III, lect. XV.

par l'imagination : il est évident, en effet, que nous ne saurions vouloir un mouvement que nous ne nous figurons d'aucune manière. La seconde est que l'imagination nous montre ce mouvement comme un bien, comme avantageux ou agréable : l'objet de la volonté étant le bien, nous ne pouvons vouloir que ce qui est bon, ou paraît être tel et nous convenir de sorte ou d'autre. Cela revient à dire que l'image n'est vraiment motrice que sous le bénéfice du jugement de la raison ou de l'estimative appréciant comme désirable le mouvement qu'elle représente [1]. La troisième condition est celle qui nous importe le plus : elle exige que l'image représente un bien *actuel* « bonum ACTUALE », c'est-à-dire un bien réalisé ou *réalisable*. Nous l'avons vu, en effet [2], ce qui sollicite la volonté, ce n'est pas un bien qui n'existe qu'à l'état d'abstraction ou purement chimérique, mais un bien actuellement réel ou qui du moins peut le devenir. Si donc l'imagination ne montrait à la volonté qu'un mouvement irréalisable, si désirable qu'il fût par ailleurs, la volonté ne ferait pas le moindre effort pour actionner les membres et les déterminer au mouvement.

Il va de soi que ces trois conditions, qu'on applique tout d'abord aux mouvements de translation et de préhension, doivent pareillement être entendues des mouvements que l'expérience nous a enseigné être nécessaires pour l'émission de la voix et l'articulation des mots. Aussi saint Thomas, dans un passage

---

1. Albert le Grand, *De motibus animalium*, lib. II, tractat. II, cap. v.
2. Chapitre XII.

qu'admireront bien sûr nos physiologistes qui traitent de la parole et de l'aphasie, ¹ dit-il expressément : « Le verbe, ou la parole, quand il s'agit de l'homme, peut signifier proprement trois choses, *verbum tripliciter in nobis proprie dicitur :* en premier lieu, verbe signifie la voix articulée, le mot prononcé par la bouche, *verbum quod ore profertur :* verbe signifie, en second lieu, la pensée que l'esprit conçoit, *intellectus conceptum ;* enfin, en troisième lieu, il signifie l'image qui représente le mot à prononcer et d'où il procède, *ipsa imaginatio vocis... à quâ procedit* ². » Concluons donc de la prononciation du mot ce que nous avons dit des mouvements en général : la volonté ne fera effort pour le faire prononcer par les organes qu'autant que l'imagination en montrera l'image, et que la faculté du jugement aura statué que l'acte de prononcer le mot est opportun *et possible.*

Revenons maintenant à notre hypnotisé, et voyons s'il remplit les trois conditions indiquées. Pour la première, l'on n'en saurait douter : les paroles de M. Bernheim ont bien fait naître dans son cerveau l'image du mouvement à exécuter, du mot à prononcer. De même, il faut admettre qu'il lui paraît désirable et bon d'accomplir ces actes. Les deux premières conditions sont donc remplies. Mais la troisième ne l'est pas. Notre homme ne voit pas ces actes comme « bien réalisable, *bonum actuale* » : au contraire, il les estime impossibles.

1. Grasset, *Leçons de clinique médicale,* leçon I : Des diverses variétés cliniques d'aphasie.
2. *Summa Theolog.,* I, q. 34, a. 1.

M. Bernheim ne lui a-t-il pas dit et répété avec insistance : « vous ne pouvez plus bouger de votre place... vous ne pouvez plus prononcer mon nom... vous ne pouvez plus... cela vous est impossible. » Il le croit, comme il l'entend. Si sa raison était libre, il redresserait ce jugement ; il se moquerait des affirmations du docteur : mais c'est que justement sa raison est liée et a perdu son pouvoir de contrôle, puisqu'il est en sommeil hypnotique. Sa volonté ne posera donc pas l'acte requis pour que les organes se mettent à l'œuvre ; tout se bornera donc, chez lui, à de vains et impuissants désirs ; il ne bougera donc point de place et ne prononcera point le nom de M. Bernheim. Le fait se passe exactement comme le demandait la théorie.

M. Bernheim étant sorti de la salle quelques instants, comme il l'avait annoncé, rentre et trouve N... précisément à l'endroit où il l'avait laissé. — « Eh bien, vous n'avez pas bougé, je l'avais bien dit. Essayez tant qu'il vous plaira : vous ne pourrez pas y réussir. » Pendant que M. Bernheim lui parle ainsi, N... regarde autour de lui d'un air distrait et indifférent. — « Mais regardez-moi donc, je suis devant vous... je vous parle... Vous voyez, Messieurs, que je n'existe plus pour lui : je puis lui faire ce que je voudrai, tout sera non avenu. » En disant cela, M. Bernheim saisit N... par les épaules et le secoue vivement ; ensuite, il prend une épingle, et lui pique le dessus des mains, le bout des doigts, les narines ; il approche la pointe des yeux grands ouverts ; pinçant la paupière de l'œil gauche entre l'index et le pouce, il la retourne et appuie dessus légèrement l'épingle. Pendant tout ce temps N... a montré la même indifférence : il n'a point retiré les mains, point détourné le visage, point fermé les yeux, ni donné un signe d'étonnement ou de douleur. Manifestement, tout ce que nous venons de voir n'est point arrivé pour lui.

Je ne m'attarderai point à montrer que N... a pu très naturellement, *dans son état*, ne point apercevoir M. Bernheim, et ne point sentir ses piqûres ; puisque, d'une part, il est notoire et scientifiquement prouvé que, « chez les somnambules la *rétine* devient *insensible* même *souvent à la plus vive lumière* [1], et que, d'autre part, un homme peut, sans qu'il faille invoquer le miracle, être insensible à des coups d'épingle, quand tant d'autres ont été insensibles à des coups d'épée, et que l'on a entendu, par exemple, un soldat crier, après une décharge de l'ennemi: « rien, tout va bien », alors qu'il venait d'avoir le bras fracassé par un boulet [2]. Ce qu'il serait intéressant de savoir, et ce que je voudrais pouvoir dire, ce serait l'état ou les états psychologiques auxquels répond cette insensibilité. Malheureusement, les sujets, quand ils ne sont plus en expérience, oublient ce qui leur est arrivé ; puis, s'il est si rare de trouver, même chez les hommes instruits, l'art et l'habitude d'analyser sa propre vie psychique et d'en rendre compte, qu'espérer d'esprits le plus souvent incultes et incapables de toute réflexion tant soit peu subtile et approfondie ? Puisque nous ne pouvons attendre de notre malade qu'il nous rapporte ce qui s'est passé en lui, essayons de nous l'expliquer un

1. Maury, *Le Sommeil et les Rêves*, p. 207.
2. Voir plus haut, chapitre XII.

peu, en recourant aux notions générales de psychologie que nous avons exposées[1].

Le principe qui paraît dominer tout, dans le cas présent et les autres cas analogues, est celui que saint Thomas a formulé ainsi dans un passage bien court, mais d'une bien grande portée : « Nulle faculté de connaissance ne perçoit quelque chose actuellement, sans l'attention, *vis cognoscitiva non cognoscit aliquid actu, nisi adsit intentio*. De là vient que parfois l'imagination ne perçoit pas certaines images que pourtant elle conserve dans son organe : c'est que l'attention ne se porte pas de leur côté, *quia intentio non refertur ad ea*. Dans les êtres doués de volonté, en effet, il appartient à la volonté d'appliquer les autres puissances à l'action, et elle ne les y applique pas toujours, *appetitus enim alias potentias in actum movet*[2]. » Un objet peut donc agir sur l'un de nos sens et y imprimer son image, bien que l'image soit dans l'organe, *in organo conservata*, la perception ne s'ensuivra pas pour cela inévitablement. Ainsi, de ce que l'image de M. Bernheim est reçue dans l'œil de son patient, de ce que son épingle lui perce la peau, il n'en résulte pas nécessairement que le patient voie effectivement M. Bernheim, ou sente les piqûres. Il n'aura cette double sensation de la vue et du tact que si la vue et le tact sont *attentifs* et *appliqués*. Or ils ne le sont pas. C'est qu'en effet la volonté n'a pas dû, n'a pas pu les appliquer et les rendre attentifs. La volonté, nous le voyions il n'y a qu'un instant, ne tend pas et ne

---

1. Voir le chapitre précédent.
2. *Summa cont. Gent.*, lib. I, cap. LV.

fait pas effort vers ce que la raison ou l'estimative juge impossible. Mais N... est fermement convaincu qu'il lui est impossible d'apercevoir M. Bernheim. Celui-ci l'en a trop bien assuré. Sa volonté ne se donnera donc pas la moindre peine pour atteindre ce résultat, et par conséquent n'appliquera ni la vue ni un autre sens à saisir quoi que ce soit qui se rapporte à M. Bernheim présent.

Mais, dira-t-on peut-être, puisqu'il l'entend, pourquoi ne le voit-il pas? La réponse est facile. Il ne le voit pas, pour la raison que je viens de dire. Il l'entend, parce que depuis que Bernheim a commencé de l'hypnotiser, il se trouve en étroit rapport avec lui, parce que son attention est concentrée sur M. Bernheim parlant. M. Bernheim parlant a capté l'attention de N..., *intentionem animæ*. Et voilà justement ce qui nous explique pourquoi il est si impuissant à s'appliquer, c'est-à-dire à appliquer ses facultés à autre chose qu'à ce que lui suggère l'éminent opérateur.

— Mais il est absurde et illogique que quelqu'un entende un homme parler et ne le perçoive pas comme présent. — C'est vrai. Mais vous oubliez que vous avez affaire à un homme qui est plongé dans le sommeil hypnotique; et que la marque propre de l'activité humaine pendant le sommeil, c'est l'incohérence, la contradiction, l'illogisme. Rappelez-vous vos rêves.

On le voit, l'insensibilité que présente N... est simplement un cas de cette « sensibilité élective » qui est assez fréquente dans le sommeil ordinaire, et très ordinaire dans le somnambulisme. De merveilleux, il n'y en a point ici. — La raison arrive même à s'expliquer dans une assez large mesure comment le phénomène a pu se produire.

CHAPITRE XIV

L'HYPNOTISME FRANC N'EST PAS, DE SOI, DIABOLIQUE.

Nous avons vu comment, d'après la psychologie thomiste, on peut expliquer de la façon du monde la plus naturelle que l'hypnotiseur imprime dans l'imagination de ses sujets la représentation de tel objet qu'il voudra, et, par le moyen de cette image, suscite des émotions, agréables ou désagréables, dont l'intensité peut croître jusqu'à provoquer des mouvements, des discours et des actes ; comment encore il peut leur faire voir ce qui n'est pas (hallucinations positives) ou les empêcher de voir ce qui est (hallucinations négatives). Toutefois, à propos de ces hallucinations, les adversaires de l'hypnotisme soulèvent une difficulté que je ne crois pas devoir passer sous silence. Ils prétendent y observer un phénomène qui serait en contradiction avec les lois de l'optique, et obligerait dès lors à reconnaître l'intervention d'un agent préternaturel. C'est M. l'abbé Gombault qui fait l'objection ; et voici comment il la présente.

« On sait que la persistance sur la rétine de plusieurs actions lumineuses équivaut à leur simultanéité. Plusieurs rayons colorés donnent, en se superposant, une impression résultante. Si donc je fixe un carré d'une certaine couleur jusqu'à la fatigue de la rétine, et si je fixe aussitôt une autre couleur, l'image consécutive colorée se superposant à cette seconde couleur produira une teinte qui sera la résultante des deux autres ; c'est donc une vision subjective qui se superpose à la vision objective et la dénature, en la surchargeant. Prenez par exemple un carré rouge placé sur une feuille blanche, et considérez ce carré jusqu'à la fatigue de la rétine, puis retirez brusquement le carré rouge, vous verrez la place que ce carré occupait sur la feuille blanche vous donner la vision d'un carré vert-blanc, couleur complémentaire du rouge. Ce phénomène de coloration est dû à une analyse incomplète de la lumière blanche, qui, elle-même, a pour cause la fatigue des fibres de la rétine fortement impressionnée par le rouge. Dans toutes les dimensions de l'image rétinienne, la couleur blanche, privée de ses rayons rouges, n'offre plus qu'une impression de vert et de violet, qui se combinent en vert-bleu..... Or, on obtient chez les somnambules, en leur suggérant des couleurs imaginaires, les effets qui se produisent à l'état naturel de veille, si des couleurs réelles étaient soumises à l'attention persistante de l'organe [1]. » Conclusion qui s'impose : une cause imaginaire ne pouvant produire des effets réels, le vert-bleu que voient les hypnotisés ne peut avoir pour cause le carré rouge suggéré. D'où provient-il donc ? On ne saurait lui assigner aucune cause naturelle : par conséquent, il ne

---

1. *L'Avenir de l'hypnose*, p. 104.

saurait provenir que d'un agent préternaturel, — trop justement suspect.

Après avoir de la sorte exposé son objection, M. Gombault continue ainsi :

« M. l'abbé Méric, qui constate avec impartialité le phénomène,...... croit pouvoir en donner dans ces termes la raison : « Le sujet croit voir sur une feuille blanche un carré rouge qui n'existe pas, son imagination surexcitée rapporte extérieurement à cette feuille le carré imaginaire, voilà le fait sur lequel sa pensée s'égare ; mais c'est un fait particulier, en dehors duquel le sujet voit comme vous et moi. Or, si vous enlevez brusquement un carré rouge sous les yeux d'un homme sain à l'état de veille, il accusera aussitôt la sensation du vert; le somnambule ne fait pas autre chose, et le rouge imaginaire *étant réel* pour lui, il lui est évident qu'il doit accuser la sensation du vert quand vous enlevez brusquement la feuille blanche et que vous la remplacez par une autre. »

« Qu'est-ce qu'un rouge *imaginaire réel,* si ce n'est un rouge imaginaire affectant la membrane rétinienne par la vivacité de la représentation et produisant l'image subjective réelle qui s'extériorise par l'organe ainsi halluciné ? — S'il n'y avait pas modification de l'organe, comment y aurait-il superposition des couleurs et couleur résultante ? — M. l'abbé Méric nous a avoué que le sujet ignore la théorie des couleurs complémentaires ; alors comment peut-il imaginer cette couleur résultante ? l'ignorant ne la verra pas, si son organe n'est pas le siège d'une impression produite par la couleur suggérée.

« Sa pensée la voit, dit l'auteur cité. — C'est impossible, s'il ne connaît pas la théorie des couleurs complémentaires. Cela ne suffirait nullement, et n'expliquerait pas comment l'organe visuel voit réellement une couleur résultante [1]. »

Cette objection par laquelle on prétend établir le caractère préternaturel de l'hypnose, nous amène à étudier un des points les plus intéressants de notre vie subjective, et à faire l'exposition d'une des théories les plus habilement conçues de la psychologie aristotélicienne et thomiste : évidemment nous sommes mis en demeure de parler des *images subjectives périphériques*, d'établir leur existence, et d'en expliquer, s'il se peut, l'origine et les propriétés. Du reste, n'est-ce pas une bonne fortune, d'avoir à entretenir nos lecteurs d'un sujet qui a vivement piqué l'attention de savants renommés, tels que J. Müller, Burdach, Herschell, Tarchanoff, etc., et qui est encore relativement peu connu ?

D'abord, les faits :

Le plus souvent, quand il se produit en nous des hallucinations, soit durant le sommeil, soit même pendant que nous sommes éveillés, nous avons conscience que ces hallucinations ont leur siège dans nos appareils intra-cérébraux ; mais il n'en est pas toujours ainsi et, parfois, les apparitions subjectives se développent dans les parties périphériques de l'organisme sensoriel. Le cas peut se présenter pour chacun de nos sens ; bien que peut-être

---

1. *L'Avenir de l'hypnose*, p. 105-6.

il se vérifie plus fréquemment pour l'ouïe et pour la vue. Citons quelques exemples :

Le docteur Meyer rêva un jour qu'il marchait sur le bord d'un canal aux eaux toutes noires, et qu'un petit chien, de couleur jaune clair, venait l'assaillir. Ce chien aboyant et tâchant de le mordre, Meyer prit peur, et la peur le réveilla. Il ouvrit les yeux ; mais, de ses yeux grands ouverts, il continua de voir pendant quelque temps le chien, tout pareil à l'image du songe, avec cette seule différence que la couleur, au lieu d'être jaune clair, était devenue noire. — Le professeur Burdach racontait qu'ayant vu en rêve sa fille, morte récemment, qui était élevée au ciel, il se réveilla ; et qu'après son réveil, il voyait encore, les yeux ouverts, la forme de son enfant qu'une force mystérieuse emportait loin de lui. Gruïthuisen rêva d'un éclair qui sillonnait l'horizon ; réveillé aussitôt, ses yeux lui montrèrent une ligne faiblement lumineuse, puis la place où elle se trouvait lui apparut plus foncée que toutes les parties environnantes de l'espace[1]. — Un psychologue de ma connaissance s'imagina, pendant qu'il dormait, être mordu au bout de l'index par une chauve-souris, bête dont il a horreur. Le dégoût et la douleur le réveillèrent ; et, pendant plus d'une demi-heure, bien qu'il se rendît parfaitement compte qu'il n'y avait aucune chauve-souris dans sa chambre et que la morsure était toute imaginaire, il sentait encore l'impression du petit museau froid et humide que le vilain animal avait posé sur son doigt avant d'y planter les

---

1. M. de Manacéine, *Le Sommeil*, p. 287.

dents, et instinctivement essuyait l'extrémité du doigt aux couvertures. M. de Manacéine communique plusieurs rêves personnels qui ont été suivis d'images subjectives périphériques, et entre autres celui-ci :

« ..... Un songe qui m'a aussi vivement impressionnée m'est arrivé au mois de septembre 1894. Je rêvais qu'on sonnait, qu'une personne de service ouvrait la porte d'entrée, et que quelqu'un pénétrait bruyamment dans mon antichambre : puis la porte de mon cabinet s'ouvrait, livrant passage au drapeau impérial russe qu'on apportait vers moi assise dans un fauteuil. On le tenait incliné, et je voyais distinctement les deux grandes houppes dorées, qui pendaient verticalement du haut de la hampe, tandis que le drapeau flottait déployé, de sorte qu'on apercevait très bien l'aigle impériale à deux têtes sur l'étoffe aux trois couleurs nationales : blanc, jaune et noir. L'apparition du drapeau national dans ma maison me jeta dans une surprise si grande que j'en fus aussitôt éveillée : et, en ouvrant mes yeux, je vis devant moi le drapeau impérial déployé, avec ses trois couleurs et son aigle et les deux grandes houppes dorées qui pendaient verticalement, tandis que la hampe était légèrement penchée vers moi. Dans ce cas, la trace était positive, et l'image avait disparu sans présenter aucun changement de couleurs. Le réveil était survenu pendant la nuit, et dans ma chambre à coucher régnait une obscurité complète; mais néanmoins je voyais distinctement toutes les parties du drapeau [1]. »

---

1. *Le Sommeil*, p. 290.

Il est même des personnes qui possèdent le pouvoir de se procurer, quand elles le veulent, des représentations subjectives périphériques. Tel est le cas pour le docteur Meyer, avec son fameux étrier d'argent. Le docteur, ayant fermé les yeux, appliquait fortement son imagination à se représenter un étrier d'argent ; puis, après quelques minutes, il relevait ses paupières. L'image de l'étrier se trouvait alors devant ses yeux : il l'avait bien réellement évoquée au milieu de son champ visuel obscur. La seule différence qu'il observait entre l'image intra-cérébrale et l'image périphérique était que celle-ci, au lieu d'être claire comme la première, apparaissait très foncée.

Le simple exposé des faits que nous venons de rapporter, nous permettrait déjà de répondre d'une manière suffisante à l'objection qui nous occupe. Si, en effet, à la suite d'une excitation vive de l'imagination, il peut arriver que nos sens extérieurs, nos yeux en particulier, soient actionnés et impressionnés comme ils le sont à la présence réelle des objets, il est évident que les phénomènes qui accompagnent normalement la perception réelle, accompagnent de même la sensation d'origine subjective, et que, en ce qui concerne spécialement la vision, les lois ordinaires de l'optique entreront tout naturellement en exercice, sans qu'il soit besoin de recourir à un agent préternaturel quelconque. Mais la psychologie et la physiologie pouvant nous donner quelques lumières sur ces événements curieux de notre vie subjective, nous allons en profiter, pour étudier plus à fond les phénomènes et apporter à la difficulté une solution plus complète. Si, à cette occasion, je m'accorde un peu de large, mes lecteurs me le pardonneront, j'en suis sûr, quand, outre la satisfaction de se sentir mieux renseignés, ils auront celle de constater que je leur aurai mis sous les yeux une page aussi importante que peu connue de l'histoire des sciences psychologiques.

I

Aristote a signalé ces images périphériques d'origine subjective. Dans son traité *des Songes,* après avoir affirmé avec insistance que la représentation des objets se retrouve dans les sens alors même que les objets ne sont plus présents, il ajoute : « Que notre affirmation soit vraie, et que le mouvement des images provenant de l'imagination se continue bien dans nos organes, chacun peut s'en convaincre, s'il veut se souvenir de ce qui nous arrive quand nous passons subitement du sommeil à la veille. Car, qui se réveille de la sorte, surprend parfois dans ses sens les images qu'il contemplait en imagination pendant son repos. Ainsi les enfants, parfaitement éveillés et ayant les yeux bien ouverts, πάμπαν διαβλέπουσιν, voient-ils les fantômes de leurs songes se mouvoir encore dans les ténèbres, au point d'être souvent envahis par la frayeur et de se cacher, ὥστ' ἐγκαλύπτεσθαι πολλάκις φοβουμένους [1]. »

---

1. ΠΕΡΙ ΕΝΥΠΝΙΩΝ γ.

Mais ce qui nous importe bien davantage est de savoir comment le Stagirite explique cette présence des images dans les sens, alors que les objets ne sont plus là pour les y imprimer, alors qu'il s'agit d'hommes qui rêvent et dont les sens demeurent fermés par le sommeil. C'est encore dans son traité *des Songes* que nous trouvons cette théorie, à l'endroit où il s'attache à montrer comment les rêves peuvent produire l'illusion de la réalité et nous font prendre si souvent les apparences des choses pour les choses elles-mêmes. Voici la traduction du passage :

« Pendant le sommeil, le sang descendant en plus grande abondance vers le principe (sensorium commun), les images capables d'émouvoir le sens et d'y faire naître la sensation [1] descendent avec lui, les unes en acte, les autres en puissance : et ces images sont ainsi disposées, quand elles se concentrent, que l'une surnage au-dessus des autres, et que la première venant à disparaître, une autre prendra sa place; si bien qu'elles font penser à nos grenouilles artificielles qui montent tour à tour à la surface de l'eau, quand le sel qui les enveloppe est fondu [2]. Ainsi elles ne sont d'abord qu'en puissance;

1. Je traduis par une périphrase le mot κινήσεις, parce que le mot français correspondant, « mouvement », serait ici inintelligible.

2. « *A ces grenouilles factices.* Michel d'Éphèse et, après lui, les autres commentateurs expliquent ceci : d'ordinaire on avait, dans cette petite expérience assez ingénieuse, cinq grenouilles de bois enduites de sel, qu'on déposait successivement dans l'eau (en les superposant); quand le sel était fondu, elles remontaient à la surface dans l'ordre inverse où on les avait fait descendre au fond. » Note de M. Barthélemy Saint-Hilaire. *Psychologie d'Aristote, Opuscules*, p. 199.

mais dès que l'obstacle qui les arrêtait a disparu, elles se répandent dans le peu de sang resté aux organes et deviennent actives, à la façon des nuages qui, dans leurs changements rapides, nous représentent tantôt des hommes et tantôt des centaures. Toutes ces images, nous l'avons remarqué, ne sont que les traces des choses que nous avons auparavant perçues par nos sens, et dont il est vrai de dire, par exemple, que cela ressemble à Coriscos, mais non pas que cela est Coriscos. Et, de fait, la faculté supérieure qui juge en nous, prononçait bien, à l'état de veille, que ce n'est pas là Coriscos, mais ce par quoi l'on connaît le vrai Coriscos. Quand on dort, au contraire, le jugement se trouvant empêché par l'afflux du sang, et nos organes ébranlés comme lorsque les choses sont présentes, les apparences des objets nous paraissent être les objets eux-mêmes; et telle est la puissance du sommeil, que nous n'apercevons pas notre erreur [1]. »

Saint Thomas, dans son commentaire *De Somniis*, reproduit, presque dans les mêmes termes, ces idées d'Aristote; mais Albert le Grand les développe et leur donne ainsi la clarté et la précision désirables. En rapprochant divers passages de son écrit *De Somno et Vigilia* nous aurons la théorie aristotélicienne complète.

Il faut avant tout connaître la genèse des images dans nos sens intérieurs. « Quand les objets matériels exercent leur action sur notre sensibilité externe, l'impression qu'ils produisent dans nos organes ne dispa-

---

1. ΠΕΡΙ ΕΝΥΠΝΙΩΝ γ.

raît pas à l'instant où disparaissent les objets eux-mêmes, mais les formes qu'ils y impriment persistent encore quelques moments, *aliquantulum perseverant in organis formæ illæ,* comme le prouvent des observations nombreuses — persistance, après une perception vive, des couleurs dans la vue, des odeurs dans l'odorat, des bruits dans l'ouïe, de la sensation de déplacement à l'issue d'une course en voiture ou en bateau. — Il arrive pour cet ébranlement causé dans les organes par les objets ce qu'il advient de la pierre du frondeur et de la flèche de l'archer : la pierre et la flèche ne cessent pas de se mouvoir aussitôt qu'elles cessent de toucher la corde de la fronde ou de l'arc, elles poursuivent leur course aussi loin que l'impulsion reçue les emporte. Mais une impulsion vigoureuse donnée se communique : par exemple, une couche d'air mise en mouvement donne le branle à la couche d'air voisine. La même chose a lieu pour les impressions des sens : ces impressions, produites directement par les objets et qui ont une certaine persistance, ne restent pas circonscrites dans les organes extérieurs, elles se transmettent, elles cheminent à travers la région sensorielle : ainsi l'air traversé par un rayon lumineux venant à impressionner l'œil, l'œil à son tour ébranle le sensorium commun, et successivement toute la série de nos puissances sensitives, *aer motus ad oculum alterat sensum, et organum sensus alterat sensum communem et sic ulterius secundum ordinem virium animæ sensibilis*[1]. »

---

1. *De Somno et Vigilia,* lib. II, tract. I, cap. v.

Ainsi se trouvent approvisionnées des représentations sensibles dont elles ont besoin, l'imagination, la mémoire et l'estimative, — l'imagination surtout, à qui la nature a spécialement confié le dépôt et la garde de ce trésor, « *thesaurus quidam formarum per sensum acceptarum* [1] ».

Mais voici qui est plus curieux, quoique moins communément observé : les images des choses, quand elles ont une fois pénétré dans nos sens supérieurs internes, n'y restent pas toujours inertes et à l'état de forces latentes. Sous l'action de stimulants divers, on les voit tout à coup saillir, pleines d'éclat et de vigueur, remuant, agitant, bouleversant parfois toute notre vie intime : et dans ce cas le déplacement des images et leur mouvement recommence, comme tout à l'heure, mais en sens inverse ; car alors la file des images ou des impressions sensibles, au lieu de remonter des sens extérieurs aux sommets de notre sensibilité interne, redescend de ces hauteurs jusqu'à la sensibilité périphérique. C'est ce qu'il nous faut encore entendre d'Albert le Grand :

« Les images, dit-il, vont d'abord des sens extérieurs jusqu'au fond de l'âme sensible, jusqu'à l'organe de l'imagination et de la fantaisie ; mais ensuite, quand elles s'éclairent, elles reviennent jusqu'au principe des sens d'où elles étaient parties, « *simulacra primo a sensibus vadunt ad fundum animæ sensibilis, ad organum imaginationis et phantasiæ, et exinde refluunt lucentes et successive venientes ad primum sensitivi princi-*

---

1. *Summa Theolog.*, I, q. 78, a. 4.

pium[1] ». Et cela n'a rien qui doive surprendre. Pourquoi les images ne feraient-elles pas une seconde fois, bien qu'en sens inverse, le chemin qu'elles ont fait une première fois ? Qui peut aller d'Athènes à Thèbes, ne pourrait-il donc aller de Thèbes à Athènes ? L'expérience le montre, et Aristote l'avait déjà observé, certains regards peuvent ternir la surface très pure d'un miroir. « Si le regard peut exercer une telle action sur un objet étranger avec lequel il ne forme pas corps, à plus forte raison un de nos organes extérieurs peut-il subir une influence de nos parties organiques centrales, *similiter facile et celeriter moveri potest organum sensus a particulis intra,* puisque ces parties et nos sens extérieurs forment un tout continu, et qu'un nerf va sans interruption des centres à chacun de nos organes de la périphérie, *cum illæ sint in organis sensuum conjunctæ, in eodem subjecto, et continuus sit nervus ab interioribus ad organa veniens*[2]. »

Et que va-t-il se passer à la suite de ce retour de l'image dans les sens ? On le devine sans peine : les sens étant impressionnés comme ils l'avaient été à la présence de l'objet, « *eodem modo... sicut ex prius accepta forma motus in organo*[3] », entrent en activité et sont déterminés à l'acte de leur perception spécifique, l'œil voyant, l'oreille entendant, le goût savourant, comme s'ils étaient sous l'action des objets réels, à l'état de

---

1. *De Somno et Vigiliâ*, lib. II, tract. II, cap. II. Cf. *ibid.* tract. I, cap. IV.
2. *Ibid.*, tract. I, cap. VI.
3. Albert. Magn., *De Somno et Vigiliâ*, lib. II, tract. I, cap. VII.

veille, « *in somnis visum pati, sicut et alios sensus... evenit nobis quemadmodum vigilantibus* [1] ».

Revenant à l'objection que nous devons résoudre, supposons maintenant un homme hypnotisé à qui l'on a suggéré qu'il a sous les yeux un « carré rouge ». On nous accorde que « les hallucinations hypnotiques sont du nombre des plus violentes ou que tout au moins la plupart méritent d'être rangées parmi ces dernières [2] ». L'imagination de notre sujet étant violemment excitée, l'image du carré rouge devra, en conséquence, descendre jusqu'au sensorium commun et mettre en mouvement l'appareil nerveux visuel : les fibres de la rétine seront donc aussi fortement impressionnées : donc encore elles ressentiront bientôt de la fatigue, « *oculus fatigatur ex forti intuitu* [3] ». Si alors, brusquement, à la place du carré rouge, vous faites voir à votre hypnotisé une feuille blanche, sa vue ne pourra plus faire qu'une analyse incomplète de la nouvelle couleur qui lui est présentée, et, le plus naturellement du monde, qu'il sache la théorie des couleurs complémentaires ou qu'il l'ignore, au lieu de voir la couleur blanche, il n'accusera plus « qu'une impression de vert et de violet, qui se combinent en vert-bleu [4] ».

— Mais le carré rouge n'existait pas réellement. — C'est vrai. Mais le sujet en avait bien réellement

---

1. *De Somno et Vigiliā*, lib. II, tract. I, cap. III.
2. Gombault, *L'Avenir de l'hypnose*, p. 107.
3. *Summa Theolog.* 1. II, q. 22, a. 2, ad 3.
4. *L'Avenir de l'hypnose*, p. 105.

l'image dans les yeux. Cela suffit, car même quand les objets sont présents, ils n'entrent pas dans l'œil, en nature, mais seulement en image. Vous oubliez le mot de saint Thomas : « *lapis non est in oculo, sed species lapidis* ».

Cette théorie d'Albert le Grand, de saint Thomas et d'Aristote, et la solution qu'elle nous fournit, sont d'accord tout à la fois avec les principes et avec les faits ; mais j'ajoute que la science contemporaine les confirme d'une manière éclatante.

Tout à l'heure Albert le Grand, avec une puissance et une sûreté d'intuition merveilleuses, nous affirmait que les traces ou images des objets, grâce au nerf intermédiaire, pouvaient aussi bien monter des sens à l'imagination que descendre de l'imagination aux sens ; c'était supposer le nerf indifférent à transmettre les impressions dans une direction ou dans une autre. Or, d'après les expériences récentes des savants — non pas celles de Paul Bert [1] — la thèse de la « *conductibilité indifférente* » des nerfs, ou « *loi de la conduction dans les deux sens* » peut être regardée comme définitivement établie. « En réalité, lisons-nous dans un manuel tout récent et autorisé, le nerf est un conducteur indifférent qui transmet les excitations dans les deux sens [2]. »

Par ailleurs, le retour des images d'un point intracérébral quelconque jusqu'aux organes de la périphérie est nettement affirmé par les physiologistes d'aujourd'hui : « L'action du courant nerveux d'idéation, écrit

---

1. Mathias Duval, *Cours de physiologie*, p. 30. — Hédon, *Précis de physiologie*, p. 348.
2. Hédon, *ibid*.

M. le professeur Ch. Debierre, ne retentit pas seulement sur les ganglions moteurs, mais elle retentit aussi sur les ganglions sensoriels. De même que l'idée est éveillée par les impressions sensorielles, de même aussi l'idée réagit sur les centres sensoriels, au point de produire dans certaines circonstances des illusions et des hallucinations. L'idée d'une odeur nauséabonde peut exciter la sensation au point de produire le vomissement; l'image vue dans un rêve peut persister quelque temps après qu'on a ouvert les yeux. Certaines personnes, en se figurant mentalement l'image d'un objet qui n'est pas présent aux sens, le voient comme passer devant elles dans son costume changeant. Ainsi Dickens entendait positivement les voix de ses personnages; ainsi Flaubert causait avec les siens et était affecté par eux[1]. »

Le savant professeur de physiologie à l'Académie impériale de Médecine de Saint-Pétersbourg, prince Jean de Tarchanoff, écrit de même : « La physiologie nous apprend qu'au fond des phénomènes de l'excitation des centres nerveux, qu'il s'agisse des centres purement moteurs ou des centres de sensations ou de représentations, se trouve une forme particulière de mouvement moléculaire vital qui, en se propageant excentriquement, vers les muscles, provoque le mouvement, et, en se propageant vers les appareils périphé-

---

1. *La Moelle épinière et l'Encéphale*, p. 421. Compar. James Sully, *Les illusions des sens et de l'esprit*, p. 80-83, p. 132, « Arrière-rêves ».

riques sensitifs, provoque la projection de sensations et de représentations déterminées [1]. »

En tenant un tel langage, nos maîtres d'aujourd'hui paraissent bien croire qu'ils expriment une vérité nouvelle, et ne pas soupçonner qu'ils ne font que reproduire une thèse d'Aristote et des scolastiques de la grande époque. Quoi qu'il en soit, l'accord de la psychologie antique et de la physiologie moderne réduit à néant l'objection qu'on nous avait opposée, et nous permet de procéder, en sécurité parfaite, à l'achèvement de notre théorie de l'hypnose.

III

Le moment est venu d'aborder les phénomènes qu'on pourrait appeler transcendants de l'hypnose. Les autres me semblent suffisamment expliqués soit par ce que j'ai dit, soit par ce que nous avons entendu dire dans le procès de l'hypnotisme, où adversaires et défenseurs nous exposèrent tour à tour leurs raisons [2]; mais il reste ces faits étranges, dont le récit a ému si fort l'opinion, et jeté un certain trouble même dans des esprits réputés fermes. L'on se souvient de l'expérience de M. Focachon sur Élisa F...: un simple papier de timbre-poste gommé produisant en quelque vingt-quatre heures tous les effets d'un vésicatoire véritable, rougeur intense, gonflement de la peau, phlyctènes, suppuration [3]; et des expériences,

---

1. *Hypnotisme, suggestion, et lecture des pensées*, traduit du russe par Ernest Jaubert, p. 20.
2. Voir plus haut, chapitres VI, VII, VIII.
3. Voir plus haut, chapitre V.

plus frappantes encore peut-être, de MM. Bourru, Burot et Mabille, obtenant d'un sujet, par suggestion, que certaines lettres apparussent en traits de sang sur son bras, d'abord après quelques heures, ensuite presque instantanément[1]. Que penser d'événements si extraordinaires ? Faut-il admettre qu'ils sont réels ? et supposé qu'ils le soient, à quelle cause les rapporter ?

A la première question je réponds tout de suite que malgré les doutes élevés même par certains partisans de l'hypnotisme, j'admets que la réalité de ces faits n'est pas sérieusement contestable. Quant à la seconde, je vais dire ce que je pense en établissant les trois propositions suivantes : 1° l'imagination est capable à elle seule de produire, en certains sujets, de pareils résultats ; 2° en attribuant à l'imagination un tel pouvoir, bien loin d'innover, je ne fais que suivre l'enseignement traditionnel et commun des grands théologiens ; 3° l'on peut, dans une certaine mesure, se rendre compte que l'imagination puisse produire ces phénomènes exceptionnels.

Pour se convaincre qu'une imagination vivement excitée peut produire, en certains sujets, des exsudations sanguines ou autres phénomènes semblables, il suffit de se rappeler ce que l'expérience vulgaire, ce que tous les livres de psychologie et de physiologie qui traitent de « l'action du moral sur le physique » nous disent du pouvoir surprenant de cette faculté et de ce qu'elle opère, soit par elle-même, soit par les autres puissances qu'elle

---

1. Voir plus haut, chapitre V.

met en œuvre. Qui n'a entendu ces formules, répétées jusqu'à devenir banales : l'imagination, par ses tableaux, dilate le cœur ou le serre, accélère ses mouvements ou les ralentit, jette le sang au visage ou le refoule à l'intérieur, glace d'épouvante, enflamme de colère, donne des nausées, provoque la sueur brûlante ou froide, fait blanchir les cheveux dans une nuit, cause ou guérit des maladies très réelles, arrête ou stimule l'action des nerfs, enfin, par la rupture violente des vaisseaux sanguins dans les régions cardiaques ou cérébrales, amène une crise fatale ou tue à l'instant même : et les exemples suivent, innombrables ; et l'on ne manque pas surtout de vous rappeler ces paroles de Flaubert écrivant à M. Taine : « Mes personnages imaginaires m'affectent, me poursuivent, ou plutôt c'est moi qui suis en eux. Quand j'écrivais l'empoisonnement d'Emma Bovary, j'avais si bien le goût d'arsenic dans la bouche, j'étais si bien empoisonné moi-même, que je me suis donné deux indigestions, coup sur coup, deux indigestions très réelles, car j'ai vomi tout mon dîner »[1] ; et l'on vous parle de ces hypocondriaques qui, à force de se croire malades, le sont devenus très gravement, ou de ces goutteux en pleine crise qu'un incendie ou un accident de chemin de fer dont ils allaient être victimes ont subitement rendus ingambes ; et l'on vous cite les effets prodigieux des pilules de mie de pain solennellement administrées à des malades réfractaires aux médications les plus énergiques ; et ce jeune ouvrier imprimeur de Bordeaux, qui, se croyant

---

1. Taine, *De l'intelligence,* t. I, p. 90.

épileptique, parce qu'il avait été mordu par un chien que tout le monde à l'atelier disait être atteint d'épilepsie, souffrit pendant plusieurs mois d'accès effroyables, jusqu'à ce que M. le professeur Pitres le guérit radicalement d'un seul coup, en lui persuadant qu'il allait lui administrer le remède de M. Pasteur, alors qu'il lui injecta tout simplement sous la peau de l'avant-bras un centimètre cube d'eau stérilisée ; et cette femme à qui une vive contrariété fit vomir le sang ; et ce mot bien connu du médecin John Hunter : « Ma vie est à la merci du premier gredin qui voudrait me faire mettre en colère », mot très juste, puisque l'infortuné docteur mourait peu de temps après subitement dans un accès de colère ; et enfin l'histoire de cette pauvre mère, qui, apprenant que sa fille venait d'échapper à un horrible danger, tomba frappée d'apoplexie, tuée par la terreur et par la joie.

Au récit de tous ces faits et de milliers d'autres semblables, une réflexion naît spontanément dans l'esprit : si l'imagination est si puissante, comment ne pourrait-elle pas, supposé que son activité soit dirigée dans ce sens, produire des hémorragies et des exsudations à la surface du corps ? Quoi donc ! elle peut créer des maladies, corrompre les humeurs, « tourner le sang », suivant l'expression populaire si énergique et si vraie, produire des lésions organiques internes d'une extrême gravité, rompre les vaisseaux sanguins du cerveau et des poumons, briser le cœur, et elle serait incapable de distendre le tissu des vénules et d'élargir les pores de la peau, de manière à donner passage à quelques gouttelettes de sang ? Mais cela est contraire à toute vraisemblance et à toute raison. Car qui peut le plus peut le moins. Or, rompre une veine et tuer, est certainement plus que distendre seulement un tissu, ouvrir les pores, et causer une légère hémorragie.

N'y aurait-il que cet argument, tiré de la puissance de l'imagination considérée d'une façon générale, nous serions obligés d'admettre, en bonne logique, que les expériences de Nancy et de La Rochelle ne dépassent point son pouvoir. Mais l'observation nous fournit des faits spéciaux qui prouvent plus directement notre thèse. Je vais en rapporter quelques-unes.

Le Dr Hack Tuke, ancien président de la Société médico-psychologique de Londres, voulant établir que « souvent l'afflux du sang dans les vaisseaux, sous l'influence d'une émotion, et principalement d'une émotion soudaine, cause une extravasation ou la rupture des petits vaisseaux sanguins, commence ainsi sa démonstration : « Comme exemple de l'influence de la crainte ou appréhension sur le système vasculaire, nous citerons tout d'abord le fait suivant ; il concerne une dame extrêmement intelligente, que nous connaissons beaucoup... Un jour, elle se promenait auprès d'un établissement public; elle vit un enfant, auquel elle s'intéressait particulièrement, sortir par une porte en fer. Elle vit qu'après avoir ouvert la porte, il la laissait aller, et qu'elle était sur le point de se refermer sur lui : elle crut même que cela se ferait avec assez de force pour lui écraser le pied ; néanmoins il n'en fut rien. « Il m'était impossible, dit-elle, de parler ou d'agir assez promptement pour empêcher ce que je redoutais ; du reste, je m'aperçus que je ne pouvais plus remuer ; une douleur si intense se développa dans mon pied, là même où j'avais cru que l'enfant serait blessé, que je pus seulement y porter la main pour en soulager l'extrême sensibilité. Je suis certaine de n'avoir fait aucun mouvement qui pût me donner une foulure ou une entorse. Le retour chez moi (j'avais à franchir environ un quart de mille) fut très pénible ; en retirant mes bas, je trouvai autour de la cheville un cercle qui semblait peint avec un liquide rutilant ; de l'autre côté, il y avait une large tache de même couleur. Le lendemain matin, tout le pied était enflé, et je dus garder le lit pendant plusieurs jours [1]. »

Rapprochons de ce fait celui que signalait naguère à M. Toussaint Barthélemy M. Ch. Richet : « Une jeune mère est occupée à ranger dans une armoire des porcelaines dont elle a les mains pleines : son petit enfant joue par terre à l'autre extrémité de la chambre, près du foyer sans feu ; à force de toucher au mécanisme l'enfant finit par décrocher la crémaillère, et le rideau de la cheminée menace de tomber sur le cou de l'enfant qui se trouve à genoux et dans la position du guillotiné, le rideau de la cheminée jouant le rôle du couperet... C'est à ce moment, précédant immédiatement la chute du rideau métallique, que la mère se retourne. Subitement, elle entrevoit le danger que court son petit enfant. Sous l'influence du saisissement « son sang »,

---

1. *Le Corps et l'Esprit*, traduit de l'anglais, par Victor Parant, p. 209.

selon l'expression consacrée, « ne fait qu'un tour ». Comme cette femme est très impressionnable et nerveuse, il se forma, sur-le-champ, un cercle érythémateux et saillant autour du cou, dans le point même où l'enfant allait être frappé. Cette empreinte persista assez intense, et assez durable, pour qu'un médecin, venu quelques heures après, pût encore la constater [1]. »

M. Hack Tuke a recueilli, dans les revues et les livres de médecine, un nombre considérable d'observations analogues, parmi lesquelles je note, au passage, le récit du docteur Marmisse, de Bordeaux, rapportant qu'une servante, « ayant vu saigner sa maîtresse à laquelle depuis longtemps elle donnait des soins assidus, éprouva une émotion si puissante au moment où le chirurgien enfonça la lancette dans le bras de la malade, qu'elle ressentit au pli du coude une sensation de piqûre, et que bientôt après une ecchymose apparut en ce point; et cet autre exemple, raconté par Tissot, d'un homme qui avait cru voir un spectre le saisir, et en avait été si terriblement effrayé, qu'il se produisit immédiatement à l'un de ses pieds de la rougeur et du gonflement, et, bientôt après, de la suppuration [2] ».

Je me contenterais de ces exemples, si la thèse n'était pas si importante, et si je n'en avais pas encore deux sous la main, dont la valeur démonstrative est particulièrement frappante.

« John Ford, officier de la marine royale, qui servait

---

1. Toussaint Barthélemy, *Étude sur le dermographisme*, p. 82.
2. *Le Corps et l'Esprit*, p. 210.

en Amérique sous Georges III, devint malade d'hydropisie. Au bout d'un an il fut renvoyé de l'hôpital naval. Le docteur Cocks l'engagea à laisser tous les remèdes de côté pour le moment et à se soumettre au seul traitement qui pût actuellement lui sauver la vie, c'est-à-dire à une opération chirurgicale : cette déclaration fit sur lui l'effet d'une décharge électrique. Malgré la fièvre qui l'accablait, il s'agita, tout inquiet. Lorsque son émotion fut un peu calmée, il dit d'une voix très faible : « Je ne pourrai jamais supporter une opération ; j'aime mieux mourir ! — Si c'est là votre décision, répliqua le médecin, vous pouvez vous considérer comme perdu ; toutes les drogues du monde ne vous sauveront pas. A tout hasard je viendrai demain matin vous voir, pour connaître votre dernier mot. » Effectivement, M. Cocks revint le voir ; mais la situation avait changé. Peu de temps après son départ, le malade avait paru énormément troublé de corps et d'esprit ; il gémissait profondément ; il pleurait abondamment, et ne pouvait se calmer. Le seul mot d'opération avait en réalité fait merveille. Il se produisit une transpiration abondante ; à travers les pores de la peau, il sortit des flots de liquide ; on eût dit de l'eau bouillante. Cela dura toute la nuit. Toute la literie, depuis les sangles jusqu'à la couverture, fut imprégnée de sérosité : il y en avait jusque sur le plancher. Le malade guérit et fut engagé de nouveau sur un navire en partance pour la Jamaïque. Il mourut deux ans après, de la fièvre jaune [1]. »

---

1. *Le Corps et l'Esprit*, p. 247.

Voici le second fait que j'emprunte encore à M. Hack Tuke, qui l'a emprunté lui-même à l'étude de Handfield Jones, *Studies on fonctional nervous disorders* :

« Parmi les effets de l'excitation émotive, il faut comprendre la rupture des capillaires cutanés, ou la transsudation, à travers leurs parois, d'une quantité de sang capable de constituer une *transpiration sanguinolente*.

« Un matelot, âgé de 30 ans, s'étant laissé envahir par la peur au milieu d'une tempête horrible, tomba sans parole sur le pont, mais présenta de plus sur le visage de larges gouttes de sueur d'une brillante couleur rouge. On crut d'abord que le sang venait du nez, ou bien que le matelot s'était blessé en tombant; mais, en essuyant ces gouttes rutilantes, le chirurgien du bord fut étonné d'en voir de nouvelles prendre leur place. Cette sueur colorée coulait de différentes parties du front, des joues et du menton : et même elle ne se bornait pas là, car en ouvrant les vêtements, on la trouva encore au cou et à la poitrine. En essuyant et en examinant avec soin la peau, le chirurgien vit nettement que le liquide sortait des orifices des glandes sudoripares. Ce liquide tachait si fortement, qu'en pressant avec la main le linge qui avait servi à l'essuyer, on avait les doigts tout pleins de sang. Au moment où cessa cette sueur de sang, l'homme recouvra l'usage de la parole [1] ».

Maintenant raisonnons un peu sur tous ces faits.

Une femme voit, par l'imagination, l'horrible blessure que va faire au pied d'un enfant une porte de fer qui se

---

1. *Le Corps et l'Esprit*, p. 221.

referme sur lui, et, selon le mot populaire mais si juste, elle reçoit elle-même un coup de sang au pied ; une mère voit, par l'imagination, le cou de son fils tranché par le rideau métallique d'une cheminée, et un cercle érythémateux et saillant se forme autour de son cou à elle-même ; un homme voit, en imagination, qu'un spectre le saisit par le pied, et la rougeur, le gonflement, la suppuration, suivent ; un autre voit, par l'imagination, toute l'horreur d'une opération à subir, et un liquide séreux coule abondamment de tout son corps ; un autre enfin, toujours par l'imagination, ressent toutes les affres du naufrage et de la mort, et il sue une sueur de sang. Quelle est la conclusion qui s'impose, et que tous ces faits démontrent ? La conclusion qui s'impose, c'est que l'*imagination* vivement frappée a le pouvoir de projeter le sang sur un point donné du corps avec une telle violence et d'impressionner de telle manière les divers tissus de la périphérie, qu'il en résulte une rupture des vaisseaux capillaires, des boursouflures et de l'inflammation, de la suppuration, un écoulement de sérosités, une transpiration sanguinolente, parfois subitement, à l'improviste. Pouvons-nous encore, après cela, soutenir raisonnablement que les phénomènes présentés par Élisa F... ou par Louis V... exigent l'intervention d'un agent préternaturel ? Ces phénomènes sont les mêmes exactement que les observations rapportées nous ont mis sous les yeux. Dira-t-on que l'imagination des deux sujets n'était pas surexcitée ? Mais nous savons au contraire, par un récit authentique, que l'on avait déployé la plus grande mise en scène pour la frapper aussi vivement que possible; mais nous savons que les deux sujets avaient été dès longtemps entraînés par des manœuvres hypnotiques répétées : nous savons enfin que tous les deux étaient hystériques, à un degré exceptionnel. L'on ne saurait donc prétendre que leur imagination n'avait pas été vivement frappée et surexcitée. Et dès lors, exsudations et hémorragies ne nous offrent plus rien que de naturel, et la loi du raisonnement scientifique, qui prescrit d'expliquer toujours les phénomènes par leur cause *minima* suffisante, nous interdit d'affirmer qu'il y ait eu autre chose.

Mais peut-être que plusieurs de mes lecteurs, tout en admettant que les faits sont avérés et la conclusion qu'on en tire légitime, penseront que l'on n'avait jamais reconnu jusqu'ici à l'imagination une aussi grande puissance; et que la doctrine qui vient d'être exposée, puisqu'elle est vraie, constitue bien un progrès, mais ne laisse pas en même temps d'être une nouveauté. Je veux, par quelques citations peu nombreuses, mais prises aux bons endroits, éclairer brièvement leur doute sur ce sujet.

Commençons par saint Thomas, dont je ne vais rapporter que trois petits passages. Voici le premier : « A l'imagination, si elle est forte, le corps obéit *naturellement* en plusieurs choses, *imaginationi si fuerit fortis*, NATURALITER *obedit corpus quantum ad aliqua* : par exemple, dans le mouvement qui fait tomber quelqu'un d'une poutre élevée en l'air ; car l'imagination est, de nature, le principe du mouvement local, comme il est dit au livre III *De l'Ame,* texte 48 et suiv.; par exemple encore, dans les altérations ¹ organiques qui se font par la chaleur et par le froid et ce qui s'ensuit, *similiter etiam quantum ad alterationem quæ est secundum calorem et frigus, et alia consequentia.* C'est qu'en effet, de l'imagination naissent les passions de l'âme qui ont leur retentissement dans le cœur, *secundum quas moretur cor :* d'où il résulte, par l'agitation des esprits, que *tout le corps* est altéré, *et sic, per commotionem spirituum* TOTUM CORPUS *alteratur* ² ».

Les physiologistes de profession auront tout de suite remarqué la portée, presque effrayante, de ces mots du saint Docteur « : le corps obéit à l'imagination pour les altérations organiques qui se font *par la chaleur et par le froid et ce qui s'ensuit* »; mais ces termes sont généraux, et nous pourrions attribuer aux paroles de saint Thomas une portée qu'il n'y a pas attachée lui-même. Il nous faut quelque texte qui précise. En voici un.

Il est tiré du chapitre de la *Somme philosophique* qui a pour titre : « Que Dieu peut opérer en dehors de l'ordre établi dans les choses, en produisant des effets sans leurs causes propres. » Je traduis :

« La création tout entière est plus soumise à Dieu que le corps de l'homme ne l'est à son âme; car l'âme est proportionnée au corps, puisqu'elle en est la forme, et Dieu dépasse, sans proportion, toute créature. Or,

---

1. V. le *Commentaire* de saint Thomas *sur les Sentences :* III, 15, 2, 1, 1, c.
2. *Summa theolog.,* III, q. 13, a. 3, ad 3.

de ce que l'âme *imagine* quelque chose et en est vivement frappée, il s'ensuit *quelquefois* une modification dans le corps d'où résulte la santé ou la maladie sans l'action des agents matériels qui normalement causent la maladie ou la santé, *ex hoc quod anima* IMAGINATUR *aliquid et vehementer afficitur ad illud, sequitur aliquando immutatio in corpore ad sanitatem vel œgritudinem, absque actione principiorum corporalium quœ sunt nata in corpore œgritudinem vel sanitaten causare.* Donc, à bien plus forte raison, quelque effet peut suivre d'un vouloir divin dans les créatures, sans que les causes qui selon l'ordre établi doivent le produire, exercent leur activité [1]. »

Voilà donc saint Thomas enseignant formellement, comme nous, que l'imagination seule peut, « *quelquefois,* ALIQUANDO », créer des maladies, ou les guérir. Mais l'on trouvera peut-être encore que la formule est un peu vague : en tout cas, il sera toujours intéressant de savoir quelque chose de l'étendue qu'il accorde à ce pouvoir. C'est pourquoi je transcris un troisième texte.

Je l'emprunte à un article dont le commentaire fournirait une étude de la plus haute actualité, et qui porte pour titre : « Si opérer des miracles doit être attribué à la foi. » Voici la traduction du passage qui regarde notre question :

«... Quand les saints opèrent des miracles, ils agissent par la vertu de Dieu qui opère dans la nature.

---

[1]. *Summa contr. Gentil,* lib. III, cap. XCIX.

Car l'action de Dieu sur toute la nature est comparable à l'action de l'âme sur le corps. Or le corps peut être modifié et changé en dehors des agents physiques, *principalement par une imagination fixe,* en suite de laquelle le corps s'échauffe soit par les désirs, soit par la colère, ou même est altéré JUSQU'A LA FIÈVRE ET A LA LÈPRE, *corpus autem transmutatur præter ordinem principiorum naturalium, præcipue per aliquam imaginationem fixam, ex qua corpus calefacit per concupiscentiam vel iram,* AUT ETIAM IMMUTATUR AD FEBREM VEL LEPRAM ...[1] »

Nous voilà maintenant renseignés sur la puissance que reconnaît saint Thomas à l'imagination.

« Une imagination fixe » peut, d'après lui, non seulement donner la fièvre, mais la LÈPRE. Lisez, si vous en avez le courage, une description de la lèpre dans n'importe quel livre de médecine : — « La lèpre est une maladie squameuse, etc. » — et dites ensuite si nous allons plus loin que saint Thomas en attribuant à la redoutable fantaisie le pouvoir de produire « sur la peau » des exsudations et des gouttelettes de sang.

Cette pensée de saint Thomas, qu'il a si souvent et si nettement formulée, nous est une garantie suffisante

---

1. *Questiones disputatæ,* De potentia, q. VI, a. 9. Saint Thomas exprime la même idée en de nombreux endroits de ses œuvres ; et en quelques-uns il ajoute : « Comme l'enseignait Avicenne. » L'on a exploité habilement ces paroles, et l'on a dit, en fermant complaisamment les yeux sur le contexte : « Vous le voyez, saint Thomas ne parle pas ici en son nom, mais au nom d'Avicenne. » Le passage que je viens de citer coupe court à cette exégèse.

que les théologiens de l'École dominicaine et thomiste ne sont pas éloignés de ce sentiment. Mais ce pourrait être un sentiment particulier à cette École.

Qu'a pensé là-dessus Suarez ?

L'illustre théologien nous fait connaître son opinion dans son traité de l'Incarnation, à l'endroit où il parle de l'agonie du Sauveur au Jardin des Oliviers, et de la sueur de sang « coulant jusqu'à terre »[1] qu'y versa Jésus. Quelle idée faut-il se faire de cette sueur de sang ? Devons-nous la considérer comme miraculeuse en elle-même, ou, au contraire, comme un phénomène naturel en soi, résultant de la mystérieuse et insondable tristesse qui avait saisi l'âme du Christ ?

« Je dis, répond Suarez, que, sans miracle spécial, le Christ Jésus sua le sang, par la violence de la tristesse et de l'agonie qu'il souffrit dans sa prière. *Dico, Christus Dominus, absque speciali miraculo, sanguinem sudavit, ex vi internæ afflictionis et agoniæ, quam in illa oratione passus est*[2]. » Il le prouve par une première raison théologique, et poursuit : « En second lieu, cela peut s'expliquer, comme le fait Cajetan, par une raison naturelle et physique, *naturali et physica ratione*. Car, de même qu'une grande émotion produit violemment la sueur, ainsi une émotion intense si les sources de la sueur sont taries, peut faire sortir le sang, *ita si vehemens sit passio, et deficiat sudoris materia, fieri potest ut sanguinem expellat*... Le corps du Christ était affaibli

---

1. *Évangile selon saint Luc*, chap. XXII, 44.
2. *De mysteriis Christi*, Disput. XXXIV, sect. 2.

et épuisé, *debile et exhaustum*, il put dès lors se faire que, la sueur étant tarie, le sang coulât, chassé par la violence de la peine intérieure, *fieri potuit ut deficiente materia sudoris, sanguis fuerit ex vi interioris afflictionis expulsus* » [1].

C'est ainsi que Suarez, à la suite de Cajetan, explique la sueur de sang de Jésus : et « la cause qu'il lui assigne, dit-il, est à la fois naturelle et suffisante, *hæc causa a nobis explicata est* NATURALIS ET SUFFICIENS *ad hunc effectum* [2] ». Suarez admet donc bien, lui aussi, qu'une émotion vive peut, en certains cas, provoquer l'apparition du sang sur nos membres. Un autre maître célèbre de la Compagnie de Jésus, Maldonat, soutient la même thèse dans son commentaire sur les Évangiles. Voici en quels termes il s'exprime sur le même sujet :

« Bien qu'il y en ait, dit-il, qui pensent que la sueur de sang du Christ a été un miracle, *etsi sunt qui miraculo præter naturam factum putent*, j'estime plutôt que cette sueur fut naturelle, *potius naturalem sudorem fuisse arbitror*... Aristote affirme que le fait peut se produire naturellement, et que, de vrai, il s'est produit; et la raison enseigne, en effet, que, dans les hommes d'une constitution exceptionnellement délicate, *in hominibus præsertim raræ texturæ delicatæque constitutionis*, ce phénomène peut avoir lieu..... Pourquoi, de même que nous voyons des hommes saisis d'une frayeur

---

1. *De mysteriis Christi*, Disput. XXXIV, sect. 2.
2. *Ibid.*

subite se couvrir de sueur, le Christ, dont le corps était si délicat, n'aurait-il pas *naturellement* sué du sang, au spectacle de l'ignominieux supplice qui l'attendait, *cur..... ita Christum, qui delicatissimæ naturæ erat non dicamus* NATURALITER, *apprehenso ignominiosissimo genere mortis, sanguinem sudavisse?* — Est-ce que je n'entends pas raconter, par ceux qui l'ont vu ou connu, *audio de his qui viderunt aut cognoverunt*, qu'il y a deux ans, à Paris, un homme robuste et bien portant, ayant ouï prononcer contre lui la sentence de mort, fut subitement couvert d'une sueur de sang ? *audita in se capitali sententia sudore sanguineo fuisse perfusum?* »

Une opinion qui peut se recommander de saint Thomas, Cajetan, Suarez, Maldonat, ne manquera point, selon toute probabilité, de se gagner un nombre considérable de partisans dans le monde des théologiens. Que tel ait été le cas, en particulier, pour celle dont nous parlons, nous allons en acquérir la certitude tout à l'heure, en lisant le témoignage que nous en donne un des hommes les plus érudits de l'Ordre Bénédictin, l'illustre Dom Calmet. Dans une dissertation spéciale sur la « sueur du sang de Jésus-Christ »[1], il soutient expressément, et avec tous les développements scientifiques, la thèse de Suarez et de Maldonat. Or, voici en quels termes, pour nous d'une grande importance, il l'énonce :

---

1. *Dissertationes in Vetus et Novum Testamentum*. Dissertatio de sudore sanguinis Jesu Christi.

« *L'opinion commune* des théologiens enseigne que cette sueur de sang fut naturelle, mais coula plus violemment et en plus grande abondance que cela n'arrive d'ordinaire, COMMUNIS OPINIO *docet, sudorem illum sanguineum naturalem quidem fuisse, sed majori expressum vi et copia, quam soleat plerumque*. Et, de fait, les exemples abondent d'une sueur de sang se produisant sans miracle, sous le coup d'une frayeur subite, *exempla quidem multa suppetunt sudoris sanguinei, ex inopinato terrore seu discrimine sine miraculo educti* [1]. » Et le savant moine présente, en effet, une riche collection [2] d'exemples décisifs, dans laquelle nous pourrions puiser, si nous n'étions déjà suffisamment renseignés par ailleurs.

La seule chose sur laquelle je veuille insister, c'est que Dom Calmet affirme que sa théorie sur la sueur de sang du Christ, comme phénomène suivant tout naturellement l'action violente exercée par l'imagination sur la sensibilité de Jésus, est l'enseignement commun des théologiens : « COMMUNIS *opinio docet* ». J'avais donc raison de dire, il y a un instant, qu'en attribuant à l'imagination, en certains cas, et en certains sujets, le pouvoir de faire apparaître des gouttes de sang sur la peau, je n'innovais point, et ne faisais que reproduire

---

1. *Dissertationes in Vetus et Novum Testamentum*, V.
2. Dom CALMET, comme il nous l'apprend lui-même avec une parfaite modestie, à la fin de sa dissertation, avait rédigé cette étude en collaboration avec Alliot de Mussey, docteur en médecine de la Faculté de Paris, qui lui avait fourni les plus précieux renseignements.

l'enseignement traditionnel et *commun* des grands théologiens. Je pourrais m'en tenir là, et considérer comme faite la preuve que j'avais promise. Mais je n'aurai garde de négliger un document qui reste encore en ma faveur, et plus péremptoire que tout ce que j'ai produit.

Chacun sait ce que fut Benoît XIV, non seulement comme pape mais comme théologien, et de quelle autorité jouissent toujours dans l'Église ses opinions en matière de doctrine. Eh bien! Benoît XIV, dans son livre « De la béatification des serviteurs de Dieu et de la canonisation des Bienheureux », l'un de ses ouvrages les plus célèbres, et qui demeure encore aujourd'hui la règle des Congrégations romaines dans leurs travaux et dans leurs décisions, consacre d'une façon éclatante par son suffrage les vues que je défends ici. Qu'on en juge.

Dans un chapitre de l'ouvrage cité tout à l'heure et intitulé : *Des sueurs et des larmes de sang qui coulent parfois du corps et des yeux des serviteurs de Dieu*, le grand pape théologien, mentionnant l'étude de Dom Calmet que nous connaissons, écrit : « Si quelqu'un veut connaître des exemples de sueurs de sang, et de larmes de sang, ayant coulé sans miracle aucun, *citra ullum miraculum profluentium*, il peut lire cette dissertation d'une érudition vraie, *dissertationem plane eruditam*..... D'autres faits sont aussi rapportés par Marcel Donat et Réjès, lesquels *démontrent parfaitement* que des larmes et des sueurs de sang ont coulé naturellement, non seulement quand il y a eu maladie du corps, mais simplement par tristesse et peine d'esprit, QUÆ PERFECTE DEMONSTRANT, *non solum ex infirmitate corporis*, *sed etiam ex mœstitia, animique dolore naturaliter lacrymas, sudoremque sanguineum manasse* [1] ».

Ces faits dûment constatés et admis, Benoît XIV tire la conclusion qui s'en dégage par rapport à la sueur du sang du Christ, et voici en quels termes : « Puis donc que des sueurs de sang et des larmes de sang ont pu *naturellement*, en certains hommes, résulter de certains états d'âme violents, *quemadmodum* NATURALITER *in aliis hominibus vehementi passione modo humano affectis potuit naturaliter sudor sanguineus a corpore, potuerunt lacrymæ sanguineæ ab oculis emanare*, le Christ Jésus, sous le poids de l'affliction, a bien pu, sans miracle, verser des gouttes de sang coulant jusqu'à terre. »

Comme on le voit, la pensée du Pontife est aussi nette que possible, et l'expression en est si claire qu'elle ne nous laisse rien à désirer. Il ajoute pourtant une phrase que je suis heureux de mettre sous le regard de nos lecteurs, — de ceux qui croient comme de ceux qui ne croient pas, — et dont chacun comprendra toute la portée. Voici cette phrase, qui suit immédiatement les paroles que je viens de citer :

« Les choses étant telles, il s'ensuit que, si quelquefois dans l'examen des actes des Serviteurs de Dieu ou des Bienheureux, DES FAITS SEMBLABLES se présentent, ils DOIVENT ÊTRE ÉCARTÉS DE LA CLASSE DES MIRACLES, *ex hoc efficitur ut, si aliquando in evolvendis actis Servo-*

---

1. *De servorum Dei beatificatione et Beatorum canonizatione*, lib. IV, part. I, cap. XXVI, 7.

rum Dei, sive Beatorum, SIMILIA OCCURRANT, HÆC A CLASSE MIRACULORUM ARCENDA SUNT [1]. »

Je n'ai vu nulle part que, jusqu'ici, un hypnotiseur ait fait couler, *au sens matériel du mot,* des larmes de sang à l'un de ses sujets, et je veux espérer que l'humanité, à défaut d'autres sentiments, empêchera toujours qu'on arrive jusqu'à un tel abus ; mais le fait se produirait-il que, suivant Benoît XIV, il ne nous obligerait pas, considéré en lui-même, à invoquer une cause préternaturelle, et autre que l'imagination.

Avec cela, je crois que la puissance de cette faculté est suffisamment établie ; voyons maintenant s'il sera possible de nous rendre quelque peu raison qu'une faculté de connaissance, comme est l'imagination, puisse influencer de la sorte notre organisme, notre corps.

Vouloir expliquer, dans le détail, comment notre intelligence et notre imagination exercent cette influence mystérieuse, je l'ai dit, il n'y faut pas prétendre dans l'état actuel de la science humaine. Cependant l'on aurait tort de conclure de là que, sur cette question, nous soyons absolument sans lumière.

La lumière, ici, nous vient de deux côtés : de l'ancienne philosophie scolastique, et de la physiologie contemporaine. Disons d'abord en quoi la philosophie nous éclaire.

Elle le fait par sa doctrine de « l'âme raisonnable forme substantielle du corps humain ». J'ai exposé ail-

---

1. *De servorum Dei beatificatione et Beatorum canonizatione,* lib. IV, part. I, cap. XXVI, 7.

leurs[1] cette théorie avec les développements qu'elle comporte, et prouvé sur quels fondements solides elle repose. Je ne puis faire ici qu'en reproduire la formule. La voici. Dans l'homme, qui est un composé de corps et d'esprit, l'esprit et le corps ne forment pas deux êtres, subsistant l'un à côté de l'autre, et unis d'une façon plus ou moins étroite, mais seulement accidentelle : bien loin de là, l'esprit, dans l'homme, pénètre le principe matériel d'une façon si intime, le saisit à un état de réalité si indéterminée et si rudimentaire, qu'en se communiquant à lui elle l'achève et le constitue comme être actuel d'abord, ensuite comme être corporel, être vivant, être sentant, selon le mot de saint Thomas : « *una enim et eadem forma est per quam homo est ens actu, et per quam est corpus, et per quam est vivum, et per quam est animal, et per quam est homo*[2]. » Les deux principes, matériel et spirituel, sont donc unis de manière à ne former qu'une seule substance, qu'une seule nature, subsistant d'une même subsistance, existant d'une existence unique ; l'âme étant dans la matière avec son riche apport d'actualités, la pénétrant mais ne s'y emprisonnant pas, mais émergeant au-dessus d'elle, mais la dépassant et la dominant par l'intelligence, comme la flamme dépasse et domine le flambeau.

De cette doctrine, Albert le Grand tire la conclusion importante que voici : « Si l'âme, une dans sa substance, quoique multiple dans ses puissances, est par elle-même

1. *L'âme humaine, existence et nature,* chapitre v, L'union de l'âme et du corps.
2. *Summa theolog.*, I, q. 76, a. 6, ad 1.

l'acte de notre corps en tant qu'il est à la fois réalité organique et physique, *ipsa est perfectio organici et physici corporis,* il n'y a rien dans notre corps qui soit totalement étranger, et ne soit pas soumis en quelque manière aux mouvements, aux émotions de l'âme, *nihil est in corpore animato quod non subdatur per aliquem modum animæ motibus*[1]. »

La conséquence est légitime. Mais nous pouvons poursuivre et conclure à notre tour, en précisant : donc, à l'idée et au sentiment les plus élevés, par exemple à l'idée de Dieu la plus sublime, engendrant l'acte d'amour de Dieu de la spiritualité la plus pure, le corps pourra s'émouvoir, et, d'une façon si humble que ce soit, marquer qu'il s'associe : cela peut se faire, puisque c'est la même âme qui subsiste dans l'homme, y communiquant à tout la vie et l'acte, depuis les sommets de l'intelligence jusqu'aux dernières profondeurs de la matière ; puisque l'âme raisonnable étant forme substantielle du corps, un acte de l'âme produit par la plus haute de ses puissances peut, comme une sorte de vibration vitale se communiquant de proche en proche et par degrés, influencer jusqu'aux parties infimes de l'organisme.

Mais, si l'intelligence et notre volonté supérieure, facultés tout intellectuelles, peuvent exercer une telle action sur le corps, il se comprend encore beaucoup mieux que l'imagination et l'émotivité exercent une action

---

1. *De Somno et Vigiliâ,* lib. I, tract. I, c. 7. — *Ibid.,* lib. II, tract. II, c. 2. Conf. S. Thomas, *Summa theolog.,* I. II, q. 117, a. 3, ad 3.

semblable, puisque l'une et l'autre sont des facultés ayant leur siège dans des organes et opérant par des organes. Et, dès lors, il ne paraîtra plus si étrange qu'un sujet dont l'imagination est violemment frappée, prétende en ressentir quelque contre-coup en telle ou telle partie de son corps.

Voilà ce que nous enseigne et nous permet de comprendre la philosophie. C'est peu, sans doute ; mais du moins ces données sont fondamentales ; et sans elles les découvertes les plus brillantes de la physiologie n'éclaireraient que la surface du problème.

Cette dernière science, elle aussi, nous donne quelque lumière.

Saint Thomas avait déjà observé que, quand par le fait, soit d'une idée, soit d'une image, une émotion s'élève dans l'homme, le cœur est atteint aussitôt, et plus sensiblement que les autres organes : « *semper actum appetitus sensitivi concomitatur aliqua transmutatio corporis, et maxime circa cor* [1]. » Claude Bernard a confirmé, par des expériences célèbres, cette remarque de saint Thomas ; et, vers la fin de sa belle leçon sur la « Physiologie du Cœur », voici ce qu'il nous dit : « La science physiologique nous apprend que, d'une part, le cœur ressent l'impression de tous nos sentiments, et que, d'autre part, le cœur réagit pour renvoyer au cerveau les conditions nécessaires de la manifestation de ces sentiments... Dans l'émotion, il y a toujours une impression initiale qui surprend en quelque sorte et arrête très lé-

---

[1]. *Summa Theolog.*, p. I. 20, 1, ad 1.

gèrement le cœur, et par suite une faible secousse cérébrale qui amène une pâleur fugace ; aussitôt le cœur, comme un animal piqué par un aiguillon, réagit, accélère ses mouvements et envoie le sang, à plein calibre, par l'aorte et par toutes les artères [1]. »

Voilà un renseignement précieux, mais qui provoque tout de suite une question :

Le sang ainsi violemment lancé par le cœur, où se portera-t-il ? La physiologie peut encore nous le dire. Nous l'entendions tout à l'heure de Claude Bernard : il appartient au cerveau de régler la manifestation du sentiment, et le sang lui est offert comme l'agent indispensable de cette manifestation [2]. Le sang devra donc se rendre aux parties visées par le cerveau, c'est-à-dire par les sens intérieurs, et tout spécialement par l'imagination. « C'est un principe fondamental, écrit Hack Tuke, répétant ce que tous les physiologistes disent de concert : Que le seul fait de penser à une partie du corps *suffit pour y augmenter localement l'afflux du sang et l'activité nerveuse*... Mais l'intervention d'une émotion puissante augmente énormément l'effet produit [3]. »

Quand MM. Burot et Mabille suggéraient, avec l'insistance que nous avons vue, à leur sujet hypnotisé qu'il allait saigner à l'endroit de son bras où ils avaient tracé des lettres, son imagination étant anxieusement fixée sur ce point, le sang devait donc y affluer avec violence, y déterminant la chaleur et les autres effets capa-

---

1. *La Science expérimentale,* p. 362.
2. *Ibid.*
3. *Le Corps et l'Esprit,* p. 213.

bles de préparer et d'amener enfin le phénomène extraordinaire que nous savons.

La production du phénomène put du reste être favorisée par une autre cause. La physiologie nous apprend encore, en effet, qu'en certains états morbides, l'hystérie en particulier, la « peau acquiert une telle impressionnabilité, qu'il suffit d'un simple contact avec un instrument mousse ou avec l'extrémité de l'ongle, pour produire une impression persistante, intense et proéminente, plus ou moins colorée, soit en rose, soit en blanc [1]. » Or, nous savons que Louis V était hystérique à un degré qui n'est pas ordinaire. Le « dermographisme » pouvait donc fort bien être impliqué dans son état.

Je ne veux plus mentionner qu'un renseignement de la physiologie. C'est l'influence qu'elle constate, de l'imagination sur l'altération et la décomposition du sang [2]. « L'imagination elle-même, disait un ancien professeur de la Faculté de Paris [3], est une sorte de virus, qui peut tuer et tue souvent. » Un autre professeur anglais disait de même : « Je m'étonne de voir ce que peut produire l'imagination sur le sang, et avec quelle rapidité une préoccupation violente, une terreur, une anxiété, cause l'anémie, par exemple [4]. » Ce fait malheureusement trop avéré n'aide-t-il pas à comprendre qu'il se soit produit une certaine corruption du sang, à la

---

1. Toussaint-Barthélemy, *Étude sur le Dermographisme*, p. 19.
2. Cf. Debierre, *La moelle épinière et l'encéphale*, p. 422.
3. Le Dr Bosquillon cité par Hack Tuke, *Le Corps et l'Esprit*, p. 168.
4. *Ibid.*

place où Élisa F... s'imaginait qu'on lui avait appliqué un vésicatoire ?.....

. . . .

Mais ces quelques indications suffisent à mon but, qui était de montrer que l'on s'exagère parfois le mystère qui entoure la genèse des phénomènes transcendants de l'hypnose; et je ne veux pas faire attendre plus longtemps aux lecteurs mes conclusions.

CHAPITRE XV

CONCLUSIONS.

De tout ce que nous avons vu jusqu'ici il ressort premièrement :

I

Que trois conditions sont requises pour qu'il y ait hypnose, l'une qui regarde le sujet, l'autre, l'opérateur, la troisième, le moyen que celui-ci emploie.

Dans le sujet, il faut un état d'âme où l'exercice des facultés de contrôle et de gouvernement personnel soit *actuellement* très diminué ou même tout à fait suspendu, avec aptitude dans les facultés inférieures à subir, en l'acceptant, une influence et une direction venues du dehors ; — il faut de la part de l'opérateur une influence et une direction efficaces exercées sur les facultés du sujet ; — enfin, le moyen par lequel l'opérateur exerce cette influence et cette direction, doit être la parole articulée. Si ces trois conditions sont réunies, il y a hypnose ; si l'une d'elles manque, l'hypnose n'existe plus. Voilà pourquoi la télépathie, le magnétisme, le spiritisme, l'occultisme n'appartiennent pas, par définition, à l'hypnotisme franc.

L'hypnose ordinaire, sous sa forme classique, pour ainsi dire, est accompagnée du sommeil avec les caractères extérieurs que tout le monde connaît au sommeil. Pourtant il peut y avoir hypnose sans sommeil, au sens ordinaire et selon toute la compréhension du mot. L'on rencontre en effet des sujets qui sont suggestibles et ne sont pas endormis. Toutefois, ces sujets, bien qu'il paraissent éveillés, présentent, sous l'influence de la suggestion, les deux signes principaux que nous avons dit accompagner le sommeil : fonctionnement irrégulier des sens, contrôle insuffisant et direction inefficace de la partie rationnelle. Il se peut donc que leur état, en hypnose, soit un sommeil vrai, quoique incomplet : en tout cas, c'est un état fort semblable au sommeil.

Cela supposé, nous pouvons dire que l'hypnose est : *un sommeil ou un état analogue au sommeil, dans lequel l'activité psychique d'un sujet est influencée et dirigée du dehors, par suggestion verbale.*

II

Au moyen de l'hypnose renfermée dans ces limites précises, l'on a obtenu les effets les plus divers, allant de l'hallucination simple jusqu'aux exsudations sanguines, jusqu'à l'hémorragie instantanée. Nous avons examiné dans le détail les plus remarquables de ces phénomènes, invoquant tour à tour les principes de la psychologie thomiste et les découvertes de la physiologie contemporaine : le résultat de notre examen a été que plusieurs de ces phénomènes n'offrent, pour un psychologue, aucune difficulté, — que le pouvoir scientifiquement constaté de l'imagination les explique presque tous, — enfin qu'il n'en est aucun qui soit disproportionné aux énergies connues de l'âme humaine. Les grands théologiens eux-mêmes sont venus rendre témoignage en faveur de cette interprétation naturelle des faits.

Donc, au nom de la théologie comme de la philosophie, je conclus que :

L'hypnose, telle que nous l'avons définie, n'est, en soi, ni préternaturelle, ni diabolique.

III

Employée par des opérateurs honnêtes, à la fois psychologues et médecins, le traitement hypnotique a pu être appliqué à des milliers de sujets, sans que la santé d'aucun et le fonctionnement normal de ses facultés aient été compromis. Beaucoup ont été guéris de leurs maladies, ou notablement soulagés dans leurs souffrances. Plusieurs doivent à l'hypnotisme la vie. A l'égard d'hommes tombés dans l'abrutissement de l'ivrognerie et de la débauche, d'enfants dégénérés, il a été employé avec succès, comme moyen thérapeuthique secondant les moyens d'ordre moral.

L'hypnose n'est donc pas essentiellement malfaisante.

IV

En ce qui concerne la question de moralité, nous observons que ce n'est point une perfection due à la nature de l'homme qu'il ait toujours *actuellement* l'usage de la raison et la maîtrise de soi, ni qu'il ait toujours *actuellement* conscience de ce qu'il dit et de ce qu'il fait : nous observons encore que ce n'est point à l'homme une perfection due, qu'en toute chose et toujours il se dirige lui-même *actuellement* d'une direction qui s'étende jusqu'aux détails; mais, au contraire, que souvent son ignorance et son impuissance lui imposent en matière de science, d'affaires, de santé, de vie morale, le devoir comme la nécessité d'accepter et de suivre ponctuellement, et sans pouvoir les discuter, les enseignements et prescriptions d'autrui; qu'en bien des cas, c'est faire acte de clairvoyance parfaite que d'obéir aveuglément; enfin que l'homme, parce qu'*il se confie, ne se livre pas.* Dès lors nous ne voyons plus pourquoi un homme qui *voudrait* se faire hypnotiser et un autre qui l'endormirait, poseraient un acte immoral, en soi et de soi. L'acte sans doute sera immoral, si le sujet n'a pas de motif raisonnable de se faire hypnotiser, s'il s'adresse à un opérateur inexpérimenté ou malhonnête, s'il se propose une fin mauvaise, s'il ne s'assure pas, par la présence de témoins intelligents et dévoués, que la suggestion ne dépassera pas les limites que son bien réclame; mais alors l'acte deviendra délictueux pour l'une ou l'autre des causes que je viens d'énumérer : — de lui-même, il n'est ni bon, ni mauvais.

Que si l'on veut, à toute force, que l'hypnotisation, active ou passive, de soi et en général, soit un acte mauvais au sens philosophique et théologique du mot, nous avons démontré que cet acte, de soi et en général mauvais, peut, comme beaucoup d'autres, devenir légitime par le fait de certaines circonstances, « *honestari potest* ».

Et c'est pourquoi nous concluons que :

L'hypnose n'est pas toujours défendue, mais est permise quelquefois.

V

Quant à la prétention exprimée par quelques-uns de créer, au moyen de l'hypnose, une psychologie nouvelle, d'étendre la portée de l'esprit humain, et d'imprimer à toute la civilisation un mouvement gigantesque, ce n'est qu'une de ces illusions naïves auxquelles plusieurs savants de notre siècle semblent particulièrement sujets. L'hypnose n'étant guère autre chose, au fond, qu'*un rêve dirigé,* et excluant, précisément dans ses états les plus curieux, l'observation psychologique personnelle, est radicalement inapte à réaliser aucun de ces prodiges.

VI

L'hypnotisme, à plus forte raison, ne fait point de miracles. Tous ses phénomènes s'expliquent par les causes naturelles : et si l'on observe la manière dont les plus grands hypnotistes opèrent, ils se distinguent aussitôt des thaumaturges. Les thaumaturges agissant par la puissance divine qui « n'est limitée ni à un seul genre d'effets ni à une seule manière de les produire », [1] qui

---

1. Saint Thomas, *Summa Theolog.*, III, q. 28, a. 1, ad 4.

s'étend à toutes choses et à laquelle rien ne résiste, opèrent sur toute la nature, sur les corps aussi bien que sur les âmes, instantanément, par les moyens qu'ils veulent, avec la certitude absolue que l'effet suivra tel qu'ils le commandent. Les hypnotistes, au contraire, ne peuvent rien sur la nature inanimée : — ils n'influencent que l'imagination. — Et quelle peine ils se donnent, et avec quelle incertitude ils opèrent, et combien d'insuccès ils doivent enregistrer, nous l'avons vu. Pour comparer l'hypnotiseur au thaumaturge, il faut ignorer ce qu'est l'un et l'autre.

VII

Enfin, quant à ce qui concerne la valeur thérapeutique de l'hypnotisme, M. Wundt me paraît l'indiquer d'une façon très exacte dans les lignes suivantes :

« Si je ne puis concéder à l'hypnotisme la valeur extraordinaire que ses admirateurs lui reconnaissent en psychologie, je crois, par contre, qu'il possède sur un autre terrain, j'entends la médecine pratique, une valeur qu'on ne devrait pas méconnaître. Quiconque a lu la description détaillée et portant bien le caractère d'un objectivisme raisonné, du directeur actuel de l'école de Nancy, Bernheim, à laquelle se rattachent nommément les résultats obtenus par Forel, à Zurich, et par Wetterstand, à Stockholm, celui-là, dis-je, ne saurait se soustraire à l'idée qu'il s'agit ici, en réalité, de l'acquisition d'une méthode thérapeutique d'une importance extraordinaire. Cette méthode rendra d'autant plus de services qu'elle saura mieux se combiner avec une médication rationnelle d'autre part, et se débarrasser des nuages de l'antique mesmérisme dont elle s'encombre encore de ci de là, ainsi que Bernheim le sut faire mieux que personne. La thérapeutique suggestive, de par la nature même de la chose, est bornée, dans sa partie essentielle, aux troubles fonctionnels ; mais cela ne lui enlève rien de sa valeur et laisse suffisamment de champ à son application, quand on songe combien d'existences sont tourmentées par des maladies graves des fonctions nerveuses. En outre, les effets sécréteurs et vaso-moteurs de la suggestion permettent toujours d'agir sur les fonctions nutritives ; et les conséquences de cette action s'étendent au delà du domaine des effets fonctionnels immédiats [1]. »

Même réduite à cette influence, l'hypnose peut encore rendre de précieux services à l'humanité souffrante.

C'est pourquoi je suis heureux de redire, — pour terminer cette longue mais consciencieuse et impartiale étude, — aux médecins religieux, aux familles chrétiennes, et aux directeurs d'âmes, que ce problème préoccupe si vivement et à si juste titre :

L'HYPNOTISME FRANC N'EST PAS, DE SOI, DIABOLIQUE;
L'HYPNOTISME FRANC N'EST PAS, DE SOI, MALFAISANT;
L'HYPNOTISME FRANC EST PERMIS QUELQUEFOIS.

---

1. *Hypnotisme et suggestion, étude critique*, traduction Keller, p. 145.

PRINCIPALES PUBLICATIONS MODERNES
CONSULTÉES

Aksakow (Alex.). — *Animismus und Spiritismus.*
Arnold (Hans). — *Die Heilkräfte des Hypnotismus.*
Arréat (L.). — *Mémoire et imagination.*
Auvard et Secheyron (D^{rs}). — *Hypnotisme et suggestion en obstétrique.*
Azam (D^r). — *Hypnotisme, double conscience, et altérations de la personnalité.*
Barthélemy (T). — *Étude sur le dermographisme ou dermoneurose toxivasomotrice.*
Beaunis (H.) et Binet (A.). — *L'année psychologique.* — 1re année, 1894. — 2e année 1895.
Beaunis (H.). — *Le somnambulisme provoqué.*
Bérillon (Edgar). — *L'onychophagie.*
Bernard (Cl.). — *La science expérimentale.*
Bernheim (H.). — *De la suggestion.*
Bertrand (A.). — *Traité du somnambulisme.*
Biervliet (J.-J. van). — *Éléments de psychologie humaine.*
Binet (A.). — *Introduction à la psychologie expérimentale.*
—— *Les altérations de la personnalité.*
Binet et Féré. — *Le magnétisme animal.*
Björnström (Frédérik). — *Der Hypnotismus.*
Boirac (E.). — *L'hypothèse du magnétisme animal.*
Bois (Jules). — *Les petites religions de Paris.*
—— *Le satanisme et la magie.*
Bonjour (D^r). — *Hypnotisme, télépathie et spiritisme.*

Bonniot (J. de), S. J. — *Le miracle et ses contrefaçons.*
Braid (James). — *Neurypnologie.* Traduction du Dr Jules Simon.
Brierre de Boismont (A.). — *Des hallucinations.*
Brown-Séquard (M.). — *Recherches expérimentales et cliniques sur l'inhibition et la dynamogénie.*
Cajal (S.-R.). — *Structure du système nerveux.* Traduction du Dr Azoulay.
Caroli (G.-M.). — *Del magnetismo animale.*
Charbonnier (D^r). — *Maladies des mystiques.*
Charcot (J.-M.). — *Œuvres complètes.* — *Archives de neurologie.*
Claverie (F.). — *Étude sur l'hypnotisme.*
Cullerre (Dr A.) — *La thérapeutique suggestive.*
―― *Magnétisme et hypnotisme.*
Debierre (Ch.). — *Traité élémentaire d'anatomie de l'homme.*
— *Anatomie descriptive et dissection.*
―― *La moelle épinière et l'encéphale.*
Debreyne (le P.) et le Dr Ferrand. — *La théologie morale et les sciences médicales.*
Delbœuf (J.). — *De l'étendue de l'action curative de l'hypnotisme.*
―― *Die verbrecherischen suggestionen.*
―― *Le magnétisme animal.*
―― *L'hypnotisme devant les chambres législatives belges.*
―― *L'hypnotisme et la liberté des représentations publiques.*
Delbruck (Dr Anton.). — *Die pathologische Lüge.*
Dessoir (Max). — *Bibliographie des modernen Hypnotismus.*
―― *Erster nachtrag zur bibliographie des modernen hypnotismus.*
Dippel — *Der neuere spiritismus.*
Durand (J.-P.) de Gros. — *Le merveilleux scientifique.*
Duval (Mathias). — *Cours de physiologie.*
Effertz (Otto). — *Studien über Hysterie, Hypnotismus, Suggestion.*
Ferrand (Dr A.). — *Des suggestions dans l'hypnose.*

Féré (Ch.). — *La pathologie des émotions.*
—— *Sensation et mouvement.*
Ferret (l'abbé). — *La cause de l'hypnotisme.*
Fischer (Dr E.-L.). — *Der sogenannte Lebensmagnetismus oder Hypnotismus.*
Forel (Dr Aug.). — *Der Hypnotismus.* 2. 3. Auflage.
Foveau de Courmelles. — *L'hypnotisme.*
Franco (R.-P.). — *L'Ipnotismo tornato di moda.*
—— *L'hypnotisme revenu à la mode.* ⎱ Traduction
—— *La nouvelle théorie de la suggestion.* ⎰ Moreau.
Fredericq (L.) et Nuel (J.-B.). — *Éléments de physiologie humaine.*
Freiherrn (Dr von) Schrenck-Notzing. — *Der Hypnotismus im Münchener Krankenhause. Eine kritische Studie über die Gefahren der Suggestivbehandlung.*
—— *Ueber Suggestion und suggestive Zustände.*
Gay (l'abbé Gabriel). — *L'Hypnotisme, étude psychologique.*
Gérard (Dr). — *Guide de l'hypnotisme.*
Gibier (Paul). — *Le Spiritisme ou fakirisme occidental.*
Gombault (l'abbé). — *L'Avenir de l'hypnose.*
Gourbeyre (Dr Imbert). — *La stigmatisation, l'extase divine et les miracles de Lourdes.*
Grashey (Dr.) — *Der Prozesz Czynski.*
Grasset (J.). — *Leçons de clinique médicale.*
Grasset (J.) et Vedel (V.) — *Leçons de clinique médicale.*
Grossmann (Dr méd. J.) — *Die Bedeutung der hypnotischen Suggestion als Heilmittel.*
—— *Die Erfolge der Suggestionstherapie.*
Guaita (S. de). — *Essais de sciences maudites. Le serpent de la Genèse.*
Guermonprez (Dr Fr.). — *Il y a lieu d'interdire les séances publiques d'hypnotisme.*
—— *Congrès international de l'hypnotisme expérimental et thérapeutique.*
Guillemet (l'abbé Léon). — *Hypnotisme et psychologie.*

Gurney, Meyers et Podmore. — *Les Hallucinations télépathiques*. Traduction Marillier.
Haas (Dr L.). — *Ueber Hypnotismus und Suggestion*.
Hédon (E.). — *Précis de physiologie*.
Heberle (D^r). — *Hypnose und Suggestion im deutschen Strafrecht*.
Hirth (Georges). — *Les Localisations cérébrales en psychologie*.
Herzen (Alexandre). — *Le Cerveau et l'activité cérébrale*.
Janet (Pierre). — *L'Automatisme psychologique*.
Janet (Pierre). — *Les Accidents mentaux*.
Joly (Henry). — *L'Imagination*.
Krafft-Ebing (D^r. R. v.) — *Eine experimentale Studie auf dem Gebiete des Hypnotismus*.
L..... (J.-B.). — *Défense du magnétisme*.
Ladame (D^r). — *L'Hypnotisme et la médecine légale*.
Lafontaine (Ch.). — *L'Art de magnétiser*.
Lange (D^r). — *Les Émotions*.
Saulle (Legrand du). — *Les Hystériques*.
Lelong (A.). — *La Vérité sur l'hypnotisme*.
Lermina (Jules). — *Science occulte*. — *Magie pratique*.
Liébeault (A.-A.). — *Le Sommeil provoqué*.
—— *Thérapeutique suggestive, son mécanisme*.
Liégeois (Jules). — *De la suggestion et du somnambulisme*.
—— *De la suggestion hypnotique dans ses rapports avec le droit civil et le droit criminel*.
Lombroso (Cesare). — *Studi sull'Ipnotismo*.
Luis (J.). — *Les Émotions dans l'état d'hypnotisme*.
Manacéine (Marie de). — *Le Sommeil tiers de notre vie*.
Marin (Dr Paul). — *L'Hypnotisme théorique et pratique*.
Maury (A.). — *Le Sommeil et les Rêves*.
Méric (Elie). — *Le Merveilleux et la Science*.
Mesnet (Dr E.). — *Le Somnambulisme provoqué et la fascination*.
Moll (Dr Alb). — *Der Hypnotismus, Schriften der Gesellschaft für psychologische etc*.

Morand (D^r). — *Le Magnétisme animal, hypnotisme et suggestion.*
Morselli (E.). — *Il magnetismo animale.*
Mosso (A.). — *La Peur, étude psycho-physiologique.*
Nizet (Henri). — *L'Hypnotisme.*
Noguès (Dr E.). — *Hystérie à forme d'épilepsie partielle chez un jeune garçon.*
—— *Ædème bleu hystérique avec éruptions pemphygoïdes.*
—— *Un cas d'hystérie gastrique.*
Heinrich Obersteiner (D^r.). — *Die Lehre vom Hypnotismus.*
Ochorowicz (J.) — *De la suggestion mentale.*
Papus. — *Traité élémentaire de magie pratique.*
Pitres (A.). — *Leçons cliniques sur l'hystérie et l'hypnotisme.*
Prel (Dr Carl du). — *Entdeckung der Seele.*
Ribot (Th.). — *La Psychologie des sentiments.*
—— *Les maladies de la personnalité.*
Richer (Paul). — *Études cliniques sur la grande hystérie ou hystéroépilepsie.*
Richet (Charles). — *L'homme et l'intelligence.*
Ringier (Dr Georg.). — *Erfolge des therapeutischen Hypnotismus.*
Rochas (A. de). — *Les États superficiels de l'hypnose.*
—— *L'extériorisation de la sensibilité.*
—— *Les états profonds de l'hypnose.*
—— *L'envoûtement. — Documents historiques et expérimentaux.*
Schmidkunz (Dr Hans). — *Der Hypnotismus.*
Schneider (J.-P.-F.). — *L'Hypnotisme.*
Sully (James). — *Les Illusions des sens et de l'esprit.*
Surbled (Dr Georges). — *Le Sommeil, étude de psycho-physiologie.*
Taine (H.). — *De l'intelligence.*
Tarchanof. — *Hypnotisme et suggestion.* Traduction Jaubert.

THOMAS (P. Félix). — *La Suggestion, son rôle dans l'éducation.*
TOUROUDE (A.) — *L'hypnotisme, ses phénomènes et ses dangers.*
TOURETTE (Dr Gilles de la). — *Traité clinique et thérapeutique de l'hystérie.*
TROTIN (l'abbé C.) — *Étude morale sur l'hypnotisme.*
TUCKEY (Charles Lloyd). — *The value of hypnotism in chronic alcoholism.*
TUKE (Dr Hack). — *Le Corps et l'Esprit.* Traduction Parant.
VINCENT. — *The Elements of hypnotism.*
WETTERSTAND (OTTO G. D^r méd.). — *Der Hypnotismus und seine Anwendung in der praktischen Medicin.*
WUNDT. — *Hypnotisme et suggestion.* Traduction Keller.

Comptes rendus du premier congrès international de l'hypnotisme.

Revue de l'hypnotisme expérimental et thérapeutique. Paris.
Zeitschrift für Hypnotismus. Berlin.
Proceedings of the Society for psychical researches. London.
Civiltà Cattolica.
The Lyceum. Dublin.
Revue Philosophique. Paris.
Archives de Neurologie.
Progrès médical.
The Times.
L'Univers.

TABLE DES MATIÈRES

	Pages
Préface.	IX
Chap. I. — Comment on hypnotise.	1
Chap. II. — Tout homme peut-il hypnotiser ? Pouvons-nous tous être hypnotisés ?	22
Chap. III. — Peut-on être hypnotisé malgré soi ?	55
Chap. IV. — Étranges phénomènes qui accompagnent l'hypnose.	78
Chap. V. — Étranges phénomènes qui accompagnent l'hypnose (suite).	97
Chap. VI. — Le procès de l'hypnotisme. — Arguments de l'accusation.	136
Chap. VII. — Le procès de l'hypnotisme. — Arguments de la défense.	166
Chap. VIII. — Le procès de l'hypnotisme — Arguments de la défense (suite).	199
Chap. IX. — Pourquoi nous allons reprendre à nouveau l'étude de l'hypnotisme. — Quelques remarques préliminaires.	244
Chap. X. — Peut-on vouloir, en bonne morale, hypnotiser quelqu'un ? Peut-on vouloir être hypnotisé soi-même ?	260
Chap. XI. — Si l'hypnotisme n'est pas diabolique, il n'est pas immoral.	289
Chap. XII. — La psychologie de saint Thomas d'Aquin et l'hypnose.	313

CHAP. XIII. — Ce que l'on sait du sommeil. — Théorie de l'hypnose.. 347

CHAP. XIV. — L'hypnotisme franc n'est pas, de soi, diabolique... 381

CHAP. XV. — CONCLUSIONS............................ 424

PRINCIPALES PUBLICATIONS MODERNES CONSULTÉES.... 431

MÊME LIBRAIRIE :

L'Église et la France moderne, par le père Vincent Maumus, dominicain. 1 vol. in-12. . . . . 2 fr. 50

Le Christianisme et l'Empire romain de Néron à Théodose, par M. Paul Allard, auteur de l'*Histoire des Persécutions*. 1 vol. in-12 . . . . 3 fr. 50

Anciennes Littératures chrétiennes : la Littérature grecque, par M. l'abbé Batiffol, docteur ès lettres. 1 vol. in-12 . . . . 3 fr. 50

Ces deux ouvrages sont les deux premiers qui paraissent de la *Bibliothèque de l'enseignement de l'histoire ecclésiastique*.

Abbé de Broglie. Religion et Critique. Œuvre posthume, recueillie par M. l'abbé C. Piat, professeur à l'Institut catholique de Paris. 1 vol. in-12 . . . . 3 fr. 50

Abbé de Broglie. Questions bibliques. Œuvre extraite d'articles de revues et de documents inédits par M. l'abbé C. Piat, professeur à l'Institut catholique de Paris. 1 volume in-12 . . . . 3 fr. 50

Histoire de l'Ancien Testament, d'après le Manuel allemand du docteur Æ. Schopfer, par l'abbé J.-B. Pelt, Docteur en théologie et en droit canonique, professeur au grand séminaire de Metz. *Ouvrage approuvé par S. G. l'Évêque de Metz*. Tome Ier. 1 vol. in-12 . . . . 3 fr. »

Vie de saint Bernard, abbé de Clairvaux, par l'abbé E. Vacandard, docteur en théologie, premier aumônier au Lycée de Rouen. 2 vol. in-8°, ornés d'un portrait et de 2 cartes. . . . . 15 fr. »

Ouvrage couronné par l'Académie française.

Vie de Saint François de Sales, évêque et prince de Genève, d'après les manuscrits et auteurs contemporains ; par M. le curé de Saint-Sulpice. *Huitième édition, revue, corrigée, enrichie d'une carte de l'ancien diocèse de Genève et d'une table analytique*. 2 vol. in-8°, avec un portrait gravé sur acier. 12 fr. »

Typographie Firmin-Didot et Cie. — Mesnil (Eure). — 6563.

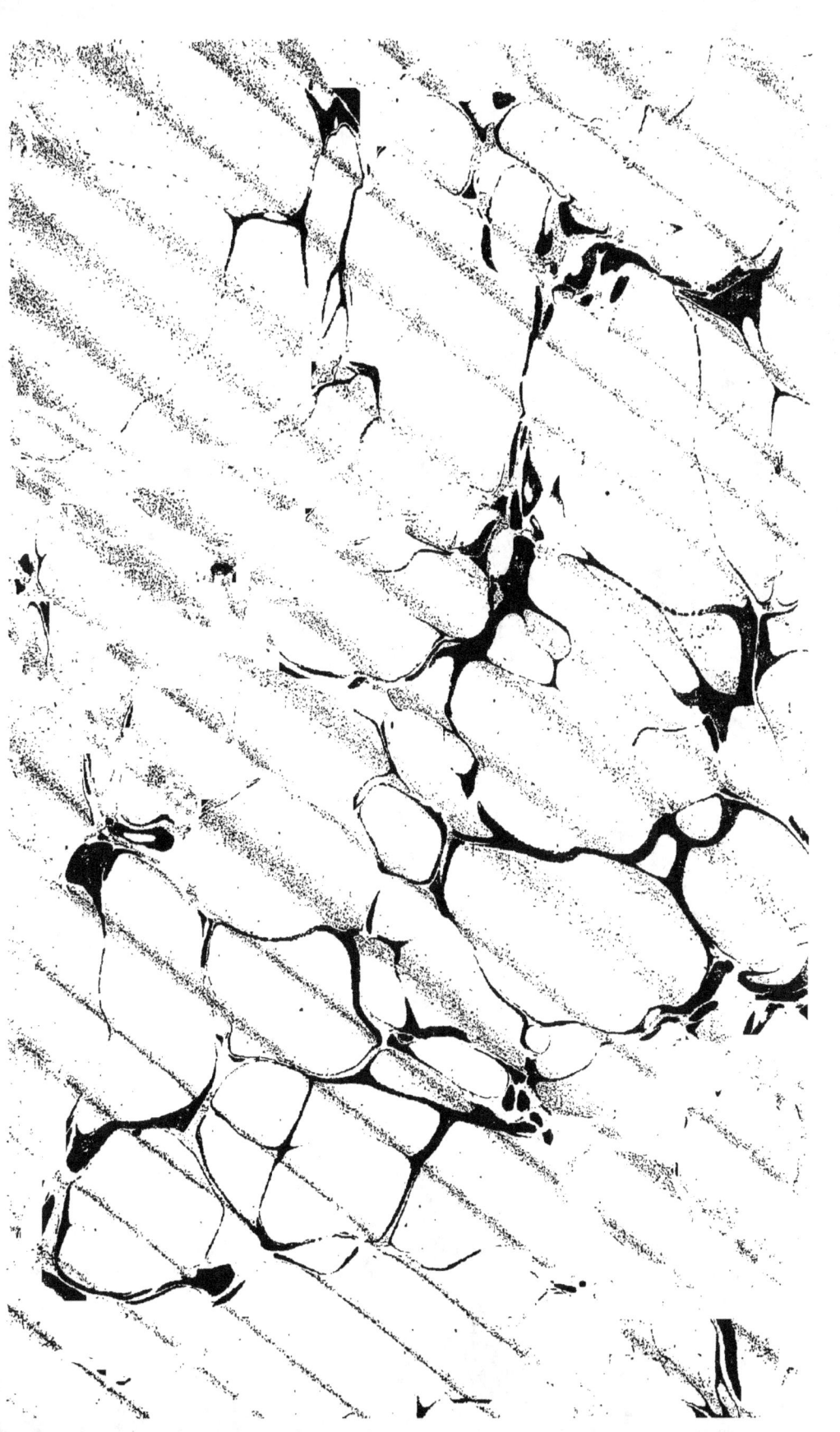

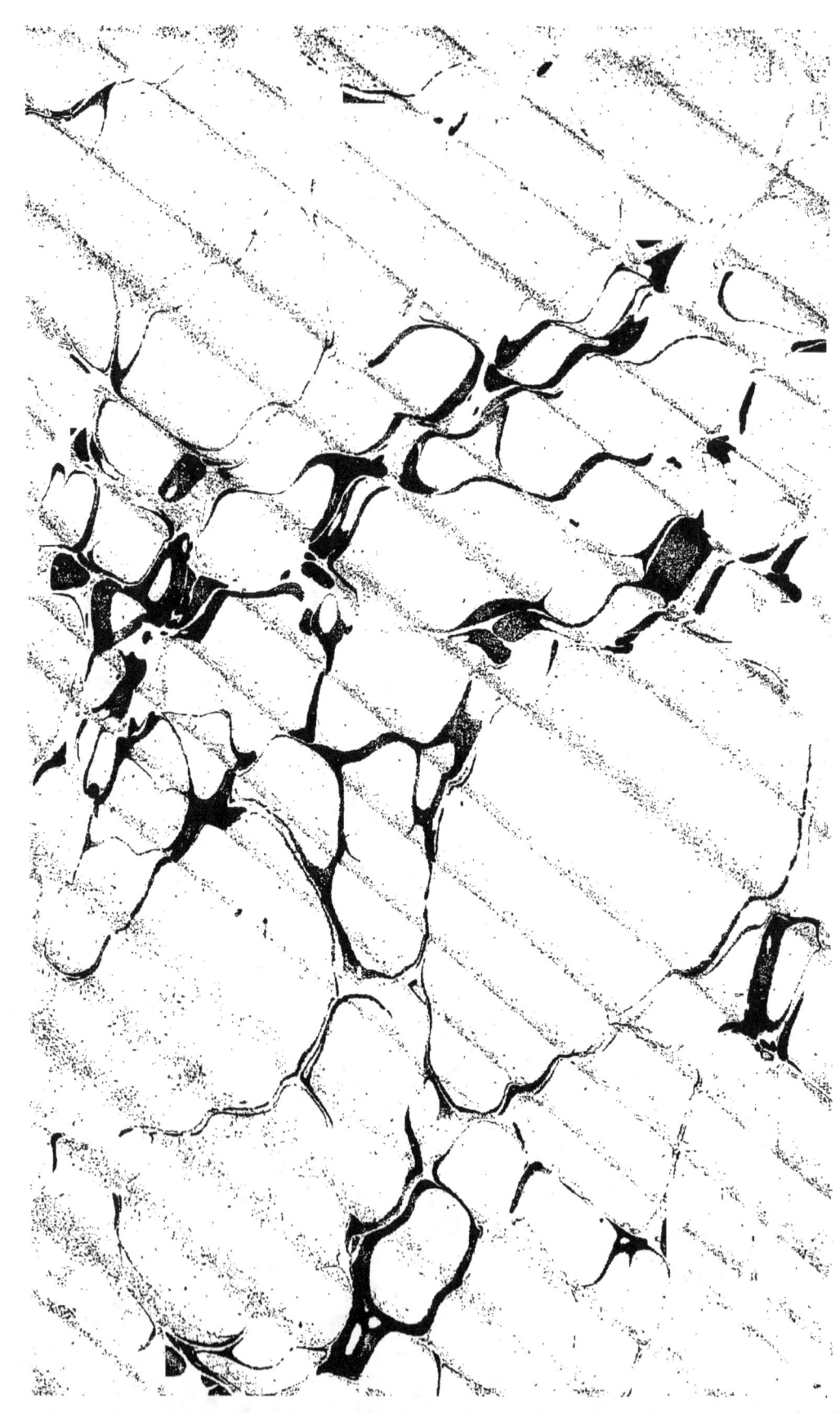

www.ingramcontent.com/pod-product-compliance
Lightning Source LLC
Chambersburg PA
CBHW060929230426
43665CB00015B/1880